大学语文

主　编：冒建华
副主编：闫　克
编　者：蔡　晶　　王　欣　　刘延福　　孙拥军　　肖伟韬
　　　　　张海媚　　朱智秀　　马铁浩　　徐欢颜　　杜慧月
　　　　　刘　坡　　史玉丰　　张清河　　赵　霞　　孙小光
　　　　　梁　平　　许文立　　袁玲玲　　张晶晶　　曹中秋
　　　　　周新凤　　王钱林　　魏现军　　冯舒冉　　葛锴桢
　　　　　吴鋆萍

2019年·北京

图书在版编目（CIP）数据

大学语文 / 冒建华主编. — 北京：商务印书馆，2019
ISBN 978-7-100-16209-8

Ⅰ.①大… Ⅱ.①冒… Ⅲ.①大学语文课—高等学校—教材 Ⅳ.①H193.9

中国版本图书馆CIP数据核字（2018）第122239号

权利保留，侵权必究。

大学语文
冒建华　主编

商 务 印 书 馆 出 版
（北京王府井大街36号　邮政编码100710）
商 务 印 书 馆 发 行
北 京 冠 中 印 刷 厂 印 刷
ISBN 978-7-100-16209-8

2019年2月第1版　开本 787×1092　1/16
2019年2月北京第1次印刷　印张 18
定价：45.00元

前 言

QIAN YAN

大学语文课是全国大学非中文专业普遍开设的公共基础课，在大学生母语素养培育和人文素质教育等方面起到了越来越重要的作用，其课程地位亦日益凸显。教育部高教司《大学语文教学大纲》（征求意见稿）指出："在全日制高校设置大学语文课程，其根本目的在于：充分发挥语文学科的人文性和基础性特点，适应当代人文科学与自然科学日益交叉渗透的发展趋势，为我国的社会主义现代化建设培养具有全面素质的高质量人才。"由此，大学语文教材必须兼顾理想与实用，既有人文的意义，又合乎时代要求；致力于文理通融，全面发展。

基于这一主旨，本教材的编写主要从以下两个方面进行了探索和创新。

一、编撰体例强调"大国文"气象。全书共分为六编，分别依中国古典诗词、中国散文、文艺理论、外国文学、中国现当代文学与写作、中国文献学与文字学大类将各编标题命名为诗词百代、文苑英华、思辨求索、他山之石、新韵华章、西昆群玉。四字命题简洁雅致，旨在以风雅传统言说文学文本。各编先统冠以概述，整体呈现每一类文学样式的发展概貌及表现形态，包含着极为全面、丰富的文学史常识；其下再分设三讲，依专题内容或文体性质细分，仍冠以四字标题，兼顾传承性、典范性、系统性和审美性；每讲之下包含2—3篇选文。每篇选文均先摘出名句，恰似呈现文本精髓的一扇窗户，通透别致；同时辅以导读、作者/作品简介、笔记、阅读文献等，作为读者接受和理解文本的钥匙，要言不烦，重在启发；最后附有思考题，题目涵盖广泛，文学、语言、文化、艺术、社会、人生等包罗万象，为学生深化认知、拓展思维穿针引线。我们在体例设计中，尽可能表现出开放性的视野和心态，呈现文学文化的多样性及文类的丰富性，以期引导学生形成整体把握和感知文学作品的技巧，并进一步形成良好、有效的阅读和思维习惯。

二、选文篇目突出"功能性"意义。甄选文本是编写大学语文教材的基础。本书选文篇目共39篇，不求广、博、深，亦不囿于传统所谓"美文"，但力求精、雅、妙。将品鉴文选作为媒介，而非唯一目的，更重要的是突出文选的思想性、艺术性、文体示范性、学术性和应用性。如本书"新韵华章"一编，将中国现当代文学经典文选与写作训练合而为一。一则，现当代文学作品的文体和语言与当代大学生最为贴近，其中的写作技巧最易于为其接受、借鉴；再则，该编将应用文写作专设一讲，将公务文书、事务文书写作与文学写作形成对照，以使学生更能直观地把握两类写作的特性和区别。"西昆群玉"一编则将辞书、文献、文字相关常识与使用方法分类撰述，不仅能够帮助学生建构更为完整的语言文字知识体系，亦能帮助其提高阅读的基本功底。本书的这种选文标准和方式旨在让学生在品鉴选文的过程中激发起内心世界的真实感受和情感共鸣，鼓励其独立认知能力与个性精神，培养其理解载籍的能力、运用文字的能力和自我提升的能力。

  本书编撰者均有中文专业各个研究方向的扎实功底和学术造诣，同时，亦有长期从事大学语文课程或人文素质类课程一线教学与研究的经验，且大都为思维活跃、具有创新意识的青年骨干教师。我们吸取了大学语文教材各家编撰之所长，又结合了一线教学经验，力求本教材具有较强的科学性、可读性、实用性。我们惟愿以文学的名义，引导每一个当代大学生都拥有生命的热忱、揖让进退的风度、运筹言语的魄力；有仰望星空的情怀，亦有脚踏实地的耕耘；有理想，亦有担当；有良知和爱，有诗和远方。

编者
2018 年 11 月

目 录
MULU

第一编　诗词百代 ··· 1
中国古典诗词概述 ··· 1
第一讲　风雅比兴 ·· 10
诗经·魏风·硕鼠 ·· 10
诗经·小雅·常棣 ·· 12
双双燕·咏燕 ·· 16
第二讲　缘情绮靡 ·· 18
水龙吟·次韵章质夫杨花词 ·· 18
暗香　疏影 ·· 21
金缕曲·亡妇忌日有感 ·· 24
第三讲　诗有别趣 ·· 27
涉江 ·· 27
金铜仙人辞汉歌 ·· 31
感遇（其七） ·· 34

第二编　文苑英华 ·· 37
中国散文概述 ·· 37
第一讲　文道中和 ·· 40
大学 ·· 40
留侯论 ·· 42
第二讲　史翰菁粹 ·· 47
留侯世家（节选） ·· 47

党锢传（节选） …… 56
　第三讲　颐情畅志 …… 63
　　洛神赋 …… 63
　　杜十娘怒沉百宝箱（节选） …… 68

第三编　思辨求索 …… 76
　文艺理论概述 …… 76
　第一讲　情志感兴 …… 79
　　毛诗序 …… 79
　　文心雕龙·物色 …… 83
　第二讲　知言养气 …… 88
　　知言养气章（节录） …… 88
　　青年作家应有的修养——在全国青年文学创作者会议上的发言（节选） …… 92
　第三讲　对话兴味 …… 99
　　诗论 …… 99
　　论小说与群治之关系（节选） …… 104

第四编　他山之石 …… 113
　外国文学概述 …… 113
　第一讲　印象·风景 …… 120
　　小径分岔的花园 …… 120
　　瓦尔登湖（节选） …… 131
　第二讲　潜思奇述 …… 139
　　追忆似水年华（节选） …… 139
　　纳尼亚传奇（节选） …… 145
　第三讲　幽赜戏文 …… 155
　　俄狄浦斯王（节选） …… 155
　　禁闭（节选） …… 165

第五编　新韵华章 ······ 174

中国现当代文学概述 ······ 174

第一讲　文情并茂 ······ 185
雪花的快乐 ······ 185
桨声灯影里的秦淮河 ······ 187

第二讲　经典常谈 ······ 196
风波 ······ 196
围城（节选） ······ 204

第三讲　玄圃积玉 ······ 213
写作概述 ······ 213
谈幽默 ······ 216
党政机关公文处理工作条例 ······ 222

第六编　西昆群玉 ······ 233

中国文献、辞书及汉语汉字发展概述 ······ 233

第一讲　文海通鉴 ······ 250
与杨德祖书 ······ 250
送孟东野序 ······ 254

第二讲　探微烛幽 ······ 259
说文解字·叙 ······ 259
尔雅注序 ······ 265

第三讲　雅俗共赏 ······ 269
诗词曲语辞汇释·叙言（节选） ······ 269
枕中记 ······ 273

第一编　诗词百代

中国古典诗词概述

一、先秦两汉诗歌

先秦两汉诗歌的发展，大致经历了一个从口头到书面、从民间到宫廷、从集体歌唱到诗人创作的漫长过程。

春秋时编成的《诗经》，是我国文学史上最早的诗歌总集。《诗经》本名"诗""诗三百"，汉代始尊为"经"（官方指定教材），一直被奉为中国古典诗词的起点。直到晚明钟惺编撰《古诗归》，才将诗歌史上溯千余年，并将那些散佚的上古歌谣，也即世代口耳相传的"古逸"篇目视为诗歌史程的源头。比如《吴越春秋》有《勾践阴谋外传》一篇，载有《弹歌》："断竹，续竹，飞土，逐宍（古'肉'字，指鸟兽之类猎物）。"这类劳动歌谣，即鲁迅所指的"杭育杭育派"；然而终归是比较原始的形态。

《诗经》起初杂乱无序，在形成期间（公元前11世纪—公元前6世纪）曾有增删，经孔子"皆弦歌之"，才形成了现在较固定的篇目。《诗经》中，篇目最多的是各地民歌民谣，由"采诗官"进呈宫廷，经专人整理而成。《汉书·艺文志》指出："《书》曰'诗言志，歌咏言'，故哀乐之心感，而歌咏之声发。诵其言谓之诗，咏其声谓之歌。故古有采诗之官，王者所以观风俗、知得失、自考正也。"这些篇章反映了人民的劳动、爱情、战争、徭役等多方面的生活，这种"饥者歌其食，劳者歌其事"的现实主义精神，对后世文学产生了深远的影响。

《诗经》具有高度的艺术成就，特别是其中广泛使用的赋、比、兴等表达方法，哺育了后继的中国诗人，对形成中国诗歌含蓄蕴藉、兴寄遥深的风格起了重大作用。而"风雅比兴"一直是中国古代进步诗人高举的战斗旗帜。

战国时代以屈原作品为代表的"楚辞"又称骚体诗，标志着中国诗歌从民间集体歌唱发展到诗人独立创作的更高阶段。"屈宋诸骚，皆书楚语，作楚声，纪楚地，名楚物，故可谓之《楚辞》。"（黄伯思《东观余论·翼骚序》）这种由诗人创作、带有鲜明楚地文化色彩的新诗体，在句式上突破了《诗经》的四言形式，呈现出五七杂言并存的新样式，将中国诗歌向前推进了一大步。《诗经》与《楚辞》一北一南、双峰并峙，被后人盛誉为"风骚"，成为中国古典诗歌的传统和正源，正如长江和黄河在国人心目中的地位一样。

秦汉建立统一的大帝国，促成了北方《诗经》的"言志"传统与南方《楚辞》"缘情"传统的交融。项羽的《垓下歌》和刘邦的《大风歌》，形式上是楚辞，但均已经突破了楚人"绮靡"的局限。随着语言的发展，歌者找到了更加适合于传唱的"三节拍"诗歌样式——五言诗。钟嵘《诗品序》称五言代替四言是时代的进步："岂不以指事造形，穷情写物，最为详切者耶！"五言诗率先成熟起来的是"乐府"——自汉武帝起，官方恢复先秦时期的采诗传统，组织音乐机构"乐府"来搜集民歌，所以后世直接用"汉乐府"来指代这类民歌。汉乐府直接继承了《诗经》中的民歌现实主义传统，全面而深刻地反映了当时社会生活和人民的思想感情。《汉书·艺文志》说："自孝武立乐府而采歌谣，于是有赵代之讴，秦楚之风，皆感于哀乐，缘事而发，亦可以观风俗、知薄厚云。"其所载录的西汉民歌篇目即有一百三十八篇之多，而现存两汉乐府民歌仅四十首左右。这些为数不多的篇章，代表了汉代诗歌的最高成就。

与《诗经》不同，汉乐府民歌以叙事为其特色。这类诗歌设置情景，描绘情态，所谓"感于哀乐，缘事而发"，即善于通过戏剧情节的铺叙，通过人物语言、行动的刻画，塑造出特定环境中富有个性的典型形象，为后世提供了一幅幅生动具体的社会生活画卷。汉乐府民歌是中国叙事诗成熟的里程碑，同时又是继《楚辞》之后的又一次诗体革新。明代诗评家胡应麟说："汉乐府歌谣，采摭闾阎，非由润色；然质而不俚，浅而能深，近而能远，天下至文，靡以过之！"（《诗薮》卷一）汉乐府民歌形式自由而多样。其杂言体从一二字到八九字，句式多样，接近口语，富有表现力，在诗体中别具一格；但主要还是创制五言诗体，后来更成为中国古典诗歌的主要形式,当然,其间也曾经过文人的加工与提倡。

到了东汉,大量文人参与到五言诗的创作中来。早期有班固写的《咏史》组诗;后来张衡作《同声歌》等,在五言诗的技巧上均有所进步。汉末,终于出现了被刘勰誉为"五言之冠冕"的《古诗十九首》。这组古诗代表了东汉文人五言诗的最高成就。清代诗评家沈德潜曾概括说:"《古诗十九首》,不必一人之辞,一时之作。大率逐臣弃妇,朋友阔绝,游子他乡,死生新故之感。或寓言,或显言,或反复言。初无奇辟之思,惊险之句;而西京(指西汉)古诗,皆在其下,是为《国风》之遗。"(《说诗晬语》)这些古诗表现了浓重的感伤情绪,从一个侧面反映了时代的动荡不安。《古诗十九首》具有高度的艺术成就,是中国文人五言诗成熟的标志。这些古诗长于抒情,善于比兴、象征衬托,所用皆妙。其融情于景、寄情于事,往往达到天衣无缝、水乳交融的境界;其语言实为绚烂之极趋于平淡,具有言近旨远、语短情长的艺术魅力。

二、魏晋南北朝诗歌

继"缘事而发"的汉乐府民歌和"怊怅切情"的《古诗十九首》之后,魏晋南北朝诗歌在思想内容或艺术形式上,都有所发展。诗歌形式由汉诗的自由质朴渐趋词藻华美,音韵谐调,格律严谨,对仗工整,为唐诗的空前繁荣奠定了坚实的基础。

建安诗歌是魏晋南北朝诗歌发展史上最为光辉夺目的一章。汉末的社会动乱和思想的活跃,促使建安诗坛大放异彩。以曹操、曹丕、曹植和孔融、王粲、刘桢、陈琳、阮瑀、徐干、应玚等"三曹七子"为代表,诗人们描写社会动乱的现实,抒发建功立业的抱负,形成了"慷慨任气"的时代风格。这就是后世称道的"建安风骨"。这一时期,久已沉寂的四言诗在曹操手里出现中兴景象,五言诗的创作更是繁荣,终于使这一诗体成为我国古典诗歌的主要形式之一。曹丕的《燕歌行》则开创了七言的新体制。富于创新精神的建安诗人善于向民歌学习,又以雅词缘饰之,质朴的古诗开始转向文人诗的华美。这种现象在曹植诗中尤为明显。

魏末晋初,政治黑暗,文人不敢言志,转向清谈论玄。这时期少有佳作,以阮籍《咏怀诗》八十二首为突出。这组诗以隐晦曲折的手法，集中抒写其嗟生忧时的思想感情，对后代诗人颇有影响。永嘉年间政局纷乱，"八王之乱""五胡乱华"，左思作《咏史》八首，借歌咏古代史事，抒写寒门失意之士的怨愤，情调高亢，笔力矫健，被钟嵘称为"左思风力"。南渡之后，玄言诗更为盛行，作品枯燥乏味，绝少生活情趣。直到东晋末年，"老庄告退而山水方滋"（《文心雕龙·明诗》），出现了"山水诗人"谢灵运和"田园诗人"陶渊明。尤其是陶渊明，被人誉为"古今隐逸诗人之宗"。陶诗的突出风格是平淡自然，在质朴、简约的形式中包孕丰厚的情韵，被苏轼评为"质而实绮，癯而实腴"。陶诗在当时诗坛上可谓独树一帜。

南朝齐永明年间，受佛教东传的影响，在音韵学进一步发展的基础上，著名诗人沈约、谢朓等人，据四声和双声叠韵来研究诗句中的声、韵、调的配合，发明了"永明体"的新体诗。这是中国诗歌史上的一大新变。新体诗的出现，反映出诗歌从比较自由到讲究格律的趋势。此后，许多诗人写作时更讲究声律，促使近体诗一步步趋于成熟。但永明体诗人忽视了作品的思想内容，成就不高。只有谢朓的山水诗，吸取谢灵运状物精细的长处，又克服了其情景游离的缺点，表现出情景交融、清新流丽、音律谐调的优点。

南北朝时期战乱频仍，文人朝不保夕，提倡及时行乐；"宫体诗"盛行，但总体成就不高。不过乐府民歌相当发达。南朝民歌集中体现为《吴声歌曲》《西曲歌》两种，分别产生于以首都建业（今南京）为中心的江南地区和荆州（今湖北江陵）一带，几乎全是情歌，体制短小，多用双关隐语，语言清新自然，情调宛转缠绵。北朝民歌风格则与之迥异，题材较广泛，诸如战争、尚武、羁旅、人民的贫寒等内容，都有所反映；其语言质朴，风格直率豪放。

三、唐五代诗词

我国古典诗歌发展到唐代，进入了辉煌灿烂的全盛时期。不但名家辈出，佳作如林，数量超过了前朝历代之总和；而且在反映现实的深度和广度、题材领域的拓展、创作方法的多样化、体制的完备成熟等方面，也都达到了前所未有的境界，百花竞放，蔚为大观。回顾唐诗发展的历程，我们通常按照高棅《唐诗品汇·总叙》的划分，将其分为初、盛、中、晚四个阶段，在近三百年间，"名家擅场，驰骋当世。或称才子，或推诗豪，或谓五言长城，或为律诗龟鉴，或号诗人冠冕，或尊海内文宗，靡不有精粗、邪正、长短、高下之不同"。

初唐三四十年间，诗坛上依然盛行宫体，如太宗、上官仪等皆有此类作品。高宗、武后时，王勃、杨炯、卢照邻、骆宾王、沈佺期、宋之问、陈子昂等相继登上诗坛，风气逐渐变化。号称"四杰"的王勃、杨炯、卢照邻、骆宾王，位卑而才高，把诗歌从宫廷移到了市井，从台阁移到了山河塞漠，虽在词采上尚未脱尽南朝的绮丽，但凭借清俊的才力，已经开创了与此前不同的气象。沈佺期、宋之问虽多点缀升平的应制和作，但在离开宫廷、贬谪荒远之后，也写有一些真情实感的诗篇；他们在律诗形式的定型方面，也是功不可没的。其后，张若虚的《春江花月夜》，格调清丽流转，正像一轮光耀千古的高天明月，照亮了唐诗从初唐绽放通往盛唐灿烂的道路。而陈子昂标举"风雅兴寄""汉魏风骨"，在诗歌理论和创作实践上均表现出鲜明的革新精神，为"盛唐气象"的到来奠定了基础。

盛唐通常指的是从玄宗即位到代宗大历初年的半个世纪。在这个时期，诗歌的发展达到了繁荣的顶峰。不论是五古、七古、乐府、歌行，还是五、七言近体诗，都呈现出特异的光彩。社会各方面的现实生活，都在诗人的笔下以各种体制和风格得到充分的反映。孟浩然、王维、储光羲、常建、祖咏、裴迪等人，继承陶渊明和二谢（谢灵运、谢朓）的传统，诗多取材山水田园。而以高适、岑参为代表的一派诗人，则较多地描写边塞征戍生活。双峰并峙的伟大诗人李白和杜甫，是盛唐诗坛最杰出的代表。李白的诗歌，以其鲜明强烈的爱憎感情、豪迈不羁的性格、神奇莫测的想象、惊世骇俗的笔墨，抒写理想与现实的矛盾，张扬诗家的主体精神，其歌行打破了初唐整齐骈偶的拘束，淋漓尽致，清雄奔放。其五、七言绝句则深远醇美，体现了"清水出芙蓉，天然去雕饰"的审美理想。有"诗史"美誉的杜甫诗歌，广阔而深刻地反映了安史之乱前后的时代风貌，寄托"穷年忧黎元，叹息肠内热""济时敢爱死，寂寞壮心惊"的情怀。他总结并发扬了《诗经》、汉乐府的现实主义精神，"即事名篇，无复依傍"，开拓了一条通向现实、通向人生的创作道路，又"别裁伪体""转益多师"，抒情叙事兼工，古体近体并擅，确是"尽得古今之体势，而兼人人之所独专"，把现实主义诗歌推向一个新的更高更成熟的阶段。

李杜之后，唐诗进入了中唐时期。当时名声颇高的所谓"大历十才子"，实际成就并不大。步武王（维）、孟（浩然）的刘长卿、韦应物以山水诗见长。元结、顾况等人反映社会现实的作品，可视作杜诗的延伸，也是杜甫与白居易之间的桥梁。贞元之后，有倾向于"通俗"的元（稹）白（居易）诗派，有倾向于"险怪"的韩（愈）孟（郊）诗派，此外，柳宗元、刘禹锡等"贬谪派"成就颇为突出。这些派别之外尚有"鬼才"李贺，他大量运用比兴，更注重锻造新警奇诡的诗句，别具特色。

晚唐最有名的诗人是"小李杜"，即李商隐、杜牧。李商隐长于七律，深婉绵邈，自成一家。杜牧的七绝熔清新俊朗于一炉，咏史、感怀、抒情、写景，无所不胜。他们的诗歌无论是忧时悯乱、抒政治怀抱，还是写身世际遇、爱情生活，常常流露出浓厚的感伤情调。

盛中唐之际，由于安史之乱造成音乐人才的大量流失，原本可歌的唐诗大都失去了乐谱。比如《凉州词》《渭城曲》《长信宫词》等，后世鲜有能传唱者，于是"词"这种新的诗体诞生了。清初汪森《词综序》云："自古诗变而为近体，而五七绝句传于伶官乐部，长短句无所依，不得不变为词。"李白、张志和、戴叔伦、刘长卿、韦应物、白居易、刘禹锡等曾尝试作词。到了晚唐，涌现出一批以填词为主要表现手段的文人词家，温庭筠是最著名的代表。

五代有两个词人中心，一是西蜀，一是南唐。前者以温庭筠、韦庄成就为高，被人称为"花间派"。南唐词风与"花间"稍异，大多情致缠绵，吐属清华，在春恨秋思、男女情事的咏叹中，往往渗透着国势飘摇的危苦心情。主要词家是冯延巳、李璟、李煜。尤其是李煜亡国后的作品，集中抒写了从肺腑中流出、由血泪凝铸而成的深哀巨痛，语言自然率真，意境开拓深沉，有很强的艺术概括力和感染力。词从娱宾遣兴的应歌之具，发展为歌咏人生的独立抒情文体，在这个历史进程中，李煜作出了积极的贡献。

四、两宋诗词

宋诗从唐诗发展而来，但其艺术特色一般显别于唐诗，宋严羽《沧浪诗话·诗辨》概括为"以文字为诗，以议论为诗，以才学为诗"。"以文字为诗"就是诗的散文化。"以议论为诗"即冲淡诗歌的抒情属性、增添言意和说理功能。宋代哲理诗与禅诗也很兴盛，其中不乏佳作，有些则很乏味。"以才学为诗"表现为爱好使事用典。宋诗的这些特点丰富了诗歌的艺术手法，以拗峭瘦硬、长于思理，区别于唐诗的浑雅圆融、长于情韵，但议论过多过直，书卷气过重，产生诸如生硬晦涩等弊病，亦往往使其艺术魅力逊于唐诗。宋诗从数量来说五倍于唐诗，诗人如鲫、流派众多。北宋最初有西昆体、馆阁体，后有理学诗和江西诗派，南宋有永嘉四灵、江湖派、隐逸派等。以著名诗人言，则有王禹偁、苏舜钦、梅尧臣、欧阳修、王安石、苏轼、黄庭坚、陈与义、叶梦得、杨万里、范成大、陆游、文天祥等。

　　诗文虽是宋代主要的文学体裁，但后人却更多地赞赏宋词，宋词甚至赢得了与唐诗并称"一代之文学"的地位。北宋最高统治者对臣僚采取厚俸政策，对文臣待遇尤为优厚，他们仕途得意之时，往往征歌选舞，不少歌词成为他们娱宾遣兴的工具。在对外政策方面，朝廷对于西夏、辽、金等国的绥靖政策虽失之靡弱，却换来了相对长久的和平，社会生产力有了显著提高，城市经济繁荣，市民对文艺的需求日增，歌词创作随之兴盛。北宋承平词人有晏殊、欧阳修、宋祁、张先等，以"侑觞"的小令擅名词坛。到仁宗时期，长期漂泊于城市妓馆乐坊之间的柳永"以赋为词"，自制词牌，创作了大量慢词，使词体彻底摆脱了"代言体"的束缚，促成了词的自我抒情功能的完备，是宋词发展的一大转变。从元丰到元祐间，被贬的苏轼以其余力自作新声，又开创了"以诗为词"的先例，将言志功能引入词体，发明了"豪放词"，突破"词为艳科"的藩篱，指出向上一路，开始革新词风。然而秦观与周邦彦、李清照等词人并不认可这种转变，认为词的"本色"是婉约。为了达到要眇宜修、含蓄无垠的境界，他们在结构、语言、手法、音律上进一步提高，将北宋文人词推向艺术的高峰。

　　宋廷南渡之时，词坛随时代而剧变，出现了大批感怀故国和抗战杀敌之作，以张元干、张孝祥、陈亮等为代表。此后，辛弃疾继承了苏轼对词的革新精神，抚时感事，洋溢着强烈的爱国主义感情，体现出积极浪漫主义的风貌，并将苏轼以诗为词的"词诗"，发展为"以文为词"的"词论"，形成"辛派"。与时代风尚相应，以姜夔为代表的风雅词派稍后于辛弃疾形成。姜夔的词清空、骚雅，吴文英的词密丽和潜气内转，王沂孙的词寄托深刻，张炎的词清远蕴藉，都体现出较高的艺术成就。

五、明清诗词

明代诗歌数量很多，但因重在摹拟唐诗，一味"复古"，并没有达到时人自诩的诗歌成就。明中叶以后，以李梦阳、何景明、李攀龙、王世贞为首的前、后七子发起拟古运动。为反对"台阁体"的诗风，他们提出"诗必盛唐"的主张。但模拟的只是字面功夫，内容苍白空泛，缺乏真切的生活感受，造成了"人但见黄金、紫气、青山、万里，则以于鳞体"的不良影响（《诗薮》续编卷二）。到了明末之际，以陈子龙、夏完淳为代表的"云间派"参加了抗清斗争，并英勇捐躯，所作诗篇充满了斗争精神和至死不屈的爱国气节。以吴伟业为代表的"娄东派"、以钱谦益为代表的"虞山派"秉承杜甫的"诗史"精神，创作出诸如《圆圆曲》《后秋兴》一百零四首等，促成清诗一开始就注重写实功能的倾向。这个时期诗歌创作比较活跃，诗人很多，成就超过明代。首先值得称道的是由明入清的爱国诗人，较著名的有顾炎武、王夫之、屈大均等，他们在诗中反映了国家民族兴亡大事，寄托自己的故国之思，内容丰富，风格沉雄。清代诗坛上影响最大的是王士禛。他论诗以神韵为宗，其诗最能表现神韵特色的大都是描写山水景色和抒发个人情怀的七言绝句，在当时极有声誉。清代中叶的郑燮、袁枚、黄景仁等，诗歌抒发个性、展示自我，均有较高成就。至道光、咸丰年间，政治腐朽、官场昏聩冗杂，诗人们冲破诗坛的沉闷局面，在作品中抒写忧国伤时的情怀，龚自珍是其中的佼佼者，在近代文学史和思想史上占有重要地位。同治、光绪年间，随着资产阶级改良主义运动的形成，发生了"诗界革命"。黄遵宪、康有为、谭嗣同等为传统诗歌增添了时代之声。清末中国资产阶级民主革命逐渐走向高潮，诞生了革命者秋瑾等诗人。秋瑾以诗歌为宣传革命的工具，创作力求通俗、自由，其创作代表了近代文学发展的主流。

清代词的创作也颇为兴盛。清初，成就较高的词人有陈维崧、朱彝尊和纳兰性德等人。陈维崧的词效法苏、辛，气魄豪健，其中抒写身世和感怀吊古的作品尤为出色。他作词计一千六百余首，创作之富居历代词人之首。朱彝尊是浙派词家的代表，他竭力推崇南宋姜夔、张炎，所作的词在字句声律上推敲甚精，内容则较单薄。纳兰性德以具有南唐词风著称，他的词多抒写离别相思之情，自然清丽，情致缠绵，具有较强的艺术感染力。嘉庆年间，张惠言又开创常州词派，主张词以比兴为重，崇尚含蓄婉约；其本人作品不多，但语言凝练纯净，抒情细致，具有一定的特色。清代词坛基本为浙、常两派所牢笼，这个趋势一直延续至清末，比如项鸿祚、蒋春霖、陈廷焯等，为浙派之孑遗；而近代谭献、王鹏运、朱孝臧、况周颐这四大词家，则是常州词派的后劲。现今流传甚广的《宋词三百首》，便是由朱孝臧编成的。

（张清河　编撰）

第一讲 风雅比兴

诗经·魏风·硕鼠

名句

硕鼠硕鼠，无食我黍。

导读

《诗经》305首诗，代表了2500年前约500多年间的诗歌创作成就。《诗经》分作风、雅、颂三个部分。风包括《周南》《召南》《邶》《鄘》《卫》《王》《郑》《齐》《魏》《唐》《秦》《陈》《桧》《曹》《豳》，合称十五国风，共160首，多数是民歌。雅分《小雅》和《大雅》，共105首，都是西周王朝政治中心地带的诗歌，从风格内容、音乐性质看，多数是朝廷官吏、公卿大夫的作品。颂分《周颂》《鲁颂》和《商颂》，共40首，大多是西周和鲁国、宋国的最高统治者用于祭祀或其他重大典礼的乐歌。因为《诗经》是入乐的诗歌，所以其分类也是以音乐的性质为标准加以划分的。汉代学者对《诗经》提出"六义"之说，如《毛诗序》曰："《诗》有六义：一曰风，二曰赋，三曰比，四曰兴，五曰雅，六曰颂。"实际上，风、雅、颂是指《诗经》类别而言，既与内容文字相关，更与音乐相系。所谓风，是指许多诸侯国或地区的民间歌谣；雅，是指朝廷官吏的作品，犹言"中原正声"；颂，多是朝廷庙堂、王侯公卿举行祭祀或其他重大典礼时专用的乐歌。可见风、雅、颂三类诗的内容，虽有相同之处，但亦有较大的差异。风诗的作者主要是民间诗人，所写多是"小夫贱隶、妇人女子之言""俚巷歌谣"之诗；雅诗和颂诗的作者主要是贵族文人，即所谓"贤人君子""圣人之徒"，所写"皆成周之世"朝廷郊庙乐歌之词。这些诗无

◎《诗经》：本名《诗》，是我国最早的一部古代乐歌总集，所辑多是周初至春秋中叶的作品，共305首。至汉代，被列为儒家经典之一，始称《诗经》。

◎赋、比、兴：是指《诗经》的艺术手法而言。明人谢榛在《四溟诗话》中，对《诗经》所用赋、比、兴的次数频率，做过详细的统计，他说《诗经》中用"赋，七百二十；兴，三百七十；比，一百一十"。朱熹也做过类似的统计，其结果也大同小异。那么，赋、比、兴的含义是什么呢？按朱熹的说法，"赋者，敷陈其事而直言之也"；"比者，以彼物比此物也"；"兴者，先言他物以引起所咏之词也"。虽然古今学者对赋、比、兴的解释分歧颇多，但朱熹的说法，基本上反映了赋、比、兴的艺术本质。

笔记

论相同或有异，都以具体的形象反映商、周社会，特别是周代的人文历史状况。可以说《诗经》是商、周社会的风俗画、形象史、百科全书，具有史诗的价值和意义。

作品简介

《毛诗序》曰："国人刺其君重敛，蚕食于民，不修其政，贪而畏人，若大鼠也。"朱熹《诗序辨说》曰："此亦托于硕鼠以刺其有司之词，未必直以硕鼠比其君也。"今人多认为是反对剥削，向往乐土的。全诗三章，意思相同。头两句直呼剥削者为"硕鼠"，并以命令的语气发出警告："无食我黍（麦、苗）！"老鼠形象丑陋又狡黠，性喜窃食，借来比拟贪婪的剥削者十分恰当，也表现诗人对其愤恨之情。三、四句进一步揭露剥削者贪得无厌而寡恩："三岁贯女，莫我肯顾（德、劳）。"诗中以"汝""我"对照："我"多年养活"汝"，"汝"却不肯给"我"照顾，给予恩惠，甚至连一点安慰也没有，从中揭示了"汝""我"关系的对立。这里所说的"汝""我"，都不是单个的人，应扩大为"你们""我们"，所代表的是一个群体或一个阶层，提出的是谁养活谁的大问题。后四句更以雷霆万钧之力喊出了他们的心声："逝将去女，适彼乐土；乐土乐土，爱得我所！"诗人既认识到"汝""我"关系的对立，便公开宣布"逝将去女"，决计采取反抗，不再养活"汝"。一个"逝"字表现了"我"决断的态度和坚定决心。尽管他们要寻找的安居乐业、不受剥削的人间乐土，只是一种幻想，现实社会中是不存在的，但却代表着他们美好的生活憧憬，也是他们在长期生活和斗争中所产生的社会理想。

◎采诗说：何休曰："男女有所怨恨，相从而歌。饥者歌其食，劳者歌其事。男年六十、女年五十无子者，官衣食之，使之民间求诗。乡移于邑，邑移于国，国以闻于天子。故王者不出牖户，尽知天下所苦，不下堂而知四方。"（《春秋公羊传》宣公十五年《解诂》）

课文

硕鼠①硕鼠，无食我黍②。三岁贯女③，莫我肯顾④。逝将去女⑤，适⑥彼乐土。乐土乐土，爰得我所⑦。

硕鼠硕鼠，无食我麦。三岁贯女，莫我肯德⑧。逝将去女，适彼乐国⑨。乐国乐国，爰得我直⑩。

硕鼠硕鼠，无食我苗。三岁贯女，莫我肯劳⑪。逝将去女，适彼乐郊。乐郊乐郊，谁之永号⑫。

【注释】
①硕鼠：大老鼠。一说田鼠。　②无：毋，不要。黍：黍子，也叫黄米，谷类，是重要粮食作物之一。　③三岁：多年。三，非实数。贯：侍

奉。女：通"汝"。 ④莫我肯顾：即"莫肯顾我"。顾：照顾，顾念。⑤逝：通"誓"。去：离开。 ⑥适：到，往。 ⑦爰：于是，在此。所：处所。 ⑧德：恩惠。 ⑨国：域，即地方。 ⑩直：与"所"同义。王引之《经义述闻》说："当读为职，职亦所也。"一说同"值"，价值。一说指直道、正道。 ⑪劳：慰劳。 ⑫之：其，表示诘问语气。号：呼喊。

―――――― 阅读文献 ――――――

1. 程俊英《诗经译注》，上海：上海古籍出版社，2006年。
2. 方玉润《诗经原始》，北京：中华书局，1986年。
3. 扬之水《诗经名物新证》，北京：北京古籍出版社，2000年。
4. 叶舒宪《诗经的文化诠释》，西安：陕西人民出版社，2005年。

―――――― 思考题 ――――――

1. 吴闿生《诗义会通》点评："朱子云：'此托于硕鼠以刺其有司，未必直以硕鼠比其君也。''谁之永号'，许白云曰：'乐郊乐郊，又将长号于谁乎？见其民穷蹙之甚，无复之也。'此解最胜，前人未有见及者，必如此义味乃无穷也。旧评：'适彼'，不必真得所止，形在此之不得所耳。'其说亦善，皆得诗人之指。"谈谈你对这些观点的理解。

2. 这首诗纯用比体，《诗经》中此类诗连同此篇只有三首，另外两首是《周南·螽斯》《豳风·鸱鸮》。请查阅其他两首，并对其进行比较阅读。

3. 你还能举出几首讽喻刺世的诗词作品吗？

（肖伟韬　选编）

诗经·小雅·常棣

名句

凡今之人，莫如兄弟。

导读

《诗经》产生的年代，正是中国由重神灵的商文化转为重人德的周文化的时代，重人德的基础就是重血缘宗亲，并在此基础上形成了以"礼乐"为核心的宗法观念和宗法制度。《诗经·小雅·常棣》是一首描写兄弟关系的宴饮诗,表达了"凡今之人,莫如兄弟"的主题。这一主题,其实就是兄弟如手足、天伦胜人伦的宗法观念的审美表达。

这是一首宴饮的乐歌,是周代礼乐文化的一种重要形式。"礼别异,乐合同",礼的作用在分别亲疏贵贱,乐的作用是将亲疏贵贱不等的人团结起来,在形成身份归位(礼)的同时形成对于家族与国家的整体认同与归宿感(乐),而这也正是完成礼、传承礼的心理基础。宴饮乐歌的文化功能主要是"尊上惠下""通上下之情",通过宴饮的形式、通过宴饮乐歌的吟唱促进君臣团结、家族和睦、人人和谐,达到了"合同"的作用。

◎常棣的象征义:常棣,亦作棠棣、唐棣,即郁李,蔷薇科落叶灌木,花粉红色或白色,果实比李小,可食,花萼连接一体,花开时每两三朵彼此相依。以花萼连接一体,花开时每两三朵彼此相依之形状,隐喻兄弟的血缘之亲。

作品简介

这是《诗经》中的名篇。诗歌通过死亡祸乱与和平安宁对比,朋友妻子与兄弟关系对比,突出"凡今之人,莫如兄弟"的主旨。这是中国诗歌史上第一首歌唱兄弟友爱的诗作。全诗分为八章,首章以"常棣之花,鄂不韡韡"起兴,兴中有比,常棣花开每两三朵彼此相依,比喻兄弟之间的互助互爱。第二、三、四章通过三个典型情境,对"莫如兄弟"之旨作了具体深入的阐发,即:面对死亡威胁,兄弟最为关心;遇急难则兄弟相救,而朋友看你遭难只是长叹;兄弟在家虽争吵,遭遇外辱同心抗暴,平时虽有好朋友,事到临头难依靠。在人生遇到灾难或紧要关头时,兄弟最相亲。第五章反观现实,由赞叹"丧乱"时的"莫如兄弟",转而叹惜"安宁"时的"不如友生"。"虽有兄弟,不如友生",这叹惜是沉痛的。在短暂的低沉后,曲调又转为欢快热烈。第六、七章直接描写了举家宴饮时兄弟齐集,妻子好合,亲情和睦,琴瑟和谐的欢乐场面。末章承上而来,卒章显志。诗人直接告诫人们,要深思熟虑,牢记此理:只有"兄弟既翕",方能"宜尔室家,乐尔妻帑";兄弟和睦是家族和睦、家庭幸福的基础。明理规劝之意,更为明显。兄弟友爱,手足情深,这是人类普遍的感情,在重天伦的中国古代社会更是如此。《常棣》赞颂兄弟情,更能引起人们的共鸣,而诗中的"常棣之华""莫如兄弟""兄弟阋墙,外御其务"

◎《颜氏家训·兄弟》云:夫有人民而后有夫妇,有夫妇而后有父子,有父子而后有兄弟,一家之亲,此三而已矣。自兹以往,至于九族,皆本于三亲焉,故于人伦为重者也,不可不笃……兄弟者,分形连气之人也,方其幼也,父母左提右挈,前襟后裾,食则同案,衣则传服,学则连业,游则共方,虽有悖乱之人,不能不相爱也。

等具有原型意义的意象、母题和典故，对后世"兄弟诗文"的创作产生了深刻的影响。

课文

常棣①之华，鄂不韡韡②。凡今之人，莫如兄弟。
死丧之威③，兄弟孔怀④。原隰裒矣⑤，兄弟求矣。
脊令在原⑥，兄弟急难。每有良朋，况也永叹。
兄弟阋于墙，外御其务。每有良朋，烝也无戎⑦。
丧乱既平，既安且宁。虽有兄弟，不如友生。
傧尔笾豆⑧，饮酒之饫，兄弟既具，和乐且孺。
妻子好合，如鼓琴瑟，兄弟既翕，和乐且湛⑨。
宜尔家室，乐尔妻帑⑩，是究是图，亶其然乎⑪。

◎钱锺书《管锥编·毛诗正义》之十七：就血胤论之，兄弟、天伦也，夫妇则人伦耳；是以友于骨肉之亲当过于刑于室家之好。新婚而"如兄如弟"，是结发而如连枝，人合而如天亲也。

【注释】

①常棣：亦作棠棣、唐棣，即棠梨树，花开时每两三朵彼此相依，隐喻兄弟血缘之亲。　②鄂：花托，通"萼"。不：语助词。韡（wěi）韡：光明美丽的样子。　③威：畏。　④孔怀：最为思念、关怀。孔，很、最。　⑤原隰（xí）：原野。裒（póu）：聚集之意，也有减少之意。　⑥脊令：通作"鹡鸰"，一种水鸟。原：平原。整句指：水鸟失其常处，比喻兄弟有患难。　⑦烝：终久。戎：帮助。　⑧傧：陈列。笾（biān）豆：祭祀或燕享时用来盛水果和干肉的器具。笾用竹制，豆用木制。　⑨湛（dān）：又作"耽"，尽兴的意思。　⑩帑（nú）：通"孥"，儿女。　⑪亶（dǎn）：信、确实。然：如此、这样。

阅读文献

1. 程俊英《诗经译注》，上海：上海古籍出版社，2006年。
2. 方玉润《诗经原始》，北京：中华书局，1986年。
3. 扬之水《诗经名物新证》，北京：北京古籍出版社，2000年。
4. 叶舒宪《诗经的文化诠释》，西安：陕西人民出版社，2005年。

思考题

1. 《乐记》云："乐在宗庙之中，君臣上下同听之，则莫不和敬；在族长乡里之中，长幼同听之，则莫不和顺；在闺门之内，父子兄弟同听之，则莫不和亲。故乐者审一以定和，比物以饰节，节奏合以成文，所以合和父子君臣、附亲万民也。是先王立乐之方也。"结合这段话，谈谈本诗产生的社会文化背景。

2. 《诗序》云:"《常棣》,燕兄弟也。闵管、蔡之失道,故作《常棣》焉。"通过这个观点,谈谈这首诗歌政治背景的理解。

3. 汤因比《历史研究》指出,跨海迁移的第一个显著特点是不同种族体系的大混合,因为必须抛弃的第一个社会组织是原始社会里的血族关系。一艘船只能装一船人……很可能包括许多不同地方的人——这一点和大陆上的迁移不同,在陆地上可能是整个血族的男女老幼家居杂物全装在牛车上一块儿出发,在大地上以蜗牛的速度缓缓前进……结合这段话,谈谈你对这首诗歌的理解。

(肖伟韬　选编)

双双燕·咏燕

史达祖

名句

飘然快拂花梢，翠尾分开红影。
应自栖香正稳，便忘了、天涯芳信。

导读

本词是宋人咏物词名篇之一，在咏燕中融入闺怨之情。上片正面描绘燕子春社回归、重返旧居的欢愉情状；下片以双双燕的快乐团圆反衬闺妇的孤独寂寞。本词之妙有三：一是观察细致，描摹精妙；二是铺叙写意，神形兼备；三是前后呼应，结构完美。这首词对燕子的描写极为精彩。通篇不出"燕"字，而句句写燕，极妍尽态，神形毕肖。"过春社了""度帘幕中间"，从时间、场景暗示燕子回归。"去年尘冷"暗示出是旧燕重归及年来变化。而"软语商量""飘然拂花"，恰似电影镜头一般传神。片末"翠尾"分"红影"，色彩鲜明、动感十足，这一组燕子穿花的镜头可谓无一不肖。下片用典亦贴切，"差池"出自《诗经·邶风·燕燕》："燕燕于飞，差池其羽"，"芹泥"出自杜甫诗《徐步》："芹泥随燕嘴"；"便忘了天涯芳信"，则是化用江淹《杂体诗·李都尉陵从军》"袖中有短书，愿寄双飞燕"诗而反用其意。整首词在燕子的相亲相爱、活泼愉悦和闺中人的孤独寂寞、凄冷哀怨的对比中展开描写，可谓工极细极，而且动态传神，因此王士禛《花草蒙拾》评价非常高："咏物至此，人巧极天工错矣。"此词为历代选家所取。

作者简介

史达祖（1163—1220）南宋词人。字邦卿，号梅溪，汴（今河南开封）人。曾于韩侂胄府中任职，颇得倚重，"开禧北伐"，韩之奏议文字多出其手。韩败，主和派杀之，函其首送金人，史

◎开禧北伐：南宋宁宗时的对金战役。因发生在宋宁宗开禧年间而得名。当时外戚韩侂胄掌权，开禧二年（1206），乘金王朝渐衰之机，分东西两路北伐。东路数胜金兵，收复泗州、虹县；西路因准备不足，用人部署失当，加以吴曦据蜀叛变，导致溃败。金军渡淮南进，与宋相持。主和派乘势而起。次年，史弥远、杨皇后合谋杀韩侂胄，宋金复订和议，开禧北伐失败。

◎双双燕：词牌名。南宋史达祖自创"过春社了"词一首，乃史氏自度曲，为咏双燕而作，亦以为调名。九十八字。上阕九句五仄韵，下阕十句七仄韵。亦有在上阕二、三句，下阕三、四句变更句式的。本词用韵上下阕多有不同。吴文英词别本作"解连环"，并将下阕结句前一句减二字，是变格。

◎比兴寄托：比兴寄托本来是古代诗学的一个优良传统，后来被移植进词学，又经过众多词论家上升为一种词学创作理论。同时，它又是批评家们探求词义内蕴的一个有效方法或评词标准。关于"比兴"，前人论述甚多，沈祥龙将诗词加以比较说："诗有赋、比、兴，词则比、兴多于赋。或借景以引其情，兴也；或借物以寓其意，比也。盖心中幽约怨悱，不能直言，必低徊要眇以出之，而后可感动人也。"

笔记

亦坐受黥刑，遭流放，卒于途中。其词多抒写闲情逸致，咏物寄情，用笔细腻工巧，以描摹物象生动逼真著称。他的词，长于咏物描写，但用笔过于尖巧，气骨较弱。有《梅溪词》。姜夔称其词"奇秀清逸，有李长吉之韵"。存词112首。

课文

过春社①了，度帘幕②中间，去年尘冷。差池③欲住，试入旧巢相并。还相雕梁藻井④，又软语、商量不定。飘然快拂花梢，翠尾分开红影。

芳径，芹泥⑤雨润。爱贴地争飞，竞夸轻俊。红楼归晚，看足柳昏花暝。应自栖香正稳，便忘了、天涯芳信⑥。愁损翠黛双蛾，日日画栏独凭。

【注释】

①春社：古代农时节令，在立春后第五个戊日祭祀土神，称为春社。该社日在春分前后。　②度帘幕：从帘幕间穿越。宋代吴处厚《青箱杂记》卷五引晏殊断句："楼台侧畔杨花过，帘幕中间燕子飞。"　③差（cī）池：燕飞时尾翼舒张不齐貌。《诗经·邶风·燕燕》："燕燕于飞，差池其羽。"　④相（xiàng）：察看。藻井：彩绘或画饰的天花板。井：即承尘，用木架成井形，俗称天花板。　⑤芹泥：水边长芹草的泥土。杜甫《徐步》："芹泥随燕嘴。"　⑥芳信：所寄情书。江淹《杂体诗·李都尉陵从军》："而我在万里，结友不相见。袖中有短书，愿寄双飞燕。"

而所谓"寄托"与"比兴"密切相关。近代词学大师吴梅《词学通论》中说："所谓寄托者，盖借物言志，以抒其忠爱绸缪之旨，'三百篇'之比兴，《离骚》香草美人，皆此意也。"应该说，比兴、寄托都是托物寓志、借物言情的表现方法，"其寄托在可言不可言之间，其指归在可解不可解之会，言在此而意在彼"（叶燮语）。

◎卒章显志：在文章末尾点明主旨、揭示写作目的，使整篇文章有一个思想的落脚点，这种写法在诗词中也是经常见到的，符合从物质到认识、从现象到思想的认知规律，并且有突出或者升华主题的作用。如李白《梦游天姥吟》："安能摧眉折腰事权贵，使我不得开心颜。"杜甫《茅屋为秋风所破歌》："安得广厦千万间，大庇天下寒士俱欢颜，风雨不动安如山。"

阅读文献

1. 吴熊和主编《唐宋词汇评》（两宋卷），杭州：浙江教育出版社，2004年。
2. 陶尔夫、刘敬圻《南宋词史》，哈尔滨：黑龙江人民出版社，1992年。
3. 邓乔彬《唐宋词艺术发展史》，石家庄：河北人民出版社，2010年。
4. 夏承焘等《宋词鉴赏辞典》，上海：上海辞书出版社，2003年。

思考题

1. 为什么说"欲""试""还""又"等字写足了双燕之神？词人反复强调燕子的成双成对，用意何在？
2. 卓人月《古今词统》评曰："不写形而写神，不取事而取意，白描高手。"有人认为，这首词中最突出的艺术特色是白描，你是否赞同？这种手法对作者表达思想感情起到了什么作用？
3. 陈匪石《宋词举》认为该词最出彩的地方在于结尾的形象性："入幕出幕，层次井然，且形容尽致，不啻一幅飞燕寻巢图。"分析本词末两句对表现题旨的作用。

（张清河　选编）

第二讲　缘情绮靡

水龙吟·次韵章质夫杨花词

苏轼

◎ 水龙吟：词牌名，又名"龙吟曲""庄椿岁""小楼连苑"。调名的来源，毛先舒《填词名解》谓采自李白诗"笛奏龙吟水"，陈元龙《片玉集注》谓源于李贺诗"雌龙怨吟寒水光"，可供参考。宋词中较早填此词者为柳永，分上下阕，首尾凡一百零二字。

◎ 次韵：依照原韵唱和新词。依原作之韵，并按先后次序来和作，又称为"步韵"。一般而言，和词的技法有三种：一种叫作同韵，即同用某韵部；第二种叫作依韵，即用其韵而次序不必同；第三种叫作次韵，即韵部和次序均同。苏轼此词属于第三种，这种体势最难写，因其要求韵脚及用韵的次序均与原作相同。然而苏轼在最约束的规格中展现了最超妙的思想和技巧。

◎ 章质夫：章楶，字质夫，宰辅章惇之兄，福建浦城人，曾与苏轼同朝为官。章质夫示以咏杨花的《水龙吟》一词，苏轼和了此词。

◎ 乌台诗案：王安石主张变法以后，苏轼对变法中的一些条款很不赞成，并做了指责。苏轼诗词中有一首《咏桧》诗，当时的监察御史告发此诗指刺皇上，图谋不轨。苏轼被革职治罪，打入监狱。御史台自汉以来即别称为"乌台"，所以此案称为"乌台诗案"。后来，神宗帝亲阅案卷，觉得此案未免有些牵强附会。他说："诗人之词，安可如此论？彼自咏桧，何与朕事？"于是下令将苏轼免罪释放，贬谪黄州。乌台诗案实质上是宋神宗时代由于苏轼作诗而触发的一桩政治官司，可以说是中国历史上文字狱的开始。

名句

> 春色三分，二分尘土，一分流水。

导读

苏轼的好友章质夫写了首咏柳絮的词，寄给苏轼雅正。苏轼读后大为赞赏，词兴大发，也依照原词的韵脚，和词一首。章词侧重对杨花的描写，已是神形毕肖，倘若再就物咏物，就很难有所突破。苏词没有局限于物，而是用拟人化的手法，把杨花比喻为一个想离家出走、万里寻郎的女孩。其时正当苏轼处于人生最为失意的关口，因此这首婉约小词虽然是"代言体"，却写得柔肠寸断、摇曳生姿。上片写景叙事，由"似花还似非花"起笔，抽象概括出柳絮的性质。接着白描柳絮飘落的情形，叹息其飘忽无着的命运。接着运用拟人技巧，将"杨花"想象成一位少妇，形象生动地表现了柳絮飘忽迷离的形态。作者顺势揣摩少妇心情：少妇到底为何而思呢？原来她在思念远方的夫婿。下片抒情。杨花飞尽，春光渐老，看看那随风飘尽的柳絮的凄凉境遇吧，它们散落在水上，化作了一池浮萍。词人饱蘸浓墨将那闺中少妇的离恨与杨花的形态高度融合，将整首词的情感推向高潮。此词离形取神，空灵婉转，精妙绝伦，压倒古今，诚为咏物词中之极品。

作者简介

苏轼（1037—1101），字子瞻，号东坡居士，眉州眉山（今四川眉山）人。与其父苏洵、其弟苏辙并称"三苏"。嘉祐二年（1057）进士及第，宋神宗时曾任职凤翔、杭州、密州、徐州、湖州等地。元丰二年（1079），因被诬作诗"谤讪朝廷"，遭御史弹劾，被捕入狱，论死罪，史称"乌台诗案"。经苏辙等全力施救，被贬为黄州（今湖北黄冈）团练副使。宋哲宗即位后，曾任翰林学士、侍读学士、礼部尚书等职，任职杭州、颍州、扬州、定州等地，晚年因新党执政被贬惠州、儋州。宋徽宗时获大赦北还，途中于常州病逝。苏轼是宋代文学最高成就的代表，在诗、词、文、书、画等方面都取得了很高的成就。其诗题材广阔，乐观旷达，独具风格，与黄庭坚并称"苏黄"；其词开豪放一派，与辛弃疾并称"苏辛"；其文兼收并蓄，议论文善翻陈出新，与欧阳修并称"欧苏"，为"唐宋八大家"之一；其书法为北宋四大家（苏、黄、米、蔡）之首；其画为文人画派之大宗。著有《苏东坡集》《东坡乐府》，存词362首。

课文

似花还似非花，也无人惜从教①坠。抛家傍路，思量却是，无情有思②。萦损柔肠，困酣娇眼，欲开还闭。梦随风万里，寻郎去处，又还被、莺呼起③。

不恨此花飞尽，恨西园、落红难缀。晓来雨过，遗踪何在？一池萍碎。春色三分，二分尘土，一分流水④。细看来，不是杨花，点点是离人泪。

【注释】

①从教：任凭、不管。　②无情有思：看似无情，却有意思。"思"与柳丝之"丝"同音双关。化用杜甫《白丝行》"落絮游丝亦有情"句意。

③"梦随风"三句：化用唐金昌绪的《春怨》"打起黄莺儿，莫教枝上啼。啼时惊妾梦，不得到辽西"，把杨花随风飘转比喻成美人梦中寻郎。

④"春色"三句：化用宋初叶清臣的《贺圣朝》"三分春色二分愁，更添一分风雨"。

◎咏物词：宋代咏物词数量较多。据路成文博士的统计，有3200余首，占现存全部宋词的15%强。咏物词分为两大类型：一种重在摹写物态，一种重在抒情言志。清代李重华《贞一斋诗说》有云："咏物诗有两法：一是将自身放顿在里面，一是将自身站立在旁边。"说得很通俗，却很有概括性。"将自身放顿在里面"即侧重于主观抒情，"将自身站立在旁边"即侧重于摹写物态。王国维《人间词话》所谓："有有我之境，有无我之境……有我之境，以我观物，故物皆著我之色彩。无我之境，以物观物，故不知何者为我，何者为物。"也是把境界分为偏于主观与偏于客观的两大类型。本词属于主观抒情型。

◎代言体：自词诞生以后便一脉相承的传统体式或写法，即由男子代女子言情。美国汉学家艾朗诺说："对于宋词而言，最大的问题不在于视觉或感官诱惑，而是它所呈现出的那种创自男性作者笔下、或是该代言体的男性角色眼中的女性柔美和纤细敏感。"某种程度而言，它类似于女子的三寸金莲，长期以来成为男子畸形的审美对象，直到苏轼创作豪放词，"近却颇作小词，虽无柳七风味，亦自是一家"（苏轼《与鲜于子骏》），才彻底改变了"词为艳科"的状况，"一洗绮罗香泽之态，摆脱绸缪宛转之度"（胡寅《酒边词序》）。这首《水龙吟》正是代言体，即便是抒怀，也要突出女性视角，以"代言"的形式来表现君臣失和或言士人与当道者之间的离异关系，以及个人的忠贞品质、坚定信念等。

―――――――― 阅读文献 ――――――――

1. 刘尊明、朱崇才《休闲宋词鉴赏辞典》，北京：商务印书馆，2015年。
2. 夏承焘等《宋词鉴赏辞典》，上海：上海辞书出版社，2003年。
3. 路成文《宋代咏物词史论》，北京：商务印书馆，2005年。
4. 张仲谋《宋词欣赏教程》（修订版），南京：南京大学出版社，2015年。
5. 〔美〕艾朗诺著，杜斐然等译《美的焦虑——北宋士大夫的审美思想与追求》，上海：上海古籍出版社，2013年。

―――――――― 思考题 ――――――――

1. 王国维《人间词话》认为，"咏物之词，自以东坡《水龙吟》最工，邦卿《双双燕》次之"，"东坡《水龙吟》咏杨花，和韵而似原唱。章质夫词，原唱而似和韵。才之不可强也如是！""最工"云云，实际上是指苏轼《水龙吟》咏写杨花最契合咏物词妙在似与不似之间的体制特点，遂将此词列于咏物词之首。兹将章氏原作附录如下，请予以比较，谈谈你对于咏物词处理"形"与"神"关系的看法。

燕忙莺懒芳残，正堤上、柳花飘坠。轻飞乱舞，点画青林，全无才思。闲趁游丝，静临深院，日长门闭。傍珠帘散漫，垂垂欲下，依前被、风扶起。　　兰帐玉人睡觉，怪春衣、雪沾琼缀。绣床渐满，香球无数，才圆却碎。时见蜂儿，仰粘轻粉，鱼吞池水。望章台路杳，金鞍游荡，有盈盈泪。

2. 刘熙载《艺概·词概》云："东坡《水龙吟》起云：'似花还似非花'，此句可作全词评语，盖不离不即也。"也就是说，苏词从寻常咏物词的套路中另辟蹊径，离形得似地运用拟人手法，通过描绘出杨花的独特风神，塑造了一个凄美的思妇形象。试分析"杨花"与"思妇"的意象是怎样交融成为一体的。

3. 苏轼词才之高，在于随物赋形、妙合无垠。同一时期，既有婉约之作，也可写豪放之篇，比如元祐二年于密州知州任上所作同韵词《江城子》，一首为《江城子·乙卯正月二十日夜记梦》，一首为《江城子·密州出猎》，前者借以悼亡，为婉约之正宗；后者写出猎，为豪放之初作。就本词而言，章词为传统"代言体"婉约词，苏轼和作亦随之，试品味此词婉约的风格。

（张清河　选编）

暗香　疏影

姜夔

名句

翠尊易泣，红萼无言耿相忆。
昭君不惯胡沙远，但暗忆、江南江北。

导读

"暗香""疏影"，词牌名，都是姜夔自己创调、自制词曲，取自林逋名句"疏影横斜水清浅，暗香浮动月黄昏"，是颇能代表姜夔艺术技巧、风格的名篇佳作。姜夔一生酷爱梅花，他存世的八十多首词中咏梅的就占十九首，而与梅有关的还有十余首，占了他所有词作的三分之一。《暗香》描绘了两幅梅景，其一为昔日"月下梅边吹笛图"，其二为今朝"雪夜访梅图"。月色、梅花、玉笛、美人、夜雪、西湖，这些美好的意象彼此相关，昔日逸兴景象历历，而今萧瑟冷清，愁思惘然。"何逊"四句，转到"而今"境况，形成强烈的今昔对比。作为《暗香》的姐妹篇，《疏影》的重要特色之一就是既写花又写人，花人合一，互相幻化，以空灵含蓄的笔触，构成朦胧优美的意境。张炎《词源》评曰："前无古人，后无来者，自立新意，真为绝唱。"其不足之处在于用典过多（连用五个与梅花相联系的美女故事），比如"昭君"之典极其晦暗，不易理解。王国维觉其形象不明朗，"虽格调高绝，然如雾里看花，终隔一层"（《人间词话》）。此外，此词善用虚字，周济评曰："以'相逢''化作''莫似'六字作骨。"近人沈祖棻、叶嘉莹等补充：它如"还教"等词语，有为徽钦蒙冤作申诉之意。以上种种，说明这首词具有丰富的多义性。

◎赠妓：顺阳公（按：即本词小序所云范石湖）之请老，姜尧章诣之。一日，授简征新声，尧章制《暗香》《疏影》两曲，公使工妓肄习之，音节清婉。尧章归吴兴，公寻以小红赠之。其夕大雪，过垂虹，赋诗曰："自作新词韵最娇，小红低唱我吹箫。曲终过尽松陵路，回首烟波十四桥。"尧章每喜自度曲，吹洞箫；小红辄歌而和之。尧章后以疾殁，故苏石挽之云："所幸小红方嫁了，不然啼损马塍花。"（《砚北杂志》）

◎托物言志：诗人借自然界中某种事物的客观属性，表达自我的某种品质、志向或情感，诗中的物象带上了人格化的色彩；或者说是作者借助物的象征意义来表达个人胸怀心志的一种艺术手法。通常被称为借物抒怀、托物喻人等，是作者通过对花、鸟、鱼、虫、山川、草木等自然景物的褒贬臧否来含蓄地表达志向或抒发对世事及个人身世的感慨，又叫感物抒怀等。古人最擅长的就是"托物言志"的表现手法，常常是"顾左右而言他"，只要一有时机，便会通过描写客观事物来抒发、寄托或者传达作者的某种感情、抱负和志趣，以期获得同仁的理解与尊重。

笔记

作者简介

姜夔（1154—1221），字尧章，号白石道人，饶州（今江西鄱阳）人。少随父宦游汉阳。父死，流寓湘、鄂间。千岩老人萧德藻以兄女妻之，移居湖州，往来于苏、杭一带，与张镃、范成大等过往甚密。终生不第，卒于杭州。工诗，尤以词著称，精音律，能自度曲。与刘过被人视为早期江湖派代表人物。词集中多自度曲，并存有工尺旁谱十七首。词风清空峻拔，张炎评为"如野云孤飞，去留无迹"。代表作有《暗香》《疏影》《扬州慢》等。有《白石道人诗集》《白石道人歌曲》等书传世。词存87首。

课文

辛亥之冬，余载雪诣石湖①。止既月，授简索句。且征新声。作此两曲。石湖把玩不已，使工妓肄习之，音节谐婉，乃名之曰《暗香》《疏影》。

暗香

旧时月色，算几番照我，梅边吹笛？唤起玉人，不管清寒与攀摘。何逊②而今渐老，都忘却、春风词笔③。但怪得，竹外疏花，香冷入瑶席。

江国、正寂寂。叹寄与路遥，夜雪初积。翠尊易泣，红萼无言耿相忆。长记曾携手处，千树压④、西湖寒碧。又片片、吹尽也，几时见得？

疏影

苔枝⑤缀玉，有翠禽小小，枝上同宿。客里相逢⑥，篱角黄昏，无言自倚修竹。昭君不惯胡沙远⑦，但暗忆、江南江北。想佩环、月夜归来⑧，化作此花幽独。

犹记深宫旧事，那人正睡里，飞近蛾绿。莫似春风，不管盈盈，早与安排金屋⑨。还教一片随波去，又却怨、玉龙哀曲⑩。等怎时、重觅幽香，已入小窗横幅。

【注释】

①石湖：在苏州西南，与太湖通。范成大居此，因号石湖居士。 ②何逊：南朝梁东海剡人，八岁能赋诗，文与刘孝绰齐名。曾为扬州法曹，宅中有一株梅，常吟咏其下，有《扬州法曹梅花盛开》诗。 ③春风词笔：何

◎用典：传统诗词创作中，用典是很重要的一种手法。所谓用典，就是语涉经典的旧人旧事旧语。用典可以使作品显得典雅、古淳，更重要的是能给读者以较多的阐释空间，因为典故的多层意思则是很难解释清楚的，这也许就是现在流行的所谓读者的二度创作。历史上部分极优秀的作者如杜甫、李商隐、周邦彦、辛弃疾、姜夔、王沂孙，一典可以寄托多种情感，用语不仅尽显优雅而且深沉大方，且给人无穷遐想。

逊有《咏春风》诗："可闻不可见，能重复能轻。镜前飘落粉，琴上响余声。" ④"千树压"句：宋时西湖孤山梅花成林，故云。 ⑤苔枝：梅树中的一种，名叫苔梅，枝间苔藓甚厚或垂下苔须数寸，花极香。 ⑥客里相逢：此处化用罗浮仙女的典故。相传隋代的赵师雄在罗浮游览时邂逅一女子。时正值夜幕降临，于是二人前往酒店痛饮，有一绿衣童子在一旁歌舞助兴。赵师雄醉卧酒家，天亮方醒，发觉自己躺在梅树下，一只翠鸟栖身其上。原来女子是梅花化身，绿衣童子为翠鸟化身。 ⑦"昭君"一句，暗示徽钦二宗被虏，后妃受辱。郑文焯批云：此盖伤二帝蒙尘，诸后妃相从北辕，沦落胡地，故以昭君托喻，发言哀断。考唐王建《塞上咏梅》诗曰："天山路旁一株梅，年年花发黄云下。昭君已殁汉使回，前后征人谁系马？"白石词意当本此。 ⑧"想佩环"二句：杜甫《咏怀古迹》诗："画图省识春风面，环佩空归月夜魂。" ⑨安排金屋：即成语"金屋藏娇"。据《汉武故事》载：武帝刘彻幼时曾对姑母许诺："若得阿娇作妇，当作金屋贮之。"盈盈，仪态美好的样子，文中借指梅花。 ⑩玉龙哀曲：马融《长笛赋》："龙鸣水中不见己，截竹吹之声相似。"玉龙，指玉笛。李白《与史郎中钦听黄鹤楼上吹笛》诗："黄鹤楼中吹玉笛，江城五月落梅花。"哀曲，指笛曲《梅花落》。这首曲子是古代流行的乐曲，听了使人感到悲伤。唐皮日休《夜会问答》说听《梅花落》曲"三奏未终头已白"，可见一斑。所以称之为"玉龙哀曲"。

阅读文献

1. 刘尊明、朱崇才《休闲宋词鉴赏辞典》，北京：商务印书馆，2015年。
2. 唐圭璋、钟振振主编《宋词鉴赏辞典》，北京：商务印书馆国际有限公司，2011年。
3. 叶嘉莹《唐宋词名家论稿》，台北：大块文化出版股份有限公司，2013年。
4. 张仲谋《宋词欣赏教程》（修订版），南京大学出版社，2015年。

思考题

1. 《暗香》一词中不断地切换回忆与现实场景，展示"旧时"与"今日"的梅花的不同情景，请举例进行分析。
2. 分析《疏影》一词以回忆绾合全篇、抒发今昔盛衰之感的构思特点。
3. 有人认为姜夔的词极力讲究技巧和唯美，在内容和情感上是非常空虚的，试结合这两首词谈谈你的认识。
4. 体会这两首词清空幽冷的艺术韵味。

（张清河　选编）

金缕曲·亡妇忌日有感

纳兰性德

名句

滴空阶、寒更雨歇，葬花天气。

导读

这首《金缕曲》作于康熙十九年（1680）五月三十日，是词人悼亡词中的佳作。纳兰之妻卢氏十八岁嫁给他，二人伉俪情深，只可惜婚后仅仅三年卢氏就芳魂永逝了。此时正是卢氏三周年忌日，偏偏又遇到凄风苦雨，故而情感特别悲凄，难以自抑。全词从空阶滴雨、仲夏葬花写来，引起伤春之感和悼亡之思；又以夜台幽远，音讯不通，以至来生难期，感情层层递进，最后万念俱灰。此生已矣，来世为期？全词虚实相间，实景与虚拟，所见与所思，合二为一，历历往事与冥冥玄想密合无间，而联系这一切的，是痛觉"人间无味"的"知己"夫妇的真挚情怀，它能够穿越死生，跨越时空，哀痛之情可见一斑。

纳兰作《金缕曲》时方二十六岁，但他说话的语气，已恍若饱经人世之苦，可见卢氏之死对他的打击之大。其实卢氏死后，纳兰是续娶了的，而且和续娶的官氏也很恩爱。一边爱着新人，一边念着旧人，这不是喜新念旧，而是为人纯良。他最爱的无疑是卢氏，可是既然斯人已逝，生活又翻开了新的一页，那么，也请珍惜眼前人吧，不要让她也痛苦，这才是面对人生的真诚态度。

作者简介

纳兰性德（1655—1685），原名成德，避皇太子保成讳改，字容若，号楞伽山人，满洲正黄旗人，叶赫纳拉氏，大学士明珠

◎清词三大家：纳兰性德与朱彝尊、陈维崧并称"清词三大家"。朱彝尊（1629—1709），浙江嘉兴人，"少而聪慧绝人"，"书过眼复诵，不遗一字"。青年时期参加抗清斗争，后为避乱流寓四方，充当幕客以养家糊口。五十岁时，以布衣身份入选博学鸿词科考试，任翰林院检讨，参与修撰《明史》。为浙西词派的创始人。陈维崧（1625—1682），出生于文学世家，祖父陈于廷是明末东林党的中坚人物，父亲陈贞慧是当时著名的"四公子"之一，因反对"阉党"，曾受迫害。陈维崧少时作文敏捷，词采瑰丽，吴伟业曾誉之为"江左凤凰"。入清后虽补为诸生，但长期未曾得到官职，身世飘零，游食四方，接触社会面较广。与朱彝尊合刊过《朱陈村词》。清初词坛，陈、朱并列，陈为阳羡词派领袖。三大家中以纳兰性德最为著名，被当时社会的文人学士高度评价，成为那个时代词坛的杰出代表。

◎饮水词：纳兰词集名。纳兰从岳珂《桯史·记龙眠海会图》读到一句话："至于有法无法，有相无相，如鱼饮水，冷暖自知。"如此充满洞达禅意的句子，令纳兰慨叹良久，深以为然。随即他从中取了"饮水"二字为自己的新词集定名，

笔记

之子。清康熙十五年（1676）进士，官一等侍卫，但无意功名，酷爱读书，多结交名士。纳兰性德极富文学天才，深涉经学，擅长书法，精于书画鉴赏，诗文俱佳，而尤以词作著称，与陈维崧、朱彝尊并称"清词三大家"。纳兰是写情高手，词多写离情别绪和人生哀愁，词风接近李煜，主张发乎性情，反对临摹仿效，作品直抒胸臆，婉约清新，哀思深婉，情调消沉，以"缠绵婉约""哀感顽艳"著称。著有《通志堂集》，附词四卷，后人汇辑成《纳兰词》，存词349首。

课文

此恨何时已，滴空阶、寒更雨歇，葬花天气①。三载悠悠魂梦杳，是梦久应醒矣。料也觉、人间无味。不及夜台②尘土隔，冷清清、一片埋愁地。钗钿约③，竟抛弃。

重泉④若有双鱼⑤寄，好知他，年来苦乐，与谁相倚。我自终宵成转侧，忍听湘弦⑥重理。待结个、他生知己。还怕两人俱薄命，再缘悭、剩月零风里。清泪尽，纸灰起。

【注释】

①葬花天气：指春末落花时节，大致是农历五月，这里既表时令，又暗喻妻子之亡如花之凋谢。　②夜台：指坟墓，亦借指阴间，南朝梁沈约《伤美人赋》："曾未申其巧笑，忽沦躯于夜台。"　③钗钿约：指女子饰物。暗指爱人间的盟誓。白居易《长恨歌》："惟将旧物表深情，钿合金钗寄将去。"　④重泉："黄泉""九泉"。指生死两隔。　⑤双鱼：书信。　⑥湘弦：即湘灵鼓瑟之弦。传说舜之妃子溺湘水而亡，后为水神，古代诗词中常用琴瑟代指夫妻，这里指纳兰不忍再弹奏那哀怨凄婉的琴弦，否则会勾起悼亡的哀思。

是为《饮水词》。前人对此词集曾予高度评价。王煜序云："《饮水词》三卷，凄婉娴丽，于小令最工，或谓李煜转身，殆以词品相类也。"（王煜《饮水词序》）陈廷焯评曰："《饮水词》含情绵邈，言有尽而意无穷。"（《云韶集》卷一五）

◎金缕曲：词牌名，本为"贺新郎"，苏轼创调。因苏词有"乳燕飞华屋"句，一名"乳燕飞"；又有"晚凉新浴"句，名"贺新凉"；又有"风敲竹"句，故名"风敲竹"。张辑词有"把貂裘换酒长安市"句，一名"貂裘换酒"。叶梦得词有"唱金缕"句，一名"金缕歌"，又名"金缕词""金缕曲"。长调，双调，116字。仄韵，用入声韵者音节尤高亢。此调声情沉郁苍凉，宜抒发激越情感，历来为词家所习用。纳兰充分发挥此词牌特别适于抒情的长处，以错落有致的句式、谐婉顿挫的韵律和情韵悠扬的风致，表达他那种低回婉转、回肠荡气的思绪和缠绵。

------笔记------

阅读文献

1. 纳兰性德《通志堂集》，上海：上海古籍出版社，2008年。
2. 纳兰性德撰，赵秀亭、冯统一笺校《饮水词笺校》，北京：中华书局，2005年。
3. 陈水云《明清词研究史》，武汉：武汉大学出版社，2006年。
4. 袁行霈主编《中国文学史》（第四卷），北京：高等教育出版社，1999年。

思考题

1. 纳兰在他的《渌水亭杂识》中最推崇李煜词，认为李后主词风不仅淳朴清新，而且厚重敦实，"更饶烟水迷离之致"。陈维崧评纳兰词亦然："《饮水词》哀感顽艳，得南唐二主之遗。"到了近代，将《饮水词》比作后主词的评价更多，如莫友芝"倚声家直耸为李煜后一人"，梁启超"容若小词，直追李主"……这些评价可见纳兰悼亡词的风格。全词语言较少雕琢，质朴自然，多是感情的真实流露。试与李煜比较，说说这样写词的优长和局限。

2. 王国维总结纳兰氏是纯任"天真"、全凭"天才"在写词，并分析原因，指出其成就："纳兰容若以自然之眼观物，以自然之舌言情。此由初入中原，未染汉人风气，故能真切如此。北宋以来，一人而已。"（《人间词话》）对此评价你有何看法，请展开论述。

（张清河　选编）

第三讲 诗有别趣

涉 江

屈原

名句

苟余心其端直兮,虽僻远之何伤。

导读

本篇选自《楚辞·九章》,约作于屈原流放沅、湘之后,是其晚年的作品。这是一首纪行诗,诗人写自己渡江而南,浮沅水西上至溆浦,并描绘自己居于深林间的情景。诗人在诗中所抒发的感情,或为对高远理想的向往与憧憬,或为对理想的无法实现而悲愤,或为对楚都的眷恋,或为因独处深山而感叹哀伤,或为援引古代志士忠臣以自况,或为对奸佞小人的谴责,或为对坚持正道的严正申明。它真实地反映了诗人再次放逐的经历、处境和悲愤苦闷的情怀,表现了诗人强烈的爱国感情,具有感人肺腑的力量。本篇比喻象征手法的运用十分纯熟。诗歌一开始,诗人便采用了象征手法,用好奇服、带长铗、冠切云、被明月、珮宝璐来表现自己的志行,以驾青虬、骖白螭、游瑶圃、食玉英来象征自己高远的志向。最后一段,又以鸾鸟、凤凰、香草来象征正直、高洁;以燕雀、乌鹊来比喻邪恶势力,腥臊比喻秽政,充分抒发了诗人内心对当前社会的深切感受。另外本篇写景与抒情交织,如写"秋冬之绪风",是为了写国破的悲伤;写山皋步马,方林邸车,是为了写反顾楚都、眷恋楚都、徘徊而不忍去的情怀;写"船容与而不进兮,淹回水而凝滞",是为了表达诗人对楚都的依恋与怀念。写"深林杳以

○楚辞:《楚辞》是中国最早的浪漫主义诗歌总集及浪漫主义文学源头。"楚辞"之名首见于《史记·酷吏列传》,可见至迟在汉代前期已有这一名称。其本义,当是泛指楚地的歌辞,以后才成为专称,指以战国时楚国屈原的创作为代表的新诗体。西汉末年,刘向将屈原、宋玉的作品以及汉代淮南小山、东方朔、王褒、刘向等人承袭模仿屈原、宋玉的作品汇编成集,计十六篇,定名为《楚辞》。是为总集之祖。后王逸增入己作《九思》,成十七篇,分别是:《离骚》《九歌》《天问》《九章》《远游》《卜居》《渔父》《九辩》《招魂》《大招》《惜誓》《招隐士》《七谏》《哀时命》《九怀》《九叹》《九思》。这个十七篇的篇章结构,遂成为后世通行本。

笔记

冥冥""山峻高以蔽日",写无垠的纷飞的霰雪,写承宇的霏霏的阴云,都是为了表达诗人孤寂、凄冷、悲痛的心情。这些写景的诗句,揉进了诗人强烈的思想感情,写景与抒情是浑然一体的。总之,全诗塑造了一个充满浪漫主义色彩的高洁脱俗的形象。

作者简介

屈原(约前340—前278),战国时期楚国诗人、政治家,出生地楚国丹阳,即今湖北宜昌。芈姓,屈氏,名平,字原;又自云名正则,字灵均。楚武王熊通之子屈瑕的后代。少年时受过良好的教育,博闻强识,志向远大。早年受楚怀王信任,任左徒、三闾大夫,兼管内政外交大事。他提倡"美政",主张对内举贤任能,修明法度,对外力主联齐抗秦。因遭贵族排挤毁谤,被先后流放至汉北和沅湘流域。秦将白起攻破楚都郢(今湖北江陵)后,屈原自沉于汨罗江,以身殉国。屈原是中国历史上第一位伟大的爱国诗人,中国浪漫主义文学的奠基人,"楚辞"的创立者和代表作者,开辟了"香草美人"的传统,被誉为"中华诗祖""辞赋之祖"。屈原的出现,标志着中国诗歌进入了一个由集体歌唱到个人独创的新时代。屈原的主要作品有《离骚》《九歌》《九章》《天问》等。以屈原作品为主体的《楚辞》是中国浪漫主义文学的源头,与《诗经》并称"风骚",对后世诗歌产生了深远影响。1953年,屈原逝世2230周年之际,世界和平理事会通过决议,确定屈原为当年纪念的世界四大文化名人之一。

课文

余幼好此奇服①兮,年既老而不衰。带长铗之陆离兮②,冠切云之崔嵬③。被明月兮珮宝璐④。世溷浊而莫余知兮,吾方高驰而不顾。驾青虬兮骖白螭⑤,吾与重华游兮瑶之圃⑥。登昆仑兮食玉英⑦,与天地兮比寿,与日月兮齐光。哀南夷⑧之莫吾知兮,旦余济乎江湘。

乘鄂渚而反顾兮⑨,欸秋冬之绪风⑩。步余马兮山皋,邸余车兮方林⑪。乘舲船余上沅兮⑫,齐吴榜以击汰⑬。船容与而不进兮,淹回水而疑滞⑭。朝发枉陼⑮兮,夕宿辰阳⑯。苟余心其端直兮,虽僻远之何伤。

入溆浦余儃佪兮⑰,迷不知吾所如⑱。深林杳以冥

◎ "风骚" 本义:风骚,《诗经·国风》和《楚辞·离骚》的并称。它们同被视为中国诗歌发展的源流,对后世中国文学影响深远。如《宋书·谢灵运传论》"原其飙流所始,莫不同祖《风》《骚》",唐贯岛《喜李余自蜀至》"往来自此过,词体近《风》《骚》",清姚莹《论诗绝句》之二"辛苦十年摹汉魏,不知何故远《风》《骚》"等,均持其本义。

◎ "香草美人":屈原"香草美人"的象征手法,继承并发展了《诗经》的比兴手法。屈原的创作在相当程度上显示了情感的解放,从而造成了全新的、富有生气和强大感染力的诗歌风格。由于这种情感表达的需要,就不能满足于平实的写作手法,而需要大量借用楚地的神话材料,用绮丽的幻想,使诗歌的境界大为扩展,显示出恢弘瑰丽的特征。这为中国古典诗歌的创作,开辟出一条新的道路。后代的个性和情感强烈的诗人,如李白、李贺等,都从中受到极大的启发。可以说,中国古代文学中讲究文采、注意华美的流派,最终都可以溯源于屈原。

----- 笔记 -----

冥兮⑲，猿狖⑳之所居。山峻高以蔽日兮，下幽晦以多雨。霰雪纷其无垠兮㉑，云霏霏而承宇㉒。哀吾生之无乐兮，幽独处乎山中。吾不能变心以从俗兮，固将愁苦而终穷。

接舆髡首兮㉓，桑扈裸行㉔。忠不必用兮，贤不必以。伍子逢殃兮㉕，比干菹醢㉖。与前世而皆然兮，吾又何怨乎今之人？余将董道而不豫兮㉗，固将重昏而终身！

乱曰㉘：鸾鸟凤皇㉙，日以远兮。燕雀乌鹊㉚，巢堂坛兮㉛。露申辛夷㉜，死林薄兮㉝。腥臊并御㉞，芳不得薄兮㉟。阴阳易位㊱，时不当兮。怀信侘傺㊲，忽乎吾将行兮！

【注释】

①奇服：奇伟的服饰，是用来象征自己与众不同的志向品行的。②铗（jiá）：剑柄，这里代指剑。长铗即长剑。陆离：长貌。 ③切云：当时一种高帽子之名。崔嵬：高耸的样子。 ④被：同"披"，戴着。明月：夜光珠。珮：通"佩"，一本作"佩"。璐：美玉。 ⑤虬（qiú）：无角的龙。骖：四马驾车，两边的马称为骖，这里指用螭来做骖马。螭（chī）：传说中无角的龙。 ⑥重华：帝舜的名字。瑶：美玉。圃：花园。"瑶之圃"指神话传说中天帝所居的盛产美玉的花园。 ⑦英：花朵。玉英：玉树之花。 ⑧南夷：古时中原地区对南方人的蔑称，这里指楚国统治集团。 ⑨乘：登上。鄂渚：地名，在今湖北武昌西。反顾：回头看。 ⑩欸（āi）：叹息声。绪风：余风。 ⑪邸（dǐ）：同"抵"，抵达，到。方林：地名。一说，树林。 ⑫舲（líng）船：有窗的小船。上：溯流而上。 ⑬齐：同时并举。吴：国名，一说，大。榜：船桨。汰（tài）：水波。 ⑭淹：停留。回水：回旋的水。这句是说船徘徊在回旋的水流中停滞不前。 ⑮陼（zhǔ）：同"渚"。枉陼：地名，在今湖南常德一带。 ⑯辰阳：地名，在今湖南辰溪县西。 ⑰溆（xù）浦：溆水之滨。儃佪（chán huái）：徘徊。 ⑱如：到，往。这两句是说进入溆浦之后，我徘徊犹豫，不知该去哪儿。 ⑲杳（yǎo）：幽暗。冥冥：幽昧昏暗。 ⑳狖（yòu）：长尾猿。 ㉑霰（xiàn）：雪珠。纷：繁多。垠（yín）：边际。这句是说雪下得很大，一望无际。 ㉒霏霏：云气浓重的样子。承：弥漫。宇：天空。这句是说阴云密布，弥漫天空。 ㉓接舆（yú）：春秋时楚国的隐士，佯狂傲世。髡（kūn）首：古代刑罚之一，即剃发。相传接舆自己剃去头发，避世不出仕。 ㉔桑扈（hù）：古代的隐士。裸（luǒ）：同"裸"。桑扈用裸体行走来表示自己的愤世嫉俗。 ㉕伍子：伍子胥，春秋时吴国贤臣。逢殃：指伍子胥被吴王夫差杀害。 ㉖比干：商纣王时贤臣，因为直谏，被纣王杀死剖心。菹醢（zū hǎi）：古代的酷刑，将人剁成肉酱。 ㉗董道：坚守正道。豫：

犹豫。 ㉘乱：乐曲的尾声。 ㉙鸾鸟凤皇：都是祥瑞之鸟，比喻贤才。 ㉚燕雀乌鹊：比喻谄佞小人。 ㉛堂：殿堂。坛：高台。用于祭祀、朝会等活动。堂坛：此处代指朝堂。这两句比喻小人挤满朝廷。 ㉜露申：一作"露甲"，即瑞香花。辛夷：一种香木，北方叫木笔，南方叫望春。露申辛夷比喻贤人。 ㉝薄：丛生的草。林薄：草木杂生的地方。 ㉞腥臊：恶臭之物，比喻谄佞之人。御：进用。 ㉟芳：芳洁之物，比喻忠直君子。薄：靠近。 ㊱阴阳易位：比喻楚国混乱颠倒的现实。 ㊲怀信：怀抱忠信。佗傺（chà chì）：惆怅失意。

---------- 笔记 ----------

阅读文献

1. 司马迁《史记·屈原贾生列传》，北京：中华书局，1982 年。
2. 洪兴祖《楚辞补注》，北京：中华书局，1983 年。
3. 汤炳正等《楚辞今注》，上海：上海古籍出版社，2012 年。

思考题

1. "吾不能变心以从俗兮，固将愁苦而终穷""余将董道而不豫兮，固将重昏而终身"这些诗句，体现了诗人什么样的高尚品质？
2. 宋洪兴祖《楚辞补注》卷四："此章言己佩服殊异，抗志高远，国无人知之者，徘徊江之上，叹小人在位而君子遇害也。"如果你像屈原一样，志向高远，才情博大，却屡遭排挤打击，你会用什么方式来解决人生的困境？
3. 清蒋骥《山带阁注楚辞·涉江》："《涉江》《哀郢》皆顷襄王时屈原放于江南所作。然《哀郢》发于郢而至陵阳，皆自西往东；《涉江》从鄂渚入溆浦，乃自东北往西南，当在既放陵阳之后。旧解合之误矣。其命意浩然一往，与《哀郢》之鸣徘徊，欲行又止，亦绝不相侔。盖彼迫于严谴而有去国之悲，此激于愤而有绝人之志，所由来者异也。""发愤著书""不平则鸣"是中国文学传统中创作缘起论中的重要范畴，除屈原外，你还知道哪些著名作家与此相关，试加以总结。

（肖伟韬　选编）

金铜仙人辞汉歌

李贺

名句

衰兰送客咸阳道，天若有情天亦老。

导读

这首诗是李贺的代表作品之一。首四句借金铜仙人的"观感"慨叹韶华易逝，人生短暂。"夜闻"句承上启下，用夸张的手法显示生命短暂，世事无常。它既是上句的补充，使"秋风客"的形象更加鲜明、丰满，也为下句展示悲凉幽冷的环境气氛做了必要的铺垫。中间四句用拟人法写金铜仙人初离汉宫时的凄婉情态。金铜仙人是刘汉王朝由昌盛到衰亡的"见证人"，眼前发生的沧桑巨变早已使他感慨万端，神惨色凄，而自己又被魏官强行拆离汉宫，此时此刻，兴亡的感触和离别的情怀一起涌上心头。"魏官"二句，从客观上烘托金铜人依依不忍离去的心情。"指千里"言道路遥远。"东关"句言气候恶劣。句中"酸""射"二字，新奇巧妙而又浑厚凝重。特别是"酸"字，通过金铜仙人的主观感受，把彼时彼地风的尖利、寒冷、惨烈等情形，生动地显现出来。"魏官"二句，侧重描写客体，"空将"二句则改写主体，用第一人称，直接抒发金铜仙人当时的思想感情。金铜仙人亲身感受过武帝的爱抚，亲眼看到过当日繁荣昌盛的景象，而此刻坐在魏官牵引的车子上，渐行渐远，抚今忆昔，不禁潸然泪下。"忆君"句中"泪如铅水"，比喻奇妙非凡，绘声绘色地写出了金铜仙人当时悲痛的形容——泪水涔涔，落地有声。末四句写出城后途中的情景。此番离去，正值月冷风凄，城外的"咸阳道"和城内的"三十六宫"一样，呈现出一派萧瑟悲凉的景象。这时送客的唯有路边的"衰兰"，而同行的旧时相识也只有手中的承露盘而已。"天

◎宋司马光《温公续诗话》："李长吉歌'天若有情天亦老'，人以为奇绝无对。（石）曼卿对'月如无恨月长圆'，人以为勍敌。"

若有情天亦老"这一句设想奇伟,它有力地烘托了金铜仙人(实即作者自己)艰难的处境和凄苦的情怀,意境辽阔高远,感情执着深沉,真是千古名句。尾联进一步描述金铜仙人恨别伤离的情绪。他不忍离去,却又不得不离去,而且随着时间的推移,离开故都越来越远。这时,望着天空中荒凉的月色,听着那越来越小的渭水流淌声,心里有种说不出来的滋味。"渭城"句从对面落笔,用"波声小"反衬出铜人渐渐远去的身影,委婉而深沉地表现出金铜仙人"思悠悠,恨悠悠"的离别情怀。纵观全诗,它设想奇创,而又深沉感人,形象鲜明而又变幻多姿。

◎明高棅《唐诗品汇》卷三五引宋代刘辰翁评语:"此意思非长吉不能赋,古今无此神妙。神凝意黯,不觉铜仙能言。奇事奇语,不在言,读至'三十六宫土花碧',铜人泪堕已信,末后三句可为断肠。后来作者无此沉着,亦不忍极言其妙。"

作者简介

李贺(790—816),字长吉,汉族,唐代河南福昌(今河南洛阳宜阳县)人,家居福昌昌谷,后世称李昌谷,是唐宗室郑王李亮后裔。有"诗鬼"之称,著有《昌谷集》。李贺是中唐的浪漫主义诗人,与李白、李商隐并称唐代"三李"。是中唐到晚唐诗风转变期的一个代表者。他所写的诗大多慨叹生不逢时和内心苦闷,抒发对理想、抱负的追求;对当时藩镇割据、宦官专权和人民所受的残酷剥削也有所反映。留下了"黑云压城城欲摧""雄鸡一声天下白""天若有情天亦老"等千古佳句。李贺的诗作想象极为丰富,经常应用神话传说来托古寓今,所以后人常称他为"鬼才""诗鬼",创作的诗文被称为"鬼仙之辞",有"太白仙才,长吉鬼才"之说。李贺是继屈原、李白之后,中国文学史上又一位颇享盛誉的浪漫主义诗人。

课文

◎清陈本礼笺注《协律钩玄》:"曰'忆君泪',曰'出',曰'携',曰'波声小',觉铜仙耳目手足栩栩欲活。'忆君',仙人忆孝武也。'如铅水',方的是铜仙之泪。""末更得意外之意,回首长安,何能已已。"

魏明帝青龙九年八月①,诏宫官牵车西取汉孝武捧露盘仙人②,欲立致前殿。宫官既拆盘,仙人临载乃潸然泪下③。唐诸王孙④李长吉遂作《金铜仙人辞汉歌》。

茂陵刘郎秋风客⑤,夜闻马嘶晓无迹⑥。
画栏桂树悬秋香⑦,三十六宫土花碧⑧。
魏官牵车指千里⑨,东关酸风射眸子⑩。
空将汉月出宫门,忆君清泪如铅水⑪。
衰兰送客咸阳道⑫,天若有情天亦老⑬。
携盘独出月荒凉,渭城已远波声小⑭。

-------- 笔记 --------

【注释】

①魏明帝：名曹叡，曹操之孙。青龙九年：青龙是魏明帝年号，无九年，只有五年（233—237），五年三月即改元为景初元年，魏明帝拆迁铜人即在此年，故"青龙九年"当为"青龙五年"之误。一本作"青龙元年"亦误。　②宫官：指宦官。捧露盘仙人：王琦注引《三辅黄图》："神明台，武帝造，上有承露盘，有铜仙人舒掌捧铜盘玉杯以承云表之露，以露和玉屑服之，以求仙道。"　③潸然泪下：《三国志·魏书·明帝纪》裴注引《汉晋春秋》："帝徙盘，盘拆，声闻数十里，金狄（铜人）或泣，因留于霸城。"　④唐诸王孙：李贺是唐宗室之后，故称"唐诸王孙"。　⑤茂陵：汉武帝刘彻的陵墓，在今陕西省兴平县东北。刘郎：指汉武帝。秋风客：犹言悲秋之人。汉武帝曾作《秋风辞》，有句云："欢乐极兮哀情多，少壮几时奈老何？"　⑥"夜闻"句：传说汉武帝的魂魄出入汉宫，有人曾在夜中听到他坐骑的嘶鸣。　⑦桂树悬秋香：八月景象。秋香：指桂花的芳香。　⑧三十六宫：张衡《西京赋》："离宫别馆三十六所。"土花：苔藓。　⑨千里：言长安汉宫到洛阳魏宫路途之远。　⑩东关：车出长安东门，故云东关。酸风：令人心酸落泪之风。　⑪君：指汉家君主，特指汉武帝刘彻。铅水：比喻铜人所落的眼泪，含有心情沉重的意思。　⑫衰兰送客：秋兰已老，故称衰兰。客指铜人。咸阳：秦都城名，汉改为渭城县，离长安不远。咸阳道：此指长安城外的道路。　⑬"天若"句：意谓面对如此兴亡盛衰的变化，天若有情，也会因常常伤感而衰老。　⑭渭城：秦都咸阳，汉改为渭城县，此代指长安。波声：指渭水的波涛声。渭城在渭水北岸。

---- 笔记 ----

阅读文献

1. 王琦等《三家评注李长吉歌诗》，上海：上海古籍出版社，1998年。
2. 朱自清《李贺年谱》，《清华学报》第十卷第四期，1935年10月。
3. 杨其群《李贺研究论集》，太原：北岳文艺出版社，1989年。

思考题

1. 诗中有两个"客"字，所指是否相同？表现了诗人什么样情感？
2. 这首诗歌运用了哪些表达技巧，来传达自己的思想感情？
3. 司马光《温公续诗话》说："李长吉歌'天若有情天亦老'，人以为奇绝无对。"这句诗是什么意思？请试着写一句下联。

（肖伟韬　选编）

感遇（其七）

张九龄

名句

江南有丹橘，经冬犹绿林。

导读

张九龄有《感遇》十二首，为张九龄遭贬荆州长史后所作，此篇是第七首。这首诗借用屈原《橘颂》的诗意，以丹橘自喻，表现了诗人自己的优美情操、高尚品德及对理想的追求。诗开头两句，诗人颂扬橘树经得起严冬考验，终年常绿，而橘树又是果树中的上品。诗人借用橘树来比喻自己"受命不迁""横而不流"的人格。这里，诗人不仅写了橘树的外形，更着意表现它坚强不屈的精神，达到了形神的有机结合。三、四句诗人告诉读者橘树的经冬翠绿，并非因为江南气候暖和，而是因为它有着耐寒的本性。在这里，诗人采用的是问答的形式，问得自然出奇，答得分外有味；而通过"岁寒心"的双关语，一方面巧妙地指出橘树的耐寒本性，同时又用以比喻诗人的高尚美德。下面六句，是叙事，也是抒情。五、六句是说：这些甜美的丹橘本可以送到远方呈献给尊贵的客人，无奈关山重叠，通道受阻。言下之意，他本可以将贤者推荐给朝廷，可惜道路被阻塞。这两句妙喻天成，不露痕迹。七、八句是诗人从感慨中得出的判断：命运的好坏，只是因为遭遇的不同；而这又如同周而复始的自然规律一样，其中的道理实在难以捉摸。这是诗人根据自身经历所发出的感叹。最后两句是紧承"运命"两句而来，也是在为贤者鸣不平。从结构上看，这首诗短短五十字，构思精巧，结构严密，抒情写意，回环起伏。开头以橘起，最后以橘结，前呼后应，通篇用比，深化主题。

◎开元之治：或称开元盛世，是指唐朝在唐玄宗治理下出现的盛世。唐玄宗登基后，以道家清静无为思想为宗提倡文教。在政治上，任用贤能，改革官职，整顿吏治，励精图治，使得唐中期的朝政趋于稳定，为以后经济的发展和恢复奠定了基础。由于唐玄宗采取了一系列积极的措施，加上广大人民的辛勤劳动，使得大唐天下大治，经济迅速发展。此间的唐朝国力强盛，社会经济空前繁荣，人口也大幅度增长，天宝年间唐朝人口达到 8000 万人。国家财政收入稳定，商业十分发达，国内交通四通八达，城市更为繁华，对外贸易不断增长。波斯、大食商人纷至沓来，长安、洛阳、广州等大都市商贾云集，各种肤色、不同语言的商人身穿不同的服装来来往往，十分热闹。唐朝进入全盛时期，中国封建社会达到顶峰阶段。因当时年号为"开元"，史称"开元之治"。

笔记

作者简介

张九龄（678—740），字子寿，一名博物，谥文献。汉族，唐朝韶州曲江（今广东韶关）人，世称"张曲江"或"文献公"。唐朝开元年间名相，诗人。西汉留侯张良之后，西晋壮武郡公张华十四世孙。七岁知属文，唐中宗景龙初年进士，始调校书郎。玄宗即位，迁右补阙。唐玄宗开元时历官中书侍郎、同中书门下平章事、中书令。母丧夺哀，拜同平章事。是唐代有名的贤相；举止优雅，风度不凡。自张九龄去世后，唐玄宗对宰相推荐之士，总要问"风度得如九龄否？"张九龄是一位有胆识、有远见的著名政治家、文学家、诗人。他的五言古诗，诗风清淡，以素练质朴的语言，寄托深远的人生慨望，对扫除唐初所沿习的六朝绮靡诗风，贡献尤大。著有《曲江集》，被誉为"岭南第一人"。作为开元盛世的最后一位名相，他深为时人所敬仰，王维、杜甫都作有颂美他的诗篇。他曾辟孟浩然为荆州府幕僚，提拔王维为右拾遗；杜甫早年也曾想把作品呈献给他，未能如愿，晚年追忆，犹觉得可惜（见《八哀诗》）。

课文

江南有丹橘，经冬犹绿林。
岂伊①地气暖？自有岁寒心。
可以荐嘉客，奈何阻重深。
运命惟所遇，循环不可寻。
徒言树桃李，此木岂无阴？

【注释】

①伊：句中助词。

阅读文献

1. 熊飞《张九龄集校注》，北京：中华书局，2008年。
2. 顾建国《张九龄年谱》，北京：中国社会科学出版社，2005年。
3. 顾建国《张九龄研究》，南京师范大学博士学位论文，2006年。

―――――― 思考题 ――――――

1. 明钟惺、谭元春《唐诗归》卷五："钟云：感慨蕴藉，妙于立言。谭云：就小物说大道理，古人往往如此。钟云：（末句）言外不尽。"就二人观点，试整体分析这首诗歌。

2. 清刘熙载《艺概·诗概》："曲江之《感遇》出于《骚》，射洪之《感遇》出于庄，缠绵超旷，各有独至。""曲江"指张九龄，"射洪"指陈子昂，二人都写了《感遇诗》。请查阅相关文献，自己比较论析。

3. "运命惟所遇，循环不可寻"，张九龄作为一位叱咤风云的政治人物，在自己的晚年发出这样的深沉感慨，试发表对命运的看法。

（肖伟韬　选编）

第二编　文苑英华

中国散文概述

　　中国散文的产生，源于文字记事，据现有的史料看，大约始于殷商时期。其时，出现了甲骨卜辞、铜器铭文，依事直书，文字简单、质朴。到了西周、春秋、战国时期，文章由简入繁，文字由质入文，创作逐步成熟，并出现了以诸子散文和史传散文为主体的第一个古代散文创作高峰，不仅撰述传播了当时各种学术流派百家争鸣的学术思想，而且描绘出了一段处士横议、纵横捭阖、纷繁复杂的历史进程。《尚书》《左传》《战国策》《论语》《孟子》《庄子》《韩非子》等各家的散文创作，从不同方面滋养着后世的历史学家和古文家，正如刘师培在《论文杂记》中所评述的："中国文学至周末而臻极盛，《庄》《列》之深远，苏、张之纵横，《韩非》之排奡，《荀》《吕》之平易，皆为后世文章之祖。"

　　两汉时期，散文进一步发展，突出的成果集中表现在政论散文和史传散文两方面。贾谊，西汉初年杰出的文学家，其文《过秦论》总结了秦亡的教训，以为鉴戒，行文富于辞采，气势纵横。《陈政事疏》直指汉代政事的问题，洋洋缃缃，行文直率。武帝时，罢黜百家，独尊儒术，大一统的政局催生出代表王朝典范的集大成著作——《史记》。这是一部生动的历史著作，其文采历来为后世文学界所称颂。作者司马迁秉承史家实录精神，为后世读者勾画出诸多形色各异、栩栩如生的人物图像，融文史之功，立一家之言。在《史记》的影响下，东汉亦产生了不少历史散文著作，其中班固的《汉书》成就最高，是一部可与《史记》媲美的体大精深的历史著作，两者互有修短，各有得失，在两汉史学著述中最为璀璨。另外，汉代出现了新的文体"赋"，讲究文采、韵节，以铺张扬厉、叙写事物见长，成为最具时代特征的文章形式。

魏晋南北朝时期,文章创作呈现新格局,展现出文学化、个性化、美文化的趋势,讲究对偶、声律、文辞藻饰,形成骈俪文风,散文衰落。辞赋创作也出现了新局面,不仅大赋的体式功能得到进一步发展,不拘囿于国家政治生活内容的展现,将个人生活中的重要事件也纳入其中,如潘岳《西征赋》、谢灵运《山居赋》;而且辞赋创作出现个人化、抒情化、小品化的新格局,如王粲《登楼赋》、曹植《洛神赋》。

唐宋时期是古代文章创作的黄金时期。前有韩愈、柳宗元的文体革新,将"文"与"道"统合,文以载道,大力反对浮华无物的骈俪文风,倡导具有时代特色的中古新文风,即继承先秦两汉传统,吸收后世文法精华,文辞自然而富有表现力,言之有物。在古文运动的推动下,散文的写法日益繁复,出现了文学散文,产生了不少优秀的山水游记、寓言、传记、杂文等作品。后有欧阳修、王安石、苏轼等人的前仆后继,继承韩愈的道统和文统,反对晚唐以来文风的华而不实,提倡平易畅达、针砭现实的创作风习,并在散文领域中取得了令人瞩目的成就,与唐代的韩愈、柳宗元合称为"唐宋八大家"。

元明清时期散文的发展基本上承袭了唐宋古文运动的精神。明代先有前后"七子"以拟古为主,发起"复古运动",倡导文必秦汉;但在对程朱理学、八股文风的束缚起到积极作用的同时,也有着盲目模拟古人的弊端。后有以归有光为代表的唐宋派,以袁宗道、袁宏道、袁中道为代表的公安派,以钟惺、谭元春为代表的竟陵派,先后反对这种盲目的拟古主义,主张作品"皆自胸中流出",独抒性灵,冲破传统古文的陈规旧律。清代散文以桐城派为代表,注重"义理"的体现,文章只重阐明立意,简洁自然,但缺乏文采、生气。桐城派的代表作家姚鼐对我国古代散文文体加以总结,分为十三类,包括论辩、序跋、奏议、书说、赠序、诏令、传状、碑志、杂说、箴铭、颂赞、辞赋、哀祭。

"五四"新文学运动时期,随着反对封建主义的思想启蒙运动的开展及西方近代文艺理论的传入,散文发展也进入了一个新时期。李大钊、陈独秀、鲁迅、刘半农、钱玄同等人开创了现代散文关注人生、关注思想变革、关注历史进程的新格局,他们的作品多抨击论敌,思想深刻,识见精深,启人深思。继反映社会思想变革和文化文学革命的议论性散文后,还有风格各异、内容多样的抒情性美文和小品文，现代散文进入蓬勃繁荣的发展时期。冰心是较早撰写抒情性散文的作家，其《往事》《寄小读者》等，文笔隽秀，明媚清新，奠定了她在散文创作上的独特地位。另外，如周作人的舒徐闲朴、朱自清的浓淡皆宜、徐志摩的炫彩华美、丰子恺的洗练流畅等，都构成了这一时期散文的时代特征。

中华人民共和国成立后，伴随着经济建设和社会变革的进程，作家们纷纷自觉地运用各种文学形式高唱反映新社会、新时代、新风貌的赞歌，故而散文的创作主要继承了40年代解放区以纪实为主的创作方式，如刘白羽的《朝鲜在战火中前进》、巴金的《生活在英雄们的中间》、杨朔的《万古青春》、魏巍的《谁是最可爱的人》、李若冰的《陕北札记》、柳青的《一九五五年秋天在皇甫村》等，从社会的不同角度，以真实淳朴的感受热情地展现了社会中最具代表性的事件和人物。50年代中期，特别是"百花齐放，百家争鸣"方针提出后，散文的文学化倾向日趋明显，散文创作开始走向繁荣。如姚雪垠的《惠泉吃茶记》、老舍的《养花》、冰心的《小橘灯》、吴伯箫的《记一辆纺车》、翦伯赞的《内蒙访古》、李健吾的《雨中登泰山》等，都是脍炙人口的优秀作品。

"文革"之后，随着国家拨乱反正，散文创作呈现出新的面貌。特别是进入改革开放新时期，思想个性的解放，封闭体制的破除，艺术视野的扩大，使得文学步入了一个崭新的时期，迎来了真正的创作热潮。传统散文的创作观念和审美规范被突破，散文创作多注重表达个人体验，表现日常生活与心绪，侧重对自我的抒写。报告文学、杂文等文体从散文中逐渐剥离，散文多为艺术散文和美文。如巴金的《随想录》、杨绛的《干校六记》、丁玲的《牛棚小品》、徐迟的《法国，一个春天的旅行》、宗璞的《废墟的号唤》、贾平凹的《月迹》等。

（梁平　编撰）

第一讲 文道中和

大　学

名句

> 大学之道，在明明德，在亲民，在止于至善。

导读

◎三纲领：明明德、亲民、止于至善。

◎八条目：格物、致知、诚意、正心、修身、齐家、治国、平天下。

◎四书：《大学》《论语》《中庸》《孟子》。

◎五经：《诗经》《尚书》《礼记》《周易》《春秋》。

◎十三经：《诗经》《尚书》《礼记》《周易》《左传》《公羊传》《穀梁传》《周礼》《仪礼》《论语》《孝经》《尔雅》《孟子》。

《大学》重在阐述教育纲领，其着眼点为教育与国家政治、社会的关系。提出了著名的"三纲领"，即"大学之道，在明明德，在亲民，在止于至善"；"八条目"，即"格物、致知、诚意、正心、修身、齐家、治国、平天下"。主张以道德认识（格物、致知）为起点，以克服偏私情感，树立道德信念（诚意、正心）为根本要求，以"治国、平天下"为实践目标。《大学》不仅对于古代文人的价值观、世界观的形成产生了重要而深远的影响，对于当代人教育理念与目标的树立也同样有着不可小觑的指导意义。

作品简介

《大学》原来是《礼记》中的一章。《礼记》是战国至秦汉年间儒家学者解释说明经书《仪礼》的文章选集，是一部儒家思想的资料汇编。《礼记》的作者不止一人，写作时间也有先有后，其中多数篇章可能是孔子的弟子及其学生的作品，还兼收先秦的其他典籍。在唐代，韩愈等人从维护儒家的所谓"道统"出发，十分推崇《礼记》中的《大学》与《中庸》两篇，把它和《论语》《孟子》相提并论。到了宋代，程颢、程颐更是竭力推崇这两篇文章。南宋的朱熹继承了二程的思想，认为《大学》和《中庸》一个是"初学入德之门"，一个是"孔门传授心法"，都具

笔记

有很高的价值,所以把它们从《礼记》一书中提取出来,作为单行本刊印,并且和《论语》《孟子》并列在一起称为"四书"。在经历宋、元以后,《大学》就成为学校官定的教科书和科举考试的必读书,对古代道德人文教育理论产生了极为深刻的影响。

课文

大学之道,在明明德①,在亲民②,在止于至善③。知止而后有定,定而后能静,静而后能安,安而后能虑,虑而后能得。物有本末,事有终始,知所先后,则近道矣。古之欲明明德于天下者,先治其国;欲治其国者,先齐其家;欲齐其家者,先修其身;欲修其身者,先正其心;欲正其心者,先诚其意;欲诚其意者,先致其知;致知④在格物⑤。物格而后知至,知至而后意诚,意诚而后心正,心正而后身修,身修而后家齐,家齐而后国治,国治而后天下平。自天子以至于庶人,壹是皆以修身为本。其本乱,而末治者否矣。其所厚者薄,而其所薄者厚,未之有也!

【注释】
①明明德:使人民发扬正大光明的品德。 ②亲民:朱熹认为,"亲"当为"新","新者,革其旧之谓也。言既自明其'明德',又当推以及人,使之亦有以去其旧染之污也"。即在明晓自身本性的善德之后,帮助自己及他人去除污染心灵的东西,使他们同样能够达到与自己同心灵纯洁的境界。 ③止于至善:处于最完美的境界。 ④致知:对知识达到完善的理解。 ⑤格物:探究事物的原本道理。

译文

大学的宗旨,在于使人民光明的品德得以彰显,使人民弃旧图新,使人民达到至善的境界。知道最终的境界,才有确定的志向,有了确定的志向,才能心静,心静才能神思安宁,神思安宁才能有周详的思虑,思虑周详了才能有所收获。事情都有根本和细枝末节,都有开端和结局,明了事情的先后顺序,就离正确的道路更近了。古代想要彰显光明品德于天下的人,首先要治理好自己的国家;想治理好国家,就要先整顿好自己的家庭;想整顿好家庭,就要先修养自身;想要修养自身,就要先端正自心;想要端正自心,就要先使自己的意念真诚;想使自己的意念真诚,就要先获得知识;获得知识的途径在于推理事物的原本道理。推究了事物的原本道理才能得到知识，得到知识才能意念真诚，意念真诚才能心正，心正才能提高自身修养，自身修养提高才能整顿家庭，家庭整顿了才能治理国家，国家治理好了才能天下太平。从天子到普通百姓，每个人都要以修身为本。如果根本乱了，只是从细枝末节上去处理问题是不可能的。不分轻重缓急，看轻应该重视的，重点处理次要的，这同样是不可能的！

阅读文献

1. 朱熹《四书章句集注》，上海：上海书店出版社，1987年。
2. 朱熹《论语集注》，北京：商务印书馆，2015年。
3. 《十三经注疏》，北京：中华书局，1957年。

思考题

1. 标题中的"大学"是什么意思？
2. 《大学》中所列的八条目，哪一项是核心？
3. 《大学》中所讲的"格物、致知、诚意、正心、修身、齐家、治国、平天下"，在现代社会有何意义？有何局限？

（赵霞　选编）

留侯论

苏轼

名句

天下有大勇者，卒然临之而不惊，无故加之而不怒。

导读

《留侯论》是北宋文学家苏轼的一篇政论文。文章根据《史记·留侯世家》所记张良圯上受书及辅佐刘邦统一天下的事例，列举众多事功，论证了"忍小忿而就大谋""养其全锋而待其弊"

策略的重要性。文笔纵横捭阖，极尽曲折变化之妙，行文雄辩而富有气势。《留侯论》为苏轼早年创作，因此有比较浓重的纵横家习气，时而故作惊人之论。比如，他认为圯上老人是秦时的隐君子，折辱张良是为了培养其坚韧的性情；并不认同司马迁《史记》中的论断，认为张良状貌如妇人女子恰是符合其内在品性之处。全文观点翻新出奇，立场鲜明，体现着苏轼早期的文章风貌。

作者简介

苏轼（1037—1101），字子瞻，号东坡居士，眉州眉山（今四川眉山）人。与其父苏洵、其弟苏辙并称"三苏"。嘉祐二年（1057）进士及第，宋神宗时曾任职凤翔、杭州、密州、徐州、湖州等地。元丰二年（1079），因被诬作诗"谤讪朝廷"，遭御史弹劾，被捕入狱，论死罪，史称"乌台诗案"。经苏辙等全力施救，被贬为黄州（今湖北黄冈）团练副使。宋哲宗即位后，曾任翰林学士、侍读学士、礼部尚书等职，任职杭州、颍州、扬州、定州等地，晚年因新党执政被贬惠州、儋州。宋徽宗时获大赦北还，途中于常州病逝。苏轼是宋代文学最高成就的代表，在诗、词、文、书、画等方面都取得了很高的成就。其诗题材广阔，乐观旷达，独具风格，与黄庭坚并称"苏黄"；其词开豪放一派，与辛弃疾并称"苏辛"；其文兼收并蓄，议论文善翻陈出新，与欧阳修并称"欧苏"，为"唐宋八大家"之一；其书法为北宋四大家（苏、黄、米、蔡）之首；其画为文人画派之大宗。

课文

古之所谓豪杰之士者，必有过人之节。人情有所不能忍者，匹夫见辱，拔剑而起，挺身而斗，此不足为勇也。天下有大勇者，卒然临之而不惊，无故加之而不怒。此其所挟持者甚大，而其志甚远也。

夫子房受书于圯上之老人也，其事甚怪；然亦安知其非秦之世有隐君子者出而试之？观其所以微见其意者，皆圣贤相与警戒之义。而世不察，以为鬼物，亦已过矣。且其意不在书。

当韩之亡，秦之方盛也，以刀锯鼎镬①待天下之士，其平居无罪夷灭者，不可胜数。虽有贲、育②，无所复

◎张良：字子房，汉高祖刘邦的重要谋臣。辅佐刘邦灭楚建汉以后，被封为留（今江苏省沛县东南）侯。据《史记·留侯世家》记载，张良曾使刺客在博浪沙锤击秦始皇未成，逃亡至下邳。在圯上遇一老人，老人要张良为其拾鞋穿鞋，经过多次考验，老人授张良《太公兵法》一书。

◎伊尹：生于夏朝末年，约公元前16世纪初，辅助商汤灭夏朝，为商朝的建立立下汗马功劳。他用"以鼎调羹""调和五味"的理论来治理天下，对于商朝经济的繁荣和政治的清明起到了重要的作用。

◎姜尚：字子牙，商末周初人，相传其72岁在渭水之滨垂钓，遇上了求贤若渴的周文王，被封为"太师"，称"太公望"，俗称姜太公。姜子牙辅佐武王伐纣建立了周朝，是中国古代杰出的韬略家、军事家与政治家。

笔记

施。夫持法太急者，其锋不可犯，而其末可乘。子房不忍忿忿之心，以匹夫之力而逞于一击之间；当此之时，子房之不死者，其间不能容发③，盖亦已危矣。

千金之子④，不死于盗贼。何者？其身之可爱，而盗贼之不足以死也。子房以盖世之才，不为伊尹、太公之谋，而特出于荆轲、聂政之计，以侥幸于不死，此固圯上老人所为深惜者也。是故倨傲鲜腆⑤而深折之。彼其能有所忍也，然后可以就大事。故曰："孺子可教也。"

楚庄王伐郑，郑伯肉袒牵羊以逆；庄王曰："其君能下人，必能信用其民矣。"遂舍之。勾践之困于会稽，而归臣妾于吴者，三年而不倦。且夫有报人之志，而不能下人者，是匹夫之刚也。夫老人者，以为子房才有余，而忧其度量之不足，故深折其少年刚锐之气，使之忍小忿而就大谋。何则？非有平生之素，卒然相遇于草野之间，而命以仆妾之役，油然而不怪者，此固秦皇之所不能惊，而项籍之所不能怒也。

观夫高祖之所以胜，而项籍之所以败者，在能忍与不能忍之间而已矣。项籍唯不能忍，是以百战百胜而轻用其锋；高祖忍之，养其全锋而待其弊，此子房教之也。当淮阴破齐而欲自王，高祖发怒，见于词色。由此观之，犹有刚强不忍之气，非子房其谁全之？

太史公疑子房以为魁梧奇伟，而其状貌乃如妇人女子，不称其志气。呜呼！此其所以为子房欤！

【注释】

①刀锯鼎镬：均为古代杀人的刑具。在此比喻以暴力待人。　②贲、育：孟贲、夏育，均为古代著名的勇士。　③间不能容发：相距至近，容不下一根头发，比喻情势异常危急。　④千金之子：指富贵人家的子弟。　⑤鲜腆：此处指没有恭维的言辞。

◎勾践：姒姓，越王允常之子，春秋末年越国国君。越王勾践三年（前494），被吴军败于夫椒，被迫向吴求和。卧薪尝胆，三年后被释放回越国，重用范蠡、文种，令越国国力渐渐强大，并最终吞并吴国。

◎淮阴破齐而欲自王：指韩信（淮阴侯）事。《史记·淮阴侯列传》载，刘邦被项羽围困在荥阳时，韩信夺得齐地，派人向刘邦请求封他为齐王。刘邦开始时发怒，后经过张良提醒，才派张良前往，封韩信为齐王。

译文

古时候所说的豪杰之士，必定具有超过常人的气度，能够忍受常人所无法忍受的一些事情。普通人受到侮辱，一定会拔剑而起，挺身搏斗，但这算不上勇敢。天下真正具有豪杰气概的人，突然遇到意外也不惊慌，无故受到侮辱也不动怒，这是因为他抱负很大，志向非常高远。

张良从桥上老人那里接受了那本书，这事很古怪。但是，又怎么知道那不是秦代的一位隐居高人出来考验他呢？看看那老人用来略微显露出其用意的语言，其实都是圣贤之人相互提醒告诫的道理。可是世人不加细察，把他当作鬼怪，这也太荒谬了。而且，老人的用意并不在于那本书上。

在韩国灭亡、秦国强盛的时候，秦国用残酷的刑罚迫害天下的志士，那些在家里安分守己却无辜被抓去杀头灭族的人，多得数不清，这时，就是有孟贲、夏育那样的勇士，也没有地方可以施展身手。一个执法非常严厉的政权，它的锋芒不可触犯，当它处于末路时才有可乘之机。张良控制不住对秦王的愤恨，妄图凭借个人的力量，一椎击杀秦王。当时，张良虽然没有被杀，却也处于死亡的边缘，真是太危险了！

富贵人家的子弟，不能死在盗贼手里。为什么这么说？因为他们的生命非常宝贵，死在盗贼手里太不值得。张良有超过世人的才能，不去像伊尹、姜尚那样筹划安邦定国的谋略，反而像荆轲、聂政那样采用行刺的下策，幸亏侥幸逃生，这是桥上老人为他深感惋惜的。因此，老人故意用傲慢的态度、无礼的语言重重地折辱他，他忍受得住这些，才可以凭借这种忍耐成就伟大功业。所以到最后，老人说："这个年轻人还可以教育。"

楚庄王出兵攻打郑国，郑襄公袒露上身，牵着羊来迎接。楚庄王说："国君能够这样屈己尊人，一定能得到人民的信任和支持。"就放弃了对郑国的进攻。越王勾践被吴国军队围困在会稽山，投降了吴国，同夫人一起做了吴王的奴仆，三年没有丝毫懈怠，再说，如果只有报仇的心愿，却不能屈己尊人，这只是普通人的刚强。那位老人认为张良才能有余，而担心他的度量不够，因此重重挫折他年轻人刚强锐利的性情，使他能够忍住小的怨愤，成就远大的谋略。为什么这样说呢？老人和张良之前并无交往，突然在野外相遇，却命他做奴仆才做的低贱之事，张良顺从了，而且没有责怪，这样，秦始皇自然不能使他惊怕，而项羽也不能使他发怒了。

观察汉高祖之所以成功、项羽之所以失败的原因，就在于一个能忍耐、一个不能忍耐罢了。项羽的不能忍耐，因此虽然百战百胜，却轻易消耗兵力；汉高祖能忍耐，保全兵力等待项羽的衰亡，这是张良教他的。但是，当韩信攻破齐国，想要自己做齐王时，高祖仍然为此发怒，语气脸色都显露出来。由此可见，他还有忍耐不住的刚强之气，不是张良，谁能成全他？

太史公原以为张良高大魁梧，但实际上他的身材相貌竟然像个女人，与他的志向和气概并不相称。其实，这才是张良之所以成为张良的原因吧！

阅读文献

1. 葛兆光、戴燕注解《古文观止》，北京：中华书局，2008年。
2. 苏轼《苏轼文集》，北京：中华书局，1986年。

思考题

1. 作者认为圯上老人对张良多加考验的最终目的是什么？
2. 文章的核心观点是什么？
3. 作者是否赞同司马迁在《史记》中关于张良外貌的论断？

（赵霞　选编）

第二讲 史翰菁粹

留侯世家（节选）

司马迁

名句

运筹策帷帐中，决胜千里外，子房功也。

导读

本篇是太史公司马迁《史记》中的经典篇目，主要叙述了张良一生的功绩，生动地刻画出了一位智者形象。篇中张良的一生，可明显分为前后两个阶段。前一阶段通过为韩复仇、追随刘邦且为其立下不朽功勋等情节塑造出张良的善谋；后一阶段则通过其称病、习道家养生之术、杜门不出等情节，表现其虽身处高位，但深知鸟尽弓藏的道理，处处示人以急流勇退、清心寡欲，最终全身远祸。同时，篇中对张良这一历史人物的性格塑造也是多面的，如"东见沧海君"，"得力士"，为韩国复仇的血气方刚，遇圯上老人时的隐忍，于激烈复杂的政治军事斗争中的审时度势，在天下安定后的善自韬晦等，为后世读者展现了一个性格多元、饱满而富有个性的历史人物，也展示了作者在人物塑造方面的高超艺术手法。

◎《史记》：原名《太史公书》《太史公记》，是西汉司马迁撰写的一部纪传体史书，也是中国历史上第一部纪传体通史。书中记载了上至传说中的黄帝时代，下至汉武帝元狩元年间共三千多年的历史，对后世史学和文学的发展都产生了深远的影响。全书包括十二本纪（叙帝王政绩）、三十世家（记诸侯）、七十列传（记重要人物的言行事迹，最后一篇为自序）、十表（大事年表）、八书（述典章制度），共一百三十篇。

作者简介

司马迁，字子长，夏阳（今陕西韩城）人，一说龙门（今山西河津）人。生于汉武帝建元六年（前135），一说汉景帝中元五年（前145），卒年不详，其一生基本上与汉武帝相始终。著名的史学家、文学家、思想家。其父司马谈任汉太史令，把

◎ 通史：指能连贯地记叙各个时代的历史，叙述内容广泛，包括政治、经济、军事、文化、艺术等在内，能够体现历史发展的脉络，与"断代史"相对。《史记》记载了上自传说中的黄帝时期，下至汉武帝时代，因此可以称之为"通史"。

◎ 纪传体：以人物传记为中心，通过记叙历史人物的活动，反映历史内容，是记言和记事的进一步结合，突出了历史人物的作用和地位。但纪传体也有其局限，如不能集中记录历史事件的全部过程，不易表明历史事件之间错综复杂的联系，易于夸大某些历史人物的作用。首创为司马迁，后世史书的编撰体例大多延续了这种方式。

◎ 编年体：是我国最早采用的一种史学体裁形式，以年代为线索，以时间为中心，按年、月、日的顺序记叙史实。这种记述历史的方法，注重塑造全局观念，不仅对历史的发展趋势记叙清晰，而且提供了各种事件相互联系的可能，从而可以了解到历史不是孤立的，为研究历史演变的因果关系创造了条件。但正因为因年记事，故不易将历史事件与人物叙述得集中完整，不易把握同一历史事件的前后联系。此体例由《春秋》开创，极大地影响后世史书的编撰。

-------- 笔记 --------

修撰史书作为自己平生的志向。司马迁自幼勤奋好学，十岁能诵古文，曾受学于孔安国、董仲舒，成年后漫游各地，了解风俗，采集传闻史料。元封三年（前108），司马迁子承父志，继任太史令。太初元年（前104），正式开始《史记》的写作。天汉二年（前99），因"李陵事件"而触怒武帝，被下狱，遂遭受宫刑。出狱后任中书令，发愤著书，最终完成了《史记》这一不朽著作。

课文

汉六年正月，封功臣。良未尝有战斗功，高帝曰："运筹策帷帐中，决胜千里外，子房功也。自择齐三万户。"良曰："始臣起下邳，与上会留，此天以臣授陛下。陛下用臣计，幸而时中，臣愿封留足矣，不敢当三万户。"乃封张良为留侯，与萧何等俱封。

上已封大功臣二十余人，其余日夜争功不决，未得行封。上在雒阳南宫，从复道①望见诸将往往相与坐沙中语。上曰："此何语？"留侯曰："陛下不知乎？此谋反耳。"上曰："天下属安定，何故反乎？"留侯曰："陛下起布衣，以此属取天下，今陛下为天子，而所封皆萧、曹故人所亲爱，而所诛者皆生平所仇怨。今军吏计功，以天下不足遍封，此属畏陛下不能尽封，恐又见疑平生过失及诛，故即相聚谋反耳。"上乃忧曰："为之奈何？"留侯曰："上平生所憎，群臣所共知，谁最甚者？"上曰："雍齿与我故，数尝窘辱我。我欲杀之，为其功多，故不忍。"留侯曰："今急先封雍齿以示群臣，群臣见雍齿封，则人人自坚矣。"于是上乃置酒，封雍齿为什方侯，而急趣丞相、御史定功行封。群臣罢酒，皆喜曰："雍齿尚为侯，我属无患矣。"

刘敬说高帝曰："都关中。"上疑之。左右大臣皆山东人，多劝上都雒阳："雒阳东有成皋，西有殽黾②，倍河，向伊雒，其固亦足恃。"留侯曰："雒阳虽有此固，其中小，不过数百里，田地薄，四面受敌，此非用武之国也。夫关中左殽函，右陇蜀，沃野千里，南有巴蜀之饶，北有胡苑之利，阻三面而守，独以一面东制诸侯。诸侯安定，河渭漕挽天下，西给京师；诸侯有变，顺流而下，足以委输③。此所谓金城千里，天府之国也，刘敬说是也。"于是高帝即日驾，西都关中。

留侯从入关。留侯性多病，即道引不食谷④，杜门不出岁余。

上欲废太子，立戚夫人子赵王如意。大臣多谏争，未能得坚决者也。吕后恐，不知所为。人或谓吕后曰："留侯善画计策，上信用之。"吕后乃使建成侯吕泽劫留侯，曰："君常为上谋臣，今上欲易太子，君安得高枕而卧乎？"留侯曰："始上数在困急之中，幸用臣策。今天下安定，以爱欲易太子，骨肉之间，虽臣等百余人何益？"吕泽强要曰："为我画计。"留侯曰："此难以口舌争也。顾上有不能致者，天下有四人。四人者年老矣，皆以为上慢侮人，故逃匿山中，义不为汉臣。然上高此四人。今公诚能无爱金玉璧帛，令太子为书，卑辞安车，因使辩士固请，宜来。来，以为客，时时从入朝，令上见之，则必异而问之。问之，上知此四人贤，则一助也。"于是吕后令吕泽使人奉太子书，卑辞厚礼，迎此四人。四人至，客建成侯所。

汉十一年，黥布反，上病，欲使太子将，往击之。四人相谓曰："凡来者，将以存太子。太子将兵，事危矣。"乃说建成侯曰："太子将兵，有功则位不益太子；无功还，则从此受祸矣。且太子所与俱诸将，皆尝与上定天下枭将也，今使太子将之，此无异使羊将狼也，皆不肯为尽力，其无功必矣。臣闻'母爱者子抱'，今戚夫人日夜侍御，赵王如意常抱居前，上曰'终不使不肖子居爱子之上'，明乎其代太子位必矣。君何不急请吕后承间为上泣言：'黥布，天下猛将也，善用兵，今诸将皆陛下故等夷，乃令太子将此属，无异使羊将狼，莫肯为用，且使布闻之，则鼓行而西耳。上虽病，强载辎车，卧而护之，诸将不敢不尽力。上虽苦，为妻子自强。'"于是吕泽立夜见吕后，吕后承间为上泣涕而言，如四人意。上曰："吾惟竖子固不足遣，而公自行耳。"于是上自将兵而东，群臣居守，皆送至灞上。留侯病，自强起，至

◎太史令：古代的官职名称，也称"太史"，相传夏代末年已有此职。西周、春秋时期太史主要负责记载史事、编写史书、起草文书，兼管国家典籍和天文历法等。秦汉设太史令，魏晋后太史专掌历法，修史之职归著作郎。隋称太史监，唐改太史局，宋有太史局、司天监、天文院等称谓。元改称太史院，明清称钦天监。修史之职归翰林院，故翰林亦有"太史"之名。

◎李陵之祸：天汉二年（前99），汉武帝派贰师将军李广利出师匈奴，李陵奉命率五千步兵深入胡地，遭遇匈奴主力，奋战十余日，寡不敌众，兵败被俘而降。武帝闻讯大怒，满朝官员无人敢为李陵出声，纷纷指责李陵的罪过。而此时司马迁却因李陵平素忠孝之言行为其仗义执言，触怒武帝，被下狱，遭受宫刑。

曲邮，见上曰："臣宜从，病甚。楚人剽疾，愿上无与楚人争锋。"因说上曰："令太子为将军，监关中兵。"上曰："子房虽病，强卧而傅太子。"是时叔孙通为太傅，留侯行少傅事。

汉十二年，上从击破布军归，疾益甚，愈欲易太子。留侯谏，不听，因疾不视事。叔孙太傅称说引古今，以死争太子。上详许之，犹欲易之。及燕，置酒，太子侍。四人从太子，年皆八十有余，须眉皓白，衣冠甚伟。上怪之，问曰："彼何为者？"四人前对，各言名姓，曰东园公，角里先生，绮里季，夏黄公。上乃大惊，曰："吾求公数岁，公辟逃我，今公何自从吾儿游乎？"四人皆曰："陛下轻士善骂，臣等义不受辱，故恐而亡匿。窃闻太子为人仁孝，恭敬爱士，天下莫不延颈欲为太子死者，故臣等来耳。"上曰："烦公幸卒调护太子。"

四人为寿已毕，趋去。上目送之，召戚夫人指示四人者曰："我欲易之，彼四人辅之，羽翼已成，难动矣。吕后真而主矣。"戚夫人泣，上曰："为我楚舞，吾为若楚歌。"歌曰："鸿鹄高飞，一举千里。羽翮已就，横绝四海。横绝四海，当可奈何！虽有矰缴，尚安所施！"歌数阕，戚夫人嘘唏流涕，上起去，罢酒。竟不易太子者，留侯本招此四人之力也。

留侯从上击代，出奇计马邑下，及立萧何相国，所与上从容言天下事甚众，非天下所以存亡，故不著。留侯乃称曰："家世相韩，及韩灭，不爱万金之资，为韩报仇强秦，天下振动。今以三寸舌为帝者师，封万户，位列侯，此布衣之极，于良足矣。愿弃人间事，欲从赤松子游耳。"乃学辟谷，道引轻身。会高帝崩，吕后德留侯，乃强食之，曰："人生一世间，如白驹过隙，何至自苦如此乎！"留侯不得已，强听而食。

后八年卒，谥为文成侯。子不疑代侯。

子房始所见下邳圯上老父与《太公书》者，后十三年从高帝过济北，果见谷城山下黄石，取而葆祠之。留侯死，并葬黄石冢。每上冢伏腊，祠黄石。

留侯不疑，孝文帝五年坐不敬，国除。

太史公曰：学者多言无鬼神，然言有物。至如留侯所见老父予书，亦可怪矣。高祖离困者数矣，而留侯常有功力焉，岂可谓非天乎？上曰："夫运筹策帷帐之中，决胜千里外，吾不如子房。"余以为其人计魁梧奇伟，至见其图，状貌如妇人好女。盖孔子曰："以貌取人，失之子羽。"⑤留侯亦云。

【注释】

①复道：楼阁间的双层通道。　②殽黾：殽山和渑池。殽：殽山，在今陕西潼关至河南新安县一带。黾：渑池水，源出河南熊耳山，流至宜阳县西，东南流入洛水。　③委输：运输，指运送物资供应前线。　④道引不食谷：道引，即导引，指呼吸吐纳之术，类于后世的气功。不食谷，即"辟谷"，不食谷物。导引与辟谷都是道家的养生之术。　⑤以貌取人，失之子羽：事详《史记·仲尼弟子列传》。子羽貌丑，欲拜孔子为师，孔子开始以为其资质不会太好，但后来发现其品行学问都很好，因此有"以貌取人，失之子羽"的感慨。

译文

汉六年（前201）正月，封赏功臣。张良不曾有战功，高帝说："出谋划策于营帐之中，决定胜负在千里之外，这就是子房的功劳。让张良自己从齐国选择三万户作为封邑。"张良说："当初我在下邳起事，与主上在留县相会，这是上天把我交给陛下。陛下采用我的计谋，幸而经常生效，我只愿受封留县就足够了，不敢承受三万户。"于是封张良为留侯，同萧何等人一起受封。

皇上已经封赏大功臣二十多人，其余的人日夜争功，不能决定高下，未能进行封赏。皇上在洛阳南宫，从楼阁间的通道上望见一些将领常常坐在沙地上彼此议论。皇上说："这些人在说什么？"留侯说："陛下不知道吗？这是在商议反叛呀。"皇上说："天下刚刚安定，为什么还要谋反呢？"留侯说："陛下以平民身份起事，靠着这些人取得了天下，现在陛下做了天子，而所封赏的都是萧何、曹参这些陛下所亲近的老友，所诛杀的都是一生中仇恨的人。如今军官们计算功劳，认为天下的土地不够一一封赏的,这些人怕陛下不能全部封到,恐怕又被怀疑到平生的过失而遭受诛杀,所以就聚在一起图谋造反了。"皇上于是忧心忡忡地说:"这件事该怎么办呢?"留侯说:"皇上平生憎恨的,又是群臣都知道的,谁最突出?"皇上说:"雍齿与我有宿怨,曾多次使我受窘受辱。我原想杀掉他,因为他的功劳多,所以不忍心。"留侯说:"现在赶紧先封赏雍齿给群臣看,群臣见雍齿都被封赏,那么每人对自己能受封就坚信不疑了。"于是皇上便摆设酒宴,封雍齿为什方侯,并紧迫地催促丞相、御史评定功劳,施行封赏。群臣吃过酒后,都高兴地说:"雍齿尚且被封为侯,我们这些人就不担忧了。"

刘敬劝告高帝说:"要以关中为都城。"皇上对此心有疑虑。左右的大臣都是殽山以东地区的人,多数劝皇上定都洛阳,他们说:"洛阳东面有成皋,西面有殽山、渑池,背靠黄河,面向伊水、洛水,它险要的地形和坚固的城郭也足可以依靠。"留侯说:"洛阳虽然有这样险固,但它中间的地方狭小,不过几百里,土地贫瘠,四面受敌,这里不是用武之地。关中东面有殽山、函谷关,西面有陇山、岷山,肥沃的土地方圆千里,南面有富饶的巴、蜀两郡,北面有利于放牧的胡苑,依靠三面的险阻来固守,只用东方一面控制诸侯。如果诸侯安定,可由黄河、渭河运输天下粮食,往西供给京都;如果诸侯发生变故,可顺流而下,足以运送物资。这正是所谓'金城千里,天府之国',刘敬的建议是对的。"于是高帝当即决定起驾,往西定都关中。

留侯跟随高帝入关。他体弱多病,便施行道引之术,不食五谷,闭门不出有一年多。

皇上想废掉太子,立戚夫人生的儿子赵王如意。很多大臣进谏劝阻,都没有能使高帝坚定态度的。吕后很惊恐,不知该怎么办。有人对吕后说:"留侯善于出谋划策,皇上信任他。"吕后就派建成侯吕泽胁迫留侯说:"您一直是皇上的谋臣,现在皇上打算更换太子,您怎么能垫高枕头睡大觉呢?"留侯说:"当初皇上多次处在危急之中,采用了我的计谋。如今天下安定,由于偏爱的原因想更换太子,这些至亲骨肉之间的事,即使同我一样的有一百多人进谏又有什么益处呢?"吕泽竭力要挟说:"一定得给我出个主意。"留侯说:"这件事是很难用口舌来争辩的。皇上不能招致而来的,天下有四个人。这四个人已经年老了,都认为皇上对人傲慢,所以逃避躲藏在山中,他们按照道义不肯做汉朝的臣子。但是皇上很敬重这四个人。现在您果真能不惜金玉璧帛，让太子写一封信，言辞要谦恭，并预备车马，再派有口才的人恳切地聘请，他们应当会来。来了以后，把他们当作贵宾，让他们时常跟着入朝，叫皇上见到他们，那么皇上一定会感到惊异并询问他们。一问他们，皇上知道这四个人贤能，那么这对太子是一种帮助。"于是吕后让吕泽派人携带太子的书信，用谦恭的言辞和丰厚的礼品，迎请这四个人。四个人来了，就住在建成侯的府第中为客。

汉十一年（前196），黥布反叛，皇上患重病，打算派太子率兵前往讨伐叛军。这四个人互相商议说："我们之所以来，是为了要保全太子。太子如若率兵平叛，事情就危险了。"于是劝告建成侯说："太子率兵出战，如立了功，那么权位也不会高过太子；如无功而返，那么从这以后就是遭受祸患了。再说跟太子一起出征的各位将领，都是曾经同皇上平定天下的猛将，如今让太子统率这些人，这和让羊指挥狼有什么两样，他们决不肯为太子卖力，太子不能建功是必定的了。我们听说'爱其母必抱其子'，现在戚夫人日夜侍奉皇上，赵王如意常被抱在皇上面前，皇上说'终归不能让不成器的儿子居于我的爱子之上'，显然，赵王如意取代太子的宝位是必定的了。您何不赶紧请吕后找机会向皇上哭诉：'黥布是天下的猛将，很会用兵，现今的各位将领都是陛下过去的同辈，您却让太子统率这些人，这和让羊指挥狼没有两样，没有人肯为太子效力，而且如让黥布听说这个情况，就会大张旗鼓地向西进犯。皇上虽然患病，还可以勉强地乘坐辎车，躺着统辖军队，众将不敢不尽力。皇上虽然受些辛苦，为了妻儿还是要自己奋发图强一下。'"于是吕泽立即在当夜晋见吕后，吕后找机会向皇上哭诉，说了四个人授意的那番话。皇上说："我就想到这小子本来不能派遣他，老子自己去吧。"于是皇上亲自带兵东征，群臣留守，都送到灞上。留侯患病，自己勉强支撑起来，送到曲邮，谒见皇上说："我本应跟从前往，但病势沉重。楚国人马迅猛敏捷，希望皇上不要跟楚国人斗个高低。"留侯又趁机规劝皇上说："让太子做将军，监守关中的军队吧。"皇上说："子房虽然患病，也要勉强在卧床养病时辅佐太子。"这时叔孙通做太傅，留侯任少傅之职。

汉十二年（前195），皇上随着击败黥布的军队回来，病势更加沉重，更想更换太子。留侯劝谏，皇上不听，留侯就托病不再理事。叔孙太傅引证古今事例进行劝说，死命争保太子。皇上假装答应了他，但还是想更换太子。等到宴饮的时候，设置酒席，太子在旁侍候。那四人跟着太子，他们的年龄都已八十多岁，须眉洁白，衣冠非常壮美奇特。皇上感到奇怪，问道："他们是干什么的？"四个人向前对答，各自说出姓名，叫东园公、角里先生、绮里季、夏黄公。皇上于是大惊说："我访求各位好几年了，各位都逃避着我，现在你们为何自愿跟随我儿交游呢？"四人都说："陛下轻慢士人，喜欢骂人，我们讲求义理，不愿受辱，所以惶恐地逃躲。我们私下闻知太子为人仁义孝顺，谦恭有礼，喜爱士人，天下人没有谁不伸长脖子想为太子拼死效力的。因此我们就来了。"皇上说："烦劳诸位始终如一地好好调教保护太子吧。"

四个人敬酒祝福结束，小步快走离去。皇上目送他们，召唤戚夫人过来，指着那四个人给她看，说道："我想更换太子，他们四个人辅佐他，太子的羽翼已经形成，难以更动了。吕后真是你的主人了。"戚夫人哭泣起来，皇上说："你为我跳楚舞，我为你唱楚歌。"皇上唱道："天鹅高飞，振翅千里。羽翼已成，翱翔四海。翱翔四海，当可奈何！虽有短箭，何处施用！"皇上唱了几遍，戚夫人抽泣流泪，皇上起身离去，酒宴结束。皇上最终没更换太子，这是留侯原先招致这四个人发生的效力。

留侯跟随皇上进攻代国，在马邑城下出妙计，以及劝皇上立萧何为相国，他跟皇上平常随便谈论天下的事情很多，但由于不是关于国家存亡的大事，所以未予记载。留侯宣称道："我家世代为韩相，到韩国灭亡，不惜万金家财，替韩国向强秦报仇，天下为此震动，如今凭借三寸之舌为帝王统帅，封邑万户，位居列侯，这对一个平民是至高无上的，我张良已经非常满足了。我愿丢却人世间的事情，打算随赤松子去遨游。"张良于是学辟谷，行道引轻身之道。正值高帝驾崩，吕后感激留侯，便竭力让他进食，说："人生一世，时光有如白驹过隙一样迅速，何必自己苦行到这种地步啊！"留侯不得已，勉强听命进食。

过后八年，留侯去世，定谥号叫文成侯。他儿子张不疑袭封为侯。

张子房当初在下邳桥上遇见那个给他《太公兵法》的老人，在别后十三年他随高帝经过济北，果然见到谷城山下的黄石，便把它取回，奉若至宝地祭祀它。留侯去世，一起安葬了黄石。以后每逢扫墓以及冬夏节日祭祀张良的时候，也同时祭祀黄石。

留侯张不疑在孝文帝五年（前175）因犯了不敬之罪，封国被废除。

太史公说：学者大多说没有鬼神，然而又说有精怪。至于像留侯遇见老丈赠书的事，也够神奇的了。高祖遭遇困厄的情况有多次了，而留侯常在这种危急时刻建功效力，难道可以说不是天意吗？皇上说："出谋划策于营帐之中，决定胜负在千里之外，我比不了子房。"我原以为此人大概是高大威武的样子，等到看见他的画像，相貌却像个美丽的女子。孔子说过："按照相貌来评判人，在对待子羽上就有所失。"对于留侯也可以这样说。

阅读文献

1. 司马迁《史记》，北京：中华书局，1959年。
2. 陈直《史记新证》，天津：天津人民出版社，1979年。
3. 仓修良《史记辞典》，济南：山东教育出版社，1991年。

思考题

1. 汉高帝在张良"未尝有战斗功"的前提下，让其"自择齐三万户"的原因是什么？表明张良什么样的性格特点？
2. 通过阅读《留侯世家》，概括张良这一人物形象。
3. 张良与韩信、萧何并称为"兴汉三杰"，结合本文，你如何评价张良？

（梁平　选编）

党锢传（节选）

范晔

名句

事不辞难，罪不逃刑，臣之节也。

导读

本篇列传，包括序言和二十一位党人的传记，本文节录了其中的李膺传。《后汉书》中的列传编纂，除了因袭《史记》《汉书》外，新增了党锢、宦官、文苑、独行、方术、逸民和列女七种类传，而后六种类传为后世大多纪传体史书所承袭。这些类传的写作既是新创，又反映了东汉社会的实际。如《党锢列传》，记载的就是东汉后期党锢大兴的政治事件，在长达十余年的时间里，大量的党人被诛杀，且大都为名著一时的士人和刚正不阿的官僚，党人的父子、兄弟、门生、故吏都在禁锢之列，株连范围至广。篇名中的"党锢"，指禁止党人出仕以及与人往来。《党锢传》主要就东汉后期发生的党争事件及其中的代表人物作传。序文中详述了党锢之祸的始末，表彰了党人的气节；而二十一位党人的记载，则将这些人物的气节和遭遇详细叙出，正面歌颂了张俭、范滂、李膺等人刚正婞直的风尚，是研究东汉政治史和社会史的重要资料。

作者简介

范晔（398—445），字蔚宗，顺阳（今河南淅川东）人，南朝时期著名的史学家、文学家。范晔出身士族，是晋豫章太守范宁之孙，宋侍中范泰之子，因出继堂伯范弘之，得以袭封武兴县五等侯。自幼好学，博览经史，善为文章。义熙十年（414），州郡征召，为范晔所拒。宋武帝刘裕代晋自立后，应招出仕，先后

◎《后汉书》：由南朝刘宋时期历史学家范晔编撰，主要记载了自汉光武帝刘秀建武元年（25）到汉献帝建安二十五年（220）一百九十多年间的历史史实，是一部纪传体断代史，也是继《史记》《汉书》之后的又一部私人撰写的重要史籍。全书共一百二十卷，分为十纪、八十列传、八志，其中八志三十卷的作者为晋司马彪。

◎断代史：以朝代为断限的史书，主要特点是记录某一时期或某一朝代的历史，从《史记》到《明史》二十四部史书，除《史记》外，均为断代史书，《汉书》是我国历史上第一部纪传体断代史。

出任冠军参军、荆州别驾从事史、尚书吏部郎等职。元嘉九年（432），因事被贬为宣城太守，有感于仕途不顺，情志不畅，于是在任内整理各家关于东汉的史籍记载，开始后汉史的编纂工作。其后又先后出任左卫将军、太子詹事等职。元嘉二十二年（445），因参与刘义康谋反事，事败被诛。

课文

李膺，字元礼，颍川襄城人也。祖父修，安帝时为太尉。父益，赵国相。膺性简亢①，无所交接，唯以同郡荀淑、陈寔为师友。初举孝廉，为司徒胡广所辟，举高第，再迁青州刺史。守令畏威明，多望风弃官。复征，再迁渔阳太守。寻转蜀郡太守，以母老，乞不之官。转护乌桓校尉。鲜卑数犯塞，膺常蒙矢石，每破走之，虏甚惮慑。以公事免官，还居纶氏，教授常千人。南阳樊陵求为门徒，膺谢不受。陵后以阿附宦官，致位太尉，为节志者所羞。荀爽尝就谒膺，因为其御，既还，喜曰："今日乃得御李君矣。"其见慕如此。

永寿二年，鲜卑寇云中，桓帝闻膺能，乃复征为度辽将军。先是羌虏及疏勒、龟兹，数出攻抄张掖、酒泉、云中，诸郡百姓屡被其害。自膺到边，皆望风惧服，先所掠男女，悉送还塞下。自是之后，声振远域。

延熹二年征，再迁河南尹。时宛陵大姓羊元群罢北海郡，臧罪狼藉，郡舍溷轩②有奇巧，乃载之以归。膺表欲按其罪，元群行赂宦竖，膺反坐输作左校。

初，膺与廷尉冯绲、大司农刘祐等共同心志，纠罚奸倖，绲、祐时亦得罪输作。司隶校尉应奉上疏理膺等曰："昔秦人观宝于楚，昭奚恤莅以群贤；梁惠王玮其照乘之珠，齐威王答以四臣。夫忠贤武将，国之心膂。窃见左校弛刑徒前廷尉冯绲、大司农刘祐、河南尹李膺等，执法不挠，诛举邪臣，肆之以法，众庶称宜。昔季孙行父亲逆君命，逐出莒仆，于舜之功二十之一。今膺等投身强御，毕力致罪，陛下既不听察，而猥受谮诉，遂令忠臣同愆元恶。自春迄冬，不蒙降恕，遐迩观听，为之

◎《后汉书》的编撰：范晔在编撰《后汉书》时，已有许多关于东汉的史著传世，主要有东汉刘珍等奉命官修的《东汉观记》、三国时吴国人谢承的《后汉书》、晋司马彪的《续汉书》、华峤的《后汉书》、谢沈的《后汉书》、袁山松的《后汉书》，还有薛莹的《后汉记》、张璠的《后汉记》、袁宏的《后汉记》等。范晔的《后汉书》就是在这些史料的基础上编撰而成的。

◎党锢之祸：是东汉后期士大夫阶层对宦官乱政现象不满而引发的著名党争事件，因宦官以"党人"罪名禁锢士人而得名。大规模的党锢之祸共有两次，分别发生在桓帝、灵帝时期，对东汉后期的政局产生了很大的震动，使得贤良忠义之士多受迫害，士人阶层目睹党祸之惨烈，进而不问政事，明哲保身。

◎东汉三君、八俊、八顾、八及、八厨：是东汉时期时人将敢于同宦官作斗争的清流人物冠以的称谓，借以表示对宦官集团的不满，其中以窦武、刘淑、陈蕃的"三君"为代表。其中，君者，一时之所宗也；俊者，言人之英也；顾者，言能以德行引人者也；及者，言其能导人追宗者也；厨者，言能以财救人者也。

笔记

叹息。夫立政之要,记功忘失,是以武帝舍安国于徒中,宣帝征张敞于亡命。绲前讨蛮荆,均吉甫之功。祐数临督司,有不吐茹③之节。膺著威幽、并,遗爱度辽。今三垂蠢动,王旅未振。《易》称'雷雨作解,君子以赦过宥罪'。乞原膺等,以备不虞。"

书奏,乃悉免其刑。

再迁,复拜司隶校尉。时张让弟朔为野王令,贪残无道,至乃杀孕妇。闻膺厉威严,惧罪逃还京师。因匿兄让弟舍,藏于合柱中。膺知其状,率将吏卒破柱取朔,付洛阳狱。受辞毕,即杀之。让诉冤于帝,诏膺入殿,御亲临轩,诘以不先请便加诛辟之意。膺对曰:"昔晋文公执卫成公归于京师,《春秋》是焉。《礼》云公族有罪,虽曰宥之,有司执宪不从。昔仲尼为鲁司寇,七日而诛少正卯。今臣到官已积一旬,私惧以稽留为愆,不意获速疾之罪。诚自知衅责,死不旋踵,特乞留五日,克殄元恶,退就鼎镬,始生之愿也。"帝无复言,顾谓让曰:"此汝弟之罪,司隶何愆④?"乃遣出之。自此诸黄门常侍皆鞠躬屏气,休沐不敢复出宫省。帝怪问其故,并叩头泣曰:"畏李校尉。"

是时,朝廷日乱,纲纪颓陁,膺独持风裁,以声名自高。士有被其容接者,名为登龙门。及遭党事,当考实膺等。案经三府,太尉陈蕃却之。曰:"今所考案,皆海内人誉,忧国忠公之臣。此等犹将十世宥也,岂有罪名不章而致收掠者乎?"不肯平署。帝愈怒,遂下膺等于黄门北寺狱。膺等颇引⑤宦官子弟,宦官多惧,请帝以天时宜赦,于是大赦天下。膺免归乡里,居阳城山中,天下士大夫皆高尚其道,而污秽朝廷。

及陈蕃免太尉,朝野属意于膺,荀爽恐其名高致祸,欲令屈节以全乱世,为书贻曰:"久废过庭,不闻善诱,陟岵瞻望,惟日为岁。知以直道不容于时,悦山乐水,家于阳城。道近路夷,当即聘问,天状婴疾,阙于所仰。顷闻上帝震怒,贬黜鼎臣,人鬼同谋,以为天子当贞观二五,利见大人。不谓夷之初旦,明而未融,虹蜺扬辉,弃和取同。方今天地气闭，大人休否，智者见险，投以远害。虽匮人望，内合私愿。想甚欣然，不为恨也。愿怡神无事，偃息衡门，任其飞沈，与时抑扬。"顷之，帝崩。陈蕃为太傅，与大将军窦武共秉朝政，连谋诛诸宦官。故引用天下名士，乃以膺为长乐少府。及陈、窦之败，膺等复废。

后张俭事起，收捕钩党，乡人谓膺曰："可去矣。"对曰："事不辞难，罪不逃刑，臣之节也。吾年已六十，死生有命，去将安之？"乃诣诏狱。考死，妻子徙边，门生、故吏及其父兄，并被禁锢。

时，侍御史蜀郡景毅子顾为膺门徒，而未有录牒，故不及于谴。毅乃慨然曰："本谓膺贤，遣子师之，岂可以漏夺名籍，苟安而已！"遂自表免归，时人义之。

【注释】
①简亢：高傲，清高。 ②溷轩：厕所。 ③吐茹：吐刚茹柔，欺软怕硬。 ④怨：罪过，过失。 ⑤引：牵连，攀供。

译文

李膺，字元礼，是颍川襄城人。祖父李修，安帝时担任太尉。父亲李益，是赵国相。李膺性情高傲，没有什么交际往来的人，只把同郡人荀淑、陈寔当成师友。最初被举荐为孝廉，后受司徒胡广征召，被推举为最优秀的人才，又升任青州刺史。当地郡守县令害怕他威严清明，听说后大都弃官而去。后再次被征召，又调任渔阳太守，不久转为蜀郡太守，因为母亲年迈，请求不赴任。转为护乌桓校尉。鲜卑多次侵犯边塞，李膺常常冒着飞箭流石，击退来敌，敌人非常害怕他。后因公事被免去官职，回纶氏居住，教授的子弟常有上千人。南阳的樊陵请求做他的学生，李膺推辞没有接受。樊陵后来凭巴结宦官，官职做到了太尉，被有节操的人所鄙弃。荀爽曾去拜谒李膺，趁机替李膺赶车，回来后，高兴地说："今天竟能够为李君赶车。"李膺被人敬慕到这个程度。

永寿二年，鲜卑侵扰云中，桓帝听说李膺有本事，就再次征召他担任度辽将军。在这之前羌人侵犯到达疏勒、龟兹，多次进攻掠夺张掖、酒泉、云中，各郡百姓多次遭到他们的侵害。自从李膺到了边塞,羌人听到消息,全都畏惧顺服,把先前所掳掠的男女,全都送还到边塞关下。从此以后,李膺的声威震慑边远地域。

延熹二年受征诏,又调任河南尹。当时宛陵的大族羊元群从北海郡罢官回家,贪污罪行乱七八糟,郡府厕所里的奇巧物品,也用车装载了带回家。李膺上表想要治他的罪,羊元群贿赂了宦官,李膺被判诬告罪发配到左校服苦役。

当初,李膺跟廷尉冯绲、大司农刘祐等同心同德,纠察惩罚奸邪得宠小人,冯绲、刘祐这时也获罪被判服苦役。司隶校尉应奉上疏为李膺等人辩解说:"从前秦国人到楚国去观看宝物,昭奚恤把各位贤能大臣排列给他看;梁惠王夸耀他有能光照十二辆马车的珍珠,齐威王举出四位大臣跟他相比。那些忠臣武将,是国家的心脏脊梁。我私下看到左校中不戴镣铐的囚犯前任廷尉冯绲、大司农刘祐、河南尹李膺等人,执行法令不屈不挠,诛杀检举奸邪恶臣,依据法令陈说,大家全都认为适宜。从前季孙行父违抗国君命令,赶走莒仆,相当于虞舜功绩的二十分之一。如今李膺等人献身治理豪强,尽力使他们获罪,陛下既不听从明察,又错信诬陷伪告,以致使忠臣等同于犯罪的首恶。从春到冬,没有受到您的宽恕,远近舆论,全都为此叹息。执掌国政的关键,在于牢记臣子的功劳而不记他们的过失。所以武帝把韩安国从囚犯中赦免,宣帝从流亡中征召张敞。冯绲先前讨伐蛮荆,相当于吉甫的功绩。刘祐几次亲自督促审案,有不欺软怕硬的节操。李膺扬威幽州、并州,担任度辽将军留有英名。现在三面边境敌人蠢动,朝廷军队还不强大。《易经》说'雷雨成解,君子要赦免罪过原谅罪人'。请求赦免李膺等人,以防不测。"

奏章上呈,才全部免除他们的刑罚。

再次升迁,又被任命为司隶校尉。当时张让的弟弟张朔担任野王县县令,贪婪残暴没有仁道,以至于连孕妇都杀。听说李膺特别威严,畏罪逃回京城。于是就躲到哥哥张让家中,藏在空心柱里。李膺知道了这一情况,率领官兵砸破柱子捉住张朔,交付洛阳监狱。记下口供之后,立即杀了。张让向皇帝鸣冤,皇上下诏让李膺进宫,亲自来到外廊,责问李膺为什么不先请示便将张朔诛杀的用意。李膺回答说:"从前晋文公抓住卫成公回到京城,《春秋》这样记载。《礼记》说公侯之家有罪,即使国君说宽恕他,执法官员也依法办理不会听从。当年孔子担任鲁国的司寇,七天之后就杀了少正卯。现在臣子我担任司隶校尉已经有十天了，私下担心会因为办事拖拉受到指责，却不料会因为办案迅速而获罪。臣自己知道有愧职守，死期就在眼前，只请求让臣再苟活五天，能够消灭元凶，再回来受死，这是臣平生的心愿。"皇上无话可说，回过头对张让说："这是你家弟弟的罪过，司隶有什么错呢？"于是让李膺出去了。从此各位黄门常侍全都小心谨慎大气不敢出，休假也不敢走出宫廷。皇帝奇怪，问他们原因，他们全都叩头流泪说："害怕李校尉。"

这时朝廷一天天混乱，纲纪颓废，李膺独自坚持自己的节操，因为有声名而自视清高。士人有被他接纳的，称为登龙门。等到党锢之祸发生，需查究李膺等人的情况。案卷经过三府时，太尉陈蕃拒绝审理，说："现在要拷问审讯的，全是天下人赞誉的人，是为国担忧忠于职守的大臣。这样的人连他们十代子孙犯了错都应当宽恕，难道能罪名不清就使他们被逮捕拷问吗？"不肯跟别人一起签名。皇帝更加恼怒，于是把李膺等人关进黄门北寺狱。李膺等人的口供涉及不少宦官子弟，宦官害怕，乞请皇帝说按天时应当赦免囚犯。于是大赦天下。李膺被赦免后回归故里，住在阳城山中，天下的士大夫都认为他道德高尚，而认为朝廷污秽黑暗。

到了陈蕃被免去太尉职务，朝廷内外人心全都向往李膺。荀爽担心他名声太高招来祸患，想让他放弃节操在乱世中保全自身。写信给他说："长时间没去看望您，听不到您的谆谆教诲，登上高山遥望思念先生，真是度日如年。我知道先生因为正直仁义不能被当世社会容纳，因而游山玩水，在阳城闲住。道路相近路途平坦，本当立刻前来看望，无奈疾病缠身，不能探望敬仰的先生。最近听说皇上震怒，撤换贬废了国家大臣，人和鬼一同谋划，认为天子正当贞观二五，见大人有利。不料天刚要亮却受了伤害，天要亮却还没亮，霓虹色彩纷乱，贬弃君子任用小人。现在正是天地气数紧闭，大人被贬不用之时，明智的人看到了危险，就抽身出来远远躲避灾害。虽然这样有负众望，暗中却符合人们私下里希望大人保重的心愿。想来人们会很欣慰，不感到遗憾。希望先生安心养神不多事，插上房门不声张，听凭社会自己变化，让它随着时代起伏发展。"不久，桓帝逝世。陈蕃担任太傅，跟大将军窦武一起执掌朝政，共同谋划诛杀了那些宦官。因而提拔重用天下知名人士，就任命李膺担任长乐少府。到陈蕃、窦武失败时，李膺等人又被贬废。

后来张俭事发，搜捕党人，同乡人对李膺说："你快逃走吧。"李膺回答说："遇灾难不逃避，有罪过不推卸，这是做臣子的节操。我年纪已经六十了，生死都是命中注定的，逃跑又能到哪里去呢？"于是前往诏狱。李膺被拷打致死，妻子儿女流放边疆，门生、故吏以及他们的父兄都被禁止做官。

当时侍御史蜀郡景毅的儿子景顾是李膺的学生，但是没有登在党人名册上，所以没有遭到处分。景毅于是慨然而叹："我本来就是认为李膺贤能，才送儿子去拜他为师，怎么可以因为在名单上漏记了姓名，就苟且偷安了呢！"于是自己上表免官回乡，当时人们都认为他有道义。

阅读文献

1. 范晔《后汉书》，北京：中华书局，1965年。
2. 王先谦《后汉书集解》，北京：中华书局，1984年。
3. 宋文民《后汉书考释》，上海：上海古籍出版社，1995年。

思考题

1. 阅读全文，概括李膺的整体形象。
2. 在《后汉书·党锢传序》中有言："天下模楷李元礼，不畏强御陈仲举，天下俊秀王叔茂"，将李膺视为天下楷模。请结合本文内容，说明作者从哪几个方面表现李膺作为楷模的影响力。
3. 结合本文，谈谈在东汉后期，以李膺为代表的士人身上体现了怎样的价值观？

（梁平　选编）

第三讲 颐情畅志

洛神赋

曹植

名句

其形也，翩若惊鸿，婉若游龙，荣曜秋菊，华茂春松。

导读

洛神，相传为古帝宓羲氏之女宓妃，溺死于洛滨而为洛水之神。据《洛神赋序》知，此赋是曹植由京城返回封地时，途径洛水，有感于宋玉对楚王说神女事而作。《文选》将其与宋玉《高唐赋》《神女赋》等同归于"情赋"一类，虽就主题而言，同为人神恋爱的母题，但前者扬弃了高唐神女故事中自荐枕席的亵慢内容，多用比喻烘托，表现出醇厚的抒情意味，使得洛神的形象愈见飘逸空灵。旧有论此赋为曹植求婚甄逸女不得，后甄氏归于曹丕，被谗死，而曹植有感于甄氏而作，故初名《感甄赋》。但此说系小说家附会之谈，不足信。此赋为曹植辞赋作品中的优秀代表，继承了两汉以来抒情小赋的传统，又吸收楚辞的浪漫主义精神，以浪漫主义的手法，通过梦幻的境界，描写了作者自己与洛神的不期而遇和彼此间的思慕爱恋；而这一段人神之间的真挚爱情，终因人神殊途而惆怅分离。赋文中对洛神的外貌、神态描写最为后世所称道，刻画传神，词藻华丽，清新四溢，令人回味。

◎汉大赋：赋是汉代最具代表性、最能彰显时代精神的一种文学样式，而汉大赋是汉赋的典型形式。形式上篇幅较长，结构宏大，多采用主客问答的形式；内容上以写物为主，以"润色鸿业"（班固《两都赋序》）为目的，兼有讽喻劝谏；艺术上采用铺张扬厉的手法和博富绚丽的辞藻，对事物进行穷形尽相的描摹。

◎抒情小赋：是赋体文学中较有生命力的文类，兴起于汉代，盛行于魏晋南北朝。内容上侧重于抒写个人情志，或托物言志，或咏物抒情，也有针砭现实之作；艺术上继承大赋的铺排手法，写作手法灵活多样。

作者简介

曹植（192—232），字子建，三国曹魏时人，曹操第三子，沛国谯（今安徽亳州）人。曹植自幼聪敏，富于才学，《三国志·魏书·陈思王植传》记载其"年十余岁，诵读诗、论及辞赋数十万言，善属文"，长于军旅，颇得曹操宠爱，曾拟立为太子，后因植"任性而行，不自雕励"作罢。到曹丕、曹叡相继为帝时，曹植备受猜忌，屡次变更封地，即使屡次上疏欲为国效力，也不得重用，最终郁郁而终。死后封陈王，谥曰思，世因此又称陈思王。曹植文学成就卓著，与曹操、曹丕并称"三曹"，是建安时期最有成就的作家。其作品风格前后期表现迥异，前期慷慨意气，抒发建功立业的雄心壮志，后期则多表现抱负不得施展的激愤心情。

课文

黄初三年，余朝京师，还济洛川。古人有言，斯水之神，名曰宓妃。感宋玉对楚王说神女之事①，遂作斯赋。其词曰：

余从京域，言归东藩，背伊阙②，越轘辕，经通谷，陵景山。日既西倾，车殆马烦③。尔乃税驾乎蘅皋，秣驷乎芝田，容与乎阳林，流眄乎洛川。于是精移神骇，忽焉思散。俯则未察，仰以殊观。睹一丽人，于岩之畔。

乃援御者而告之曰："尔有觌于彼者乎？彼何人斯，若此之艳也！"御者对曰："臣闻河洛之神，名曰宓妃。然则君王所见也，无乃是乎？其状若何，臣愿闻之。"

余告之曰：其形也，翩若惊鸿，婉若游龙，荣曜秋菊，华茂春松。髣髴兮若轻云之蔽月，飘飖兮若流风之回雪。远而望之，皎若太阳升朝霞。迫而察之，灼若芙蕖出渌波。秾纤得衷，修短合度。肩若削成，腰如约素。延颈秀项，皓质呈露，芳泽无加，铅华弗御。云髻峨峨，修眉联娟，丹唇外朗，皓齿内鲜。明眸善睐，靥辅承权。瑰姿艳逸，仪静体闲。柔情绰态，媚于语言。奇服旷世，骨像应图。披罗衣之璀粲兮，珥瑶碧之华琚。戴金翠之首饰，缀明珠以耀躯。践远游之文履，曳雾绡之轻裾。微幽兰之芳蔼兮，步踟蹰于山隅。于是忽焉纵体，以遨以嬉。左倚采旄，右荫桂旗。攘皓腕于神浒兮，采湍濑之玄芝。

余情悦其淑美兮，心振荡而不怡。无良媒以接欢兮，

◎《感甄赋》：《文选》李善注引《记》曰："魏东阿王汉末求甄逸女，既不遂，太祖回与五官中郎将。植殊不平，昼思夜想，废寝与食。黄初中入朝，帝示植甄后玉镂金带枕，植见之不觉泣。时已为郭后谮死，帝意亦寻悟，因令太子留宴饮，仍以枕赉植。植还，度轘辕，少许时，将息洛水上，思甄后，忽见女来，自云：'我本托心君王，其心不遂。此枕是我在家时从嫁，前与五官中郎将，今与君王。遂用荐枕席。欢情交集，岂常辞能具！为郭后以糠塞口，今被发，羞将此形貌重睹君王尔。'言讫遂不复见所在。遣人献珠于王，王答以玉佩。悲喜不能自胜，遂作《感甄赋》。后明帝见之，改为《洛神赋》。"

托微波而通辞。愿诚素之先达兮，解玉佩以要之。嗟佳人之信修兮，羌习礼而明诗。抗琼珶以和予兮，指潜渊而为期。执眷眷之款实兮，惧斯灵之我欺。感交甫之弃言兮，怅犹豫而狐疑。收和颜而静志兮，申礼防以自持。

　　于是洛灵感焉，徙倚彷徨。神光离合，乍阴乍阳。竦轻躯以鹤立，若将飞而未翔。践椒涂之郁烈，步蘅薄而流芳。超长吟以永慕兮，声哀厉而弥长。

　　尔乃众灵杂遝④，命俦啸侣⑤。或戏清流，或翔神渚。或采明珠，或拾翠羽。从南湘之二妃，携汉滨之游女。叹匏瓜之无匹兮，咏牵牛之独处。扬轻袿之猗靡兮，翳修袖以延伫。体迅飞凫，飘忽若神。凌波微步，罗袜生尘。动无常则，若危若安。进止难期，若往若还。转眄流精，光润玉颜。含辞未吐，气若幽兰。华容婀娜，令我忘餐。

　　于是屏翳收风，川后静波。冯夷鸣鼓，女娲清歌。腾文鱼以警乘，鸣玉鸾以偕逝。六龙俨其齐首，载云车之容裔。鲸鲵踊而夹毂，水禽翔而为卫。于是越北沚，过南冈，纡素领，回清阳，动朱唇以徐言，陈交接之大纲。恨人神之道殊兮，怨盛年之莫当。抗罗袂以掩涕兮，泪流襟之浪浪。悼良会之永绝兮，哀一逝而异乡。无微情以效爱兮，献江南之明珰。虽潜处于太阴，长寄心于君王。忽不悟其所舍，怅神宵而蔽光。

　　于是背下陵高，足往神留。遗情想像，顾望怀愁。冀灵体之复形，御轻舟而上溯。浮长川而忘反，思绵绵而增慕。夜耿耿而不寐，沾繁霜而至曙。命仆夫而就驾，吾将归乎东路。揽騑辔以抗策，怅盘桓而不能去。

【注释】

①感宋玉对楚王说神女之事：宋玉有《高唐赋》《神女赋》，均记载与楚襄王对答梦遇巫山神女之事。　②背伊阙：伊阙，山名，在洛阳南。此句谓通过伊阙山，将其抛于背后。　③殆：通"怠"。烦：疲乏。　④杂遝：众多貌。　⑤命俦啸侣：犹言呼朋引伴。

译文

　　黄初三年，我来到京都朝觐，归渡洛水。古人曾说此水之神

◎寄心君王说：这是后世学者解读《洛神赋》主旨的一种重要观点，主要代表人物是清代的何焯、丁晏、朱乾、潘德舆等。如何焯《义门读书记》："植既不得于君，因济洛川作为此赋，托词宓妃以寄心文帝，其亦屈子之志也。"丁晏《曹集诠评》："序明云拟宋玉神女为赋，寄心君王，托之宓妃、洛神，犹屈宋之志也，而俗说巧诬为感甄，岂不谬哉。余尝叹陈王忠孝之性，溢于楮墨，为古今诗人之冠，灵均以后，一人而已。"

◎巫山洛浦：巫山，指楚王与巫山神女梦中相会的典故。洛浦，洛水之滨。传说中有洛水女神，曹植渡洛水时，因感战国楚宋玉对楚王与神女事，遂作《洛神赋》。后以巫山、洛浦二典合用，指巫山神女和洛水女神，也指男女幽会。

名叫宓妃。因有感于宋玉对楚王所说的神女之事，于是作了这篇赋。赋文云：

我从京都洛阳出发，向东回归封地鄄城，通过伊阙山，越过轘辕山，途经通谷，登上景山。这时日已西下，车困马乏。于是就在长满杜蘅草的岸边停了车，在生着芝草的地里喂马。自己则漫步于阳林，纵目眺望水波浩渺的洛川。于是不觉精神恍惚，思绪飘散。低头时还没有看见什么，一抬头，却发现了异常的景象。只见一个绝妙佳人，立于山岩之旁。

我不禁拉着身边的车夫对他说："你看见那个人了吗？那是什么人，竟如此艳丽！"车夫回答说："臣听说河洛之神的名字叫宓妃，然而现在君王所看见的，莫非就是她！她的形状怎样，臣倒很想听听。"

我告诉他说：她的形影，翩然若惊飞的鸿雁，婉约若游动的蛟龙，容光焕发如秋日下的菊花，体态丰茂如春风中的青松。她时隐时现像轻云笼月，飘摇不定似回风旋雪。远而望之，明洁如朝霞中升起的旭日。近而视之，鲜丽如绿波间绽开的新荷。她体态适中，高矮合度，肩窄如削，腰细如束。秀美的颈项，露出白皙的皮肤，既不施脂，也不敷粉。发髻高耸如云，长眉弯曲细长。红唇鲜润，牙齿洁白。闪亮的眼睛善于顾盼，面颊上生着甜甜的酒窝。她姿态优雅妩媚，举止温文娴静。情态柔美和顺，语辞得体可人。洛神服饰奇艳绝世，风骨体貌与图上画的一样。她身披明丽的罗衣，带着精美的佩玉。头戴金银翡翠首饰，缀以周身闪亮的明珠。她穿着饰有花纹的远游鞋，拖着薄雾般的裙裾。隐隐散发出幽兰的清香，在山边徘徊倘佯。忽然又飘然轻举，且行且戏。左面倚着彩旄，右面有桂旗庇荫。在河滩上伸出素手，采撷水流边的黑色芝草。

我钟情于她的淑美，不觉心旌摇曳而不安。因为没有合适的媒人去说情，只能借助微波来传递话语。但愿自己真诚的心意能先于别人陈达，我解下玉佩向她发出邀请。可叹佳人实在美好，既明礼义又善言辞。她举着琼玉向我作出回答，并指着深深的水流以为期待。我怀着眷眷之诚，又恐受这位神女的欺骗。因有感于郑交甫曾遇神女背弃诺言之事，心中不觉惆怅、犹豫和迟疑。于是敛容定神，以礼义自持。

这时洛神深受感动，低回徘徊。神光时离时合，忽明忽暗。她像鹤立般地耸起轻盈的躯体，如将飞而未翔。踏着充满花椒浓香的小道，走过杜蘅草丛而使芳气流动。忽又怅然长吟以表示深沉的思慕，声音哀婉而悠长。

于是众神纷至沓来，呼朋引伴。有的嬉戏于清澈的水流，有的飞翔于神异的小渚。有的在采集明珠，有的在俯拾翠鸟的羽毛。洛神身旁跟着娥皇、女英南湘二妃，手挽汉水之神。为瓠瓜星的无偶而叹息，为牵牛星的独处而哀咏。时而扬起随风飘动的上衣，用长袖蔽光远眺，久久伫立；时而又身体轻捷如飞凫，飘忽游移无定。她在水波上行走，罗袜溅起的水沫如同尘埃。她动止没有规律，像危急又像安闲。进退难以预知，像离开又像回返。她双目流转光亮，容颜焕发泽润。话未出口，却已气香如兰。她的体貌婀娜多姿，令我看了茶饭不思。

在这时风神屏翳收敛了晚风，水神川后止息了波涛。冯夷击响了神鼓，女娲发出清泠的歌声。飞腾的文鱼护卫着洛神的车乘，众神随着叮当作响的玉鸾一齐离去。六龙齐头并进，驾着云车从容前行。鲸鲵腾跃在车驾两旁，水禽绕翔护卫。车乘走过北面的沙洲，越过南面的山冈，洛神转动白洁的脖颈，回过清秀的眉目，朱唇微启，缓缓地陈诉着往来交接的纲要。只怨恨人神有别，彼此虽然都处在盛年而无法如愿以偿。说着不禁举起罗袖掩面而泣，止不住泪水涟涟沾湿了衣襟。哀念欢乐的相会就此永绝，如今一别身处两地。不曾以细微的柔情来表达爱慕之心，只能赠以明珰作为永久的纪念。自己虽然深处太阴，却时时怀念着君王。洛神说毕忽然不知去处，我为众灵一时消失隐去光彩而深感惆怅。

于是我舍低登高，脚步虽移，心神却仍留在原地。余情绻缱，不时想象着相会的情景和洛神的容貌，回首顾盼，更是愁绪萦怀。满心希望洛神能再次出现，就不顾一切地驾着轻舟逆流而上。行舟于悠长的洛水以至忘了回归，思恋之情却绵绵不断，越来越强。整夜心绪难平无法入睡，身上沾满了浓霜直至天明。我不得已命仆夫备马就车，踏上向东回返的道路。当手执马缰，举鞭欲策之时，却又怅然若失，徘徊依恋，无法离去。

阅读文献

1. 赵幼文校注《曹植集校注》，北京：中华书局，2016 年。
2. 萧统编，李善注《文选》，上海：上海古籍出版社，1986 年。
3. 陈寿《三国志》，北京：中华书局，1982 年。

―――― 思考题 ――――

1. 这篇赋是通过什么方式引出洛神的？
2. 《洛神赋》中最为后世所称道的是作者对洛神的外貌神态美的刻画，简要说明赋中是通过哪些方面对洛神之美进行描摹的？
3. 在极力描摹了洛神的美和双方的爱慕之情后，作者是怎样为这个爱情故事渲染出浓郁的悲剧色彩的？

（梁平　选编）

杜十娘怒沉百宝箱（节选）

冯梦龙

◎三言：明代冯梦龙创作、改编的三部小说集《喻世明言》《警世通言》和《醒世恒言》的总称。三言每部40篇，共120篇。作为宋元明三代最重要的一部白话短篇小说总集，三言的出现标志着古代白话短篇小说整理和创作高潮的到来。

◎二拍：明代凌濛初编著的白话小说集《初刻拍案惊奇》和《二刻拍案惊奇》的总称，每部40篇，其创作受到了"三言"的影响，后世常将二者并称为"三言二拍"。

◎话本：指说话人演讲故事所用的底本，是随着民间说话技艺发展而来的一种文学形式。话本是宋代兴起的白话小说，用通俗文字写成，多以历史故事和当时社会生活为题材，是宋元民间艺人说唱的底本。今存《清平山堂话本》《全相平话五种》等。

名句

妾椟中有玉，恨郎眼内无珠。

导读

《杜十娘怒沉百宝箱》是冯梦龙根据同时代文人宋懋澄《负情侬传》改编而成的拟话本小说，收入《警世通言》，是明代杰出的短篇小说之一，在民间有着极高的传唱度。故事发生于明朝万历年间，京师名妓杜十娘因对太学生李甲情真意切，赎身从良。为得翁姑认同，杜十娘积攒大量珍宝，藏于百宝箱，为测爱人真心，并未告知李甲。可李甲生性软弱，出于家庭与社会的双重压力，使李甲对二人的爱情顾虑重重，再加上商人孙富的挑唆，他最终背叛了爱情，仅为千两白银欲将杜十娘转手卖于孙富。得知消息的杜十娘愤而抱百宝箱自沉江底，孙、李二人亦不得善终。作品笔触细腻，刻画了一位追求真爱、果敢决绝的女性形象，成为"三言"的代表作品之一。

――――― 笔记 ―――――

作者简介

冯梦龙（1574—1646），明代作家。字犹龙，别署龙子犹、墨憨斋主人、顾曲散人等，长洲（今江苏苏州）人。出身于书香门第，"才情跌宕，诗文丽藻，尤明经学"（《苏州府志》卷八十一《人物》），但一生功名蹭蹬，至崇祯三年（1630）57岁时才选为贡生，61岁时任福建寿宁知县，"政简刑清，首尚文学，遇民以恩，待士有礼"（《寿宁县志》）。4年后秩满离任，归隐乡里。清兵南下时，曾参与抗清活动，后忧愤而卒。冯梦龙自幼接受儒学的熏陶，但又生长在商业经济十分活跃的苏州，熟悉市民生活，深受李贽思想的影响，人称他"酷嗜李氏之学，奉为蓍蔡"（许自昌《樗斋漫录》卷六）。这使他成为晚明主情、尚真、适俗文学思潮的代表人物，是通俗文学的一代大家。

课文

不一日，行至瓜洲，大船停泊岸口，公子别雇了民船，安放行李。约明日侵晨，剪江而渡。其时仲冬①中旬，月明如水，公子和十娘坐于舟首。公子道："自出都门，困守一舱之中，四顾有人，未得畅语。今日独据一舟，更无避忌。且已离塞北，初近江南，宜开怀畅饮，以舒向来抑郁之气，恩卿以为何如？"十娘道："妾久疏谈笑，亦有此心，郎君言及，足见同志耳。"公子乃携酒具于船首，与十娘铺毡并坐，传杯交盏。饮至半酣，公子执卮对十娘道："恩卿妙音，六院推首。某相遇之初，每闻绝调，辄不禁神魂之飞动。心事多违，彼此郁郁，鸾鸣凤奏，久矣不闻。今清江明月，深夜无人，肯为我一歌否？"十娘兴亦勃发，遂开喉顿嗓，取扇按拍，呜呜咽咽，歌出元人施君美《拜月亭》杂剧上"状元执盏与婵娟"一曲，名《小桃红》。真个：

声飞霄汉云皆驻，响入深泉鱼出游。

却说他舟有一少年，姓孙名富，字善赉，徽州新安人氏。家资巨万，积祖扬州种盐。年方二十，也是南雍中朋友。生性风流，惯向青楼买笑，红粉追欢，若嘲风

◎拟话本：明代中叶以后，随着话本小说的流行，一些文人在润色、加工宋元明旧篇的同时，开始有意识地模仿"话本小说"的样式而独立创作一些新的小说。这类白话短篇小说有人称之为"拟话本"。从鲁迅起，一般又将"三言"之后的白话短篇小说都归属于"拟话本"一类。

◎三言的作品来源：三言中的作品有的是宋元明以来的旧话本，但一般都作了不同程度的修改；也有的是据文言笔记、传奇小说、戏曲、历史故事乃至社会传闻再创作而成。故三言包容了旧本的汇辑和新著的创作，是我国白话短篇小说在说唱艺术的基础上，由文人的整理加工到文人进行独立创作的开始。

◎三言与二拍的关系：二拍与三言不同，基本上都是个人创作，"取古今来杂碎事可新听睹、佐谈谐者，演而畅之"（《二刻拍案惊奇小引》）。它已经是一部个人的白话小说创作专集。二拍所反映的思想特征与三言大致相同，艺术水平也在伯仲间，故在文学史上一般都将两书并称。

笔记

弄月，到是个轻薄的头儿。事有偶然，其夜亦泊舟瓜洲渡口，独酌无聊。忽听得歌声嘹亮，凤吟鸾吹，不足喻其美。起立船头，伫听半晌，方知声出邻舟。正欲相访，音响倏已寂然。乃遣仆者潜窥踪迹，访于舟人。但晓得是李相公雇的船，并不知歌者来历。孙富想道："此歌者必非良家，怎生得他一见？"展转寻思，通宵不寐。挨至五更，忽闻江风大作。及晓，彤云密布，狂雪飞舞。怎见得，有诗为证：

千山云树灭，万径人踪绝。
扁舟蓑笠翁，独钓寒江雪。

因这风雪阻渡，舟不得开。孙富命艄公移船，泊于李家舟之傍。孙富貂帽狐裘，推窗假作看雪。值十娘梳洗方毕，纤纤玉手揭起舟傍短帘，自泼盂中残水，粉容微露，却被孙富窥见了，果是国色天香。魂摇心荡，迎眸注目，等候再见一面，杳不可得。沉思久之，乃倚窗高吟高学士《梅花诗》二句，道：

雪满山中高士卧，月明林下美人来。

李甲听得邻舟吟诗，舒头出舱，看是何人。只因这一看，正中了孙富之计。孙富吟诗，正要引李公子出头，他好乘机攀话。当下慌忙举手，就问："老兄尊姓何讳？"李公子叙了姓名乡贯，少不得也问那孙富。孙富也叙过了。又叙了些太学中的闲话，渐渐亲熟。孙富便道："风雪阻舟，乃天遣与尊兄相会，实小弟之幸也。舟次无聊，欲同尊兄上岸，就酒肆中一酌，少领清诲，万望不拒。"公子道："萍水相逢，何当厚扰？"孙富道："说那里话！'四海之内，皆兄弟也'。"喝教艄公打跳，童儿张伞，迎接公子过船，就于船头作揖。然后让公子先行，自己随后，各各登跳上涯。

行不数步，就有个酒楼。二人上楼，拣一副洁净座头，靠窗而坐。酒保列上酒肴。孙富举杯相劝，二人赏雪饮酒。先说些斯文中套话，渐渐引入花柳之事。二人都是过来之人，志同道合，说得入港，一发成相知了。

孙富屏去左右，低低问道："昨夜尊舟清歌者，何人

◎商人地位的提升：在三言中，出现了大量的商人形象，他们往往作为正面主人公亮相，一改中国传统观念中"士农工商"居于末位的尴尬境地。这种现象的出现，一方面反映了晚明商品经济的发展与市民阶层的崛起，另一方面也显现出普通民众阅读心理的微妙变化。

也?"李甲正要卖弄在行,遂实说道:"此乃北京名姬杜十娘也。"孙富道:"既系曲中姊妹,何以归兄?"公子遂将初遇杜十娘,如何相好,后来如何要嫁,如何借银讨他,始末根由,备细述了一遍。孙富道:"兄携丽人而归,固是快事,但不知尊府中能相容否?"公子道:"贱室不足虑。所虑者老父性严,尚费踌躇耳!"孙富将机就机,便问道:"既是尊大人未必相容,兄所携丽人,何处安顿?亦曾通知丽人,共作计较否?"公子攒眉而答道:"此事曾与小妾议之。"孙富欣然问道:"尊宠必有妙策。"公子道:"他意欲侨居苏杭,流连山水。使小弟先回,求亲友宛转于家君之前,俟家君回嗔作喜,然后图归。高明以为何如?"孙富沉吟半晌,故作愀然之色,道:"小弟乍会之间,交浅言深,诚恐见怪。"公子道:"正赖高明指教,何必谦逊?"孙富道:"尊大人位居方面,必严帷薄之嫌,平时既怪兄游非礼之地,今日岂容兄娶不节之人?况且贤亲贵友,谁不迎合尊大人之意者?兄枉去求他,必然相拒。就有个不识时务的进言于尊大人之前,见尊大人意思不允,他就转口了。兄进不能和睦家庭,退无词以回复尊宠。即使留连山水,亦非长久之计。万一资斧困竭,岂不进退两难!"

公子自知手中只有五十金,此时费去大半,说到资斧困竭,进退两难,不觉点头道是。孙富又道:"小弟还有句心腹之谈,兄肯俯听否?"公子道:"承兄过爱,更求尽言。"孙富道:"疏不间亲②,还是莫说罢。"公子道:"但说何妨?"孙富道:"自古道:'妇人水性无常。'况烟花之辈,少真多假。他既系六院名姝,相识定满天下;或者南边原有旧约,借兄之力,挈带而来,以为他适之地。"公子道:"这个恐未必然。"孙富道:"既不然,江南子弟,最工轻薄。兄留丽人独居,难保无逾墙钻穴之事。若挈之同归,愈增尊大人之怒。为兄之计,未有善策。况父子天伦,必不可绝。若为妾而触父,因妓而弃家,海内必以兄为浮浪不经之人。异日妻不以为夫,弟不以为兄,同袍③不以为友,兄何以立于天地之

◎婚恋自主的歌颂:这一部分主题的作品在三言中占据了大量篇幅,如《宿香亭张浩遇莺莺》《卖油郎独占花魁》中均有集中反映。这部分作品对门当户对、父母包办的婚俗陋习有着强烈的冲击,同时突破人欲本能与"一见钟情"的原始冲动,歌颂了平等、尊重与互相理解的婚恋主张。

间？兄今日不可不熟思也！"

公子闻言，茫然自失，移席问计："据高明之见，何以教我？"孙富道："仆有一计，于兄甚便。只恐兄溺枕席之爱，未必能行，使仆空费词说耳！"公子道："兄诚有良策，使弟再睹家园之乐，乃弟之恩人也。又何惮而不言耶？"孙富道："兄飘零岁余，严亲怀怒，闺阁离心，设身以处兄之地，诚寝食不安之时也。然尊大人所以怒兄者，不过为迷花恋柳，挥金如土，异日必为弃家荡产之人，不堪承继家业耳！兄今日空手而归，正触其怒。兄倘能割衽席之爱④，见机而作，仆愿以千金相赠。兄得千金，以报尊大人，只说在京授馆，并不曾浪费分毫，尊大人必然相信。从此家庭和睦，当无间言。须臾之间，转祸为福。兄请三思，仆非贪丽人之色，实为兄效忠于万一也！"

李甲原是没主意的人，本心惧怕老子，被孙富一席话，说透胸中之疑，起身作揖道："闻兄大教，顿开茅塞。但小妾千里相从，义难顿绝，容归与商之。得其心肯，当奉复耳。"孙富道："说话之间，宜放婉曲。彼既忠心为兄，必不忍使兄父子分离，定然玉成兄还乡之事矣。"二人饮了一回酒，风停雪止，天色已晚。孙富教家僮算还了酒钱，与公子携手下船。正是：

逢人且说三分话，未可全抛一片心。

却说杜十娘在舟中，摆设酒果，欲与公子小酌，竟日未回，挑灯以待。公子下船，十娘起迎。见公子颜色匆匆，似有不乐之意，乃满斟热酒劝之。公子摇首不饮，一言不发，竟自床上睡了。

十娘心中不悦，乃收拾杯盘，为公子解衣就枕，问道："今日有何见闻，而怀抱郁郁如此？"公子叹息而已，终不启口。问了三四次，公子已睡去了。十娘委决不下，坐于床头而不能寐。

到夜半，公子醒来，又叹一口气。十娘道："郎君有何难言之事，频频叹息？"公子拥被而起，欲言不语者几次，扑簌簌掉下泪来。十娘抱持公子于怀间，软言抚慰

◎女性意识的张扬：宋明以来的封建婚姻关系中，贞节观念是套在女性脖子上的一副沉重的精神枷锁。突破贞节观念是晚明人文思潮影响下尊重人性、妇女解放的一种表现。三言的开篇之作《蒋兴哥重会珍珠衫》，即强调了人生的真实情感与对女性追求自身权利的尊重。

道:"妾与郎君情好,已及二载,千辛万苦,历尽艰难,得有今日。然相从数千里,未曾哀戚。今将渡江,方图百年欢笑,如何反起悲伤?必有其故。夫妇之间,死生相共,有事尽可商量,万勿讳也。"

公子再四被逼不过,只得含泪而言道:"仆天涯穷困,蒙恩卿不弃,委曲相从,诚乃莫大之德也。但反覆思之,老父位居方面,拘于礼法,况素性方严,恐添嗔怒,必加黜逐。你我流荡,将何底止?夫妇之欢难保,父子之伦又绝。日间蒙新安孙友邀饮,为我筹及此事,寸心如割!"

十娘大惊道:"郎君意将如何?"公子道:"仆事内之人,当局而迷。孙友为我画一计颇善,但恐恩卿不从耳!"十娘道:"孙友者何人?计如果善,何不可从?"公子道:"孙友名富,新安盐商,少年风流之士也。夜间闻子清歌,因而问及。仆告以来历,并谈及难归之故,渠意欲以千金聘汝。我得千金,可借口以见吾父母;而恩卿亦得所天。但情不能舍,是以悲泣。"说罢,泪如雨下。

十娘放开两手,冷笑一声道:"为郎君画此计者,此人乃大英雄也!郎君千金之资既得恢复,而妾归他姓,又不致为行李之累,发乎情,止乎礼,诚两便之策也。那千金在那里?"公子收泪道:"未得恩卿之诺,金尚留彼处,未曾过手。"十娘道:"明早快快应承了他,不可挫过机会。但千金重事,须得兑足交付郎君之手,妾始过舟,勿为贾竖子⑤所欺。"

时已四鼓,十娘即起身挑灯梳洗道:"今日之妆,乃迎新送旧,非比寻常。"于是脂粉香泽,用意修饰,花钿绣袄,极其华艳,香风拂拂,光采照人。

装束方完,天色已晓。孙富差家僮到船头候信。十娘微窥公子,欣欣似有喜色,乃催公子快去回话,及早兑足银子。公子亲到孙富船中,回复依允。孙富道:"兑银易事,须得丽人妆台为信。"公子又回复了十娘,十娘即指描金文具道:"可便抬去。"孙富喜甚,即将白银一千两,送到公子船中。

　　十娘亲自检看,足色足数,分毫无爽。乃手把船舷,以手招孙富。孙富一见,魂不附体。十娘启朱唇,开皓齿道:"方才箱子可暂发来,内有李郎路引一纸,可检还之也。"

　　孙富视十娘已为瓮中之鳖,即命家僮送那描金文具,安放船头之上。十娘取钥开锁,内皆抽替小箱。十娘叫公子抽第一层来看,只见翠羽明珰,瑶簪宝珥,充牣于中,约值数百金。十娘遽投之江中。李甲与孙富及两船之人,无不惊诧。又命公子再抽一箱,乃玉箫金管;又抽一箱,尽古玉紫金玩器,约值数千金。十娘尽投之于大江中。岸上之人,观者如堵。齐声道:"可惜,可惜!"正不知什么缘故。最后又抽一箱,箱中复有一匣。开匣视之,夜明之珠,约有盈把。其他祖母绿、猫儿眼,诸般异宝,目所未睹,莫能定其价之多少。众人齐声喝彩,喧声如雷。十娘又欲投之于江。李甲不觉大悔,抱持十娘恸哭,那孙富也来劝解。

　　十娘推开公子在一边,向孙富骂道:"我与李郎备尝艰苦,不是容易到此。汝以奸淫之意,巧为谗说,一旦破人姻缘,断人恩爱,乃我之仇人。我死而有知,必当诉之神明,尚妄想枕席之欢乎!"又对李甲道:"妾风尘数年,私有所积,本为终身之计。自遇郎君,山盟海誓,白首不渝。前出都之际,假托众姊妹相赠,箱中韫藏百宝,不下万金。将润色郎君之装,归见父母,或怜妾有心,收佐中馈,得终委托,生死无憾。谁知郎君相信不深,惑于浮议,中道见弃,负妾一片真心。今日当众目之前,开箱出视,使郎君知区区千金,未为难事。妾椟中有玉,恨郎眼内无珠。命之不辰,风尘困瘁,甫得脱离,又遭弃捐。今众人各有耳目,共作证明,妾不负郎君,郎君自负妾耳!"

　　于是众人聚观者,无不流涕,都唾骂李公子负心薄幸。公子又羞又苦,且悔且泣,方欲向十娘谢罪。十娘抱持宝匣,向江心一跳。众人急呼捞救。但见云暗江心,波涛滚滚,杳无踪影。可惜一个如花似玉的名姬,一旦葬于江鱼之腹!

　　三魂渺渺归水府,七魄悠悠入冥途。

【注释】

　　①仲冬:仲冬也称中冬,指的是农历十一月。　②疏不间亲:出自西汉韩婴《韩诗外传》第三卷"卑不谋尊,疏不间亲",意思是关系疏远者不参与关系亲近者的事情。　③同袍:出自《诗经·秦风·无衣》:"岂曰无衣,与子同袍。王于兴师,修我戈矛,与子同仇。"后以同袍指代战友、兄弟或朋友。　④衽席之爱:指男女情欲之事,亦作"衽席之好"。　⑤竖子:出自《史记·项羽本纪》,是对人表示轻蔑的称呼。

阅读文献

1. 冯梦龙《三言》,北京:大众文艺出版社,2008年。
2. 凌濛初《二拍》,北京:大众文艺出版社,2008年。
3. 瞿佑《剪灯新话》,上海:上海古籍出版社,1981年。

思考题

1. 作品中的杜十娘拥有怎样的性格特点?体现在哪些方面?
2. "百宝箱"在作品中一共出现了几次?这一道具在文中起到了什么作用?
3. 杜十娘最终抱百宝箱沉入江底的悲剧结局揭示了怎样的深层次内涵?

(赵霞　选编)

第二编 思辨求索

文艺理论概述

实践是理论的出发点和归宿点，对理论起决定作用；同时，"没有革命的理论就不会有革命的运动"（列宁），理论对实践具有能动作用，包括文艺创作在内的人类的一切实践活动，都离不开理论的指导。因此，无论是创作还是欣赏文艺作品，都应该具备一定的文艺理论素养。

文艺理论以一切文艺现象与文艺活动为研究对象，是关于文艺的本质与属性、价值与功用、创作与鉴赏规律的一门科学，其目的是发现并建立关于文艺的基本概念与范畴、特征与规律、原理与方法。文艺理论具有以下几方面的特征：首先，思辨性。理论本身首先是抽象的，思辨性是一切理论共有的形式特征。其次，科学性。理论只有是科学的才能指导实践并接受实践的检验。文艺理论的科学性表现在其具有严谨的知识系统、概念范畴与研究方法，所有这些，都能够经得起文艺创作与批评实践的检验。第三，实践性。一切理论都来源于实践，同时也要经得起实践的检验。文艺理论不是空穴来风，它来源于文艺活动的实践，先有文艺实践活动，才会有文艺理论的概括。因而，文艺理论的研究与学习不能闭门造车，一定要与当下的文艺实践结合在一起。第四，历史性。任何一种理论都不是封闭的，它的发展都经历了一个动态化的历时性过程。因此，理论本身是不断发展变化着的，决不能僵化地对待。文艺理论是开放的，总处在一个变化发展的过程中，没有一成不变的、放之四海而皆准的理论存在。因此，文艺理论一定会随着社会与文艺实践的发展而变化，决不能以教条主义的方式来对待。

无论是中国还是西方，最早的文艺理论都被称为"诗学"。造成这种现象的原因是古代的文艺是诗、乐、舞三位一体的，故关于"诗"的理论与关于"乐""舞"的理论是融合在一起的。随着社会的发展,才逐渐分化成文学理论、音乐理论与舞蹈理论。我国古人在长期的文艺创作和欣赏的实践中,从理论的高度,以独特的视角,探讨各种文艺活动,形成了具有民族特色的文艺理论体系。它的发展,大致经历了以下几个时期。(1)先秦两汉时期,这是古代文艺理论的酝酿与奠基时期。在这一时期,对后世影响最大的是儒家和道家。儒家以"诗教"为核心,强调文艺与政治、道德的关系,重视文艺的教育功能,奠定了后世文以载道的文艺观;道家以"自然""无为"为出发点,特别重视文艺的超功利属性,重视文艺的审美功能,确立了后世审美主义的文艺观。汉代罢黜百家、独尊儒术,经学占据了当时的学术主潮,此时基本上继承了先秦儒家的文艺观。(2)魏晋南北朝时期,它标志着古代文艺观的成熟。汉末虽然社会动荡,但却是"最富有艺术精神的一个时代"(宗白华《美学散步》),文学摆脱经学的束缚,获得了自由的发展空间,文人开始从纯艺术的角度重新审视文艺的作用,特别重视文艺的审美价值。伴随着"文学的自觉",出现了诸如曹丕的《典论·论文》、陆机的《文赋》、刘勰的《文心雕龙》、钟嵘的《诗品》等一大批系统探讨文艺的独立价值的理论著作。(3)唐宋时期,这时的文论思想主要是对以前理论作进一步的深化与拓展。这一时期的文艺思想大致分为两个不同的方向:一是继续沿着魏晋时期纯文艺的路子发展,对文艺的审美特质做进一步的细说,如王昌龄的《诗格》、皎然的《诗式》、司空图的《二十四诗品》等;另一个是提倡复古,以儒家的政教为核心,发展了先秦两汉儒家的诗教观,代表性的作家作品有韩愈的《答李翊书》、白居易的《与元九书》等。(4)明清时期,这是古代文艺理论的总结时期。许多理论家总结前人之说,对原有的理论做了比较全面的概括与总结,并提出了一些较为新颖的观点。如李贽提出了"童心说"、王国维系统论述了"境界说"等。

学界普遍认为,西方的文艺理论大致可分为古代文论、近代文论、现代文论和后现代文论四个历史阶段。(1)古代文论时期(约前6—18世纪)从古希腊文论一直延续到新古典主义文论,其间还包括罗马古典主义文论、中世纪基督教神学文论、文艺复兴文论。古希腊文论是西方文艺理论的源头,代表人物有柏拉图、亚里士多德等,亚里士多德的《诗学》是其中的代表作;罗马古典主义文论代表作家作品有贺拉斯的《诗艺》、朗吉努斯的

《论崇高》等；中世纪基督教神学文论（约5—15世纪）代表人物有圣·奥古斯丁、托马斯·阿奎那等；文艺复兴时期（约14—16世纪）的代表人物是但丁和塞万提斯；新古典主义（约17世纪）的代表人物是布瓦洛，其代表作是《诗的艺术》。（2）近代文论（18—20世纪）分为18世纪的启蒙主义文论（代表作家作品有莱辛《拉奥孔》、维柯《新科学》等）、德国古典主义文论（代表作品有康德《判断力批判》、黑格尔《美学》）、19世纪的浪漫主义文论（代表人物有诗人华兹华斯、海涅、雪莱等）、现实主义文论（代表人物有巴尔扎克、福楼拜、别林斯基、托尔斯泰等）、自然主义文论（代表人物有左拉等），等等。（3）现代文论主要指19世纪中期以后、20世纪60年代之前的文论，主要流派有象征主义与意象派诗论（代表人物有爱伦·坡等）、俄国形式主义（代表人物有雅各布森等）、现象学与存在主义文论（代表人物有海德格尔等）、英美"新批评"（代表人物有艾略特等）。（4）后现代文论（20世纪60年代以后）主要有西方马克思主义文论（代表人物有法兰克福学派）、结构主义文论（代表人物有德里达等）等流派。

（刘延福　编撰）

第一讲 情志感兴

毛诗序

名句

变风发乎情，止乎礼义。

导读

对诗歌的本质特征的认识，中国古代有"诗言志"和"诗缘情"的传统。《左传·襄公二十七年》中有"《诗》以言志"的说法，《尚书·尧典》中记舜的话说："诗言志，歌永言，声依永，律和声。"《庄子·天下篇》说："诗以道志。"《荀子·儒效》云："《诗》言是其志也。"《毛诗序》把"诗言志"的观念推进了一大步：首先，明确了"诗"与"志"的关系，认为"志"用语言表达出来就是诗；其次，认为诗是"志"与"情"的统一："情"受到感发就会用"言"表达，表达不足就进一步嗟叹、咏歌、手舞足蹈。这样，"诗言志"的传统就被赋予了"情"与"志"统一的明确内涵，"志"不仅仅是"志向""怀抱"，而发展成了"情志"。后世"诗缘情"的观点是在此基础上的进一步延伸与发展。此外，《毛诗序》中还将儒家以政教为中心的诗教、乐教的观念做了理论化的概括，进一步巩固与发展了儒家的诗教观，在中国诗歌理论史上具有特殊的意义。

◎ "诗言志"：朱自清先生认为"诗言志"是我国诗论"开山的纲领"（《诗言志辨》）。关于其含义，从《左传》到《尚书·尧典》《荀子·儒效》《毛诗序》都有过论述，由于其内涵十分丰富，各人的理解也不尽相同。"诗言志"主要是指诗歌等文艺作品应当表达人们的志向与愿望，但"志"里面也隐含着"情"的内容，是"情"与"志"的统一体，后来衍生出"诗缘情"的观点。

作品简介

《诗经》是中国文学史上第一部诗歌总集，后来的解经者曾对其做了大量的解读与阐释，"毛诗"即是其阐释之一，其作者

◎四家诗：指汉代传习《诗经》的"鲁诗""齐诗""韩诗"三家诗和"毛诗"的合称。鲁诗出于鲁人申培；齐诗出于齐人辕固；韩诗出于燕人韩婴；毛诗则由其传授者毛公而得名。前三家是今文学家，魏晋以后，先后亡佚。毛诗虽晚出，但却是古文诗学，盛行于东汉。魏晋以后直到现在，通行的《诗经》即为毛诗。

◎风、雅、颂：我国第一部诗歌总集《诗经》中的三个部分的名称。风又称国风，是不同地区的地方音乐，大部分是民歌，共160篇。雅是周王朝直辖地区的音乐，分《大雅》与《小雅》，共105篇。颂是宗庙祭祀的舞曲歌辞，共40篇。

◎风教：最早提出这一说法的是《毛诗序》，这是中国古代关于诗歌社会作用的一种说法。风教是通过诗歌像风一样潜移默化感动、感化人而实现的。它反映了封建时代对于文艺的功利主义要求。

◎诗、乐、舞三位一体：在文学产生的初始阶段，诗歌、音乐、舞蹈是结合在一起的，这是中国上古时期文化的一个重要特征。

---笔记---

为鲁人毛亨（大毛公）、赵人毛苌（小毛公）。关于《毛诗序》的作者，这是自汉代以来一直聚讼纷纭的一段公案，历来观点不一。一说为孔丘弟子子夏所作，一说为汉人卫宏所作。《毛诗序》分为大序和小序。大序是在首篇周南《关雎》题解之后所作的全部《诗经》的序言，小序是指传自汉初的《毛诗》三百零五篇中每篇的题解。这里所说的《毛诗序》即指大序。

课文

《关雎》，后妃之德也①，风之始也，所以风②天下而正夫妇也。故用之乡人焉，用之邦国焉。风，风也，教也；风以动之，教以化之。

诗者，志之所之也，在心为志，发言为诗。情动于中而形于言，言之不足故嗟叹之，嗟叹之不足故咏歌之，咏歌之不足，不知手之舞之，足之蹈之也。

情发于声，声成文谓之音。治世之音安以乐，其政和；乱世之音怨以怒，其政乖；亡国之音哀以思，其民困。故正得失，动天地，感鬼神，莫近于诗。先王以是经夫妇，成孝敬，厚人伦，美教化，移风俗。

故诗有六义焉：一曰风，二曰赋，三曰比，四曰兴，五曰雅，六曰颂。上以风化下，下以风刺上，主文而谲谏③，言之者无罪，闻之者足以戒，故曰风。至于王道衰，礼义废，政教失，国异政，家殊俗，而变风变雅④作矣。国史明乎得失之迹，伤人伦之废，哀刑政之苛，吟咏情性，以风其上，达于事变而怀其旧俗也。故变风发乎情，止乎礼义。发乎情，民之性也；止乎礼义，先王之泽也。是以一国之事，系一人之本，谓之风；言天下之事，形四方之风，谓之雅。雅者，正也，言王政之所由废兴也。政有大小，故有小雅焉，有大雅焉。颂者，美盛德之形容，以其成功告于神明者也。是谓四始，诗之至也。

然则《关雎》《麟趾》之化，王者之风，故系之周公。南⑤，言化自北而南也。《鹊巢》《驺虞》之德，诸侯之风也，先王之所以教，故系之召公。《周南》《召南》，正始之道，王化之基。是以《关雎》乐得淑女，以配君子，忧在进贤，不淫其色；哀窈窕，思贤才，而无伤善之心焉。是《关雎》之义也。

【注释】

①后妃之德：后妃，指天子之妻，一说指周文王妃太姒。这里是说《关雎》是称颂后妃美德的。　②风：读去声，用作动词，指教化。　③主文而谲谏：这里指《诗经》讽谏的时候注重文辞的委婉，不直言过失，婉言规劝。　④变风变雅：变，指时世由盛变衰。变风变雅指西周中衰以后的作品。　⑤南：《毛诗正义》说："言此文王之化自北土而行于南方故也。"

译文

《关雎》，是讲后妃美德的诗，是《诗经》国风的第一篇，君王用它来教化天下而矫正夫妇之间的伦理关系。所以可以用以教化乡村百姓，也可以用以教化诸侯邦国。风，就是讽喻，教化；用讽喻来感动、教化人们。

诗，是人用来表现志向的，在心里叫志向，用语言表达出来就是诗。情感在心里激荡就会表达为语言，语言不足以表达，就会吁嗟叹息来继续它，吁嗟叹息还不尽情，就会长声歌咏，长声歌咏仍不满足，就会情不自禁地手舞足蹈。

情感表现为声音，声音组成宫、商、角、徵、羽的调子，就是音乐。太平时代的音乐平和而欢乐，它的政治就平和通畅；动乱之世的音乐怨恨而愤怒，它的政治就乖戾残暴；亡国之时的音乐悲伤而忧思，其国民就困顿。所以矫正政治的过失，感动天地和鬼神，没有超过诗歌的。古代的君王正是以诗歌来矫正夫妻之道，培养孝敬，敦厚人伦，完善教化，移风易俗。

所以诗有六义：一叫"风"，二叫"赋"，三叫"比"，四叫"兴"，五叫"雅"，六叫"颂"。天子用"风"来教化平民百姓，平民百姓用"风"来讽喻天子诸侯，用深隐的文辞来作委婉的谏劝，这样写诗的人不会获罪，听诗的人足可以警戒，这就叫"风"。至于王道衰微，礼义废弛，政教败坏，诸侯各国各自为政，老百姓家风俗各异，于是"变风""变雅"的诗就产生了。国家的史官明白政治败坏的事实，感伤于人伦的废弛，哀痛刑政的残酷苛刻，于是吟咏自己的情感，用来讽喻君上，这是通达政事的变化而又怀念传统风俗的。所以"变风"是发于内心的情感，但并不超越礼义的规范。发于内心的情感是人的天性；不超越礼义，是先王教化的恩泽久远。因此，如果诗吟咏一个邦国的事，通过一个人的心意表现出来，就叫作"风"；反映天下的事，表现的是包括各国的风俗，就叫作"雅"。"雅"，是正的意思，说的是王朝政教兴衰的缘由。政事有小大之分，所以有的叫"小雅"，有的叫"大雅"。"颂"，就是赞美君王盛德，并将他的成功的事业禀告神灵的。（"风""小雅""大雅""颂"）这就是"四始"，是诗中最高的了。

既然如此，那么《关雎》《麟趾》的教化，原是周文王时的"风"，所以记在周公的名下。"南"的意思，是说教化是从北方到南方的。《鹊巢》《驺虞》的德行，本是邦国诸侯的"风"，先王用它来教化，所以就记在召公的名下。《周南》《召南》，是规范最初时的标准，是王道教化的基础。因此，《关雎》是赞美得到贤淑的女子，来匹配给君子的，忧虑的是如何进举贤才，并非贪恋女色；怜爱静雅的美女，思念贤良的人才，却没有伤风败俗的邪念。这就是《关雎》的要义。

---------- 阅读文献 ----------

1. 马瑞辰《毛事传笺通释》，北京：中华书局，1989年。
2. 朱自清《诗言志辨》，长沙：岳麓书社，2011年。
3. 郑伟《〈毛诗大序〉接受史研究：儒学文论进程与士大夫心灵变迁》，北京：人民出版社，2015年。

---------- 思考题 ----------

1. 如何理解《毛诗序》关于"诗言志"的观点？
2. 儒家传统的诗教观以政教为中心，你怎么看？
3. 如何理解《毛诗序》所说的文艺应该"发乎情，止乎礼义"的看法？

（周新凤　选编）

文心雕龙·物色

刘勰

名句

情以物迁，辞以情发。

导读

《文心雕龙》是中国文学理论批评史上第一部理论系统、结构严密、论述细致的文学理论专著，后人赞其为"体大而虑周"（章学诚《文史通义·诗话篇》）。该作品成书于501至502年（南朝齐和帝中兴元、二年）间。全书共10卷，50篇，分上、下部，各25篇，对文学的起源、体裁、风格、鉴赏、发展等一系列重大问题进行了系统论述。《物色》（即外物的声色）是《文心雕龙》的第四十六篇，探讨了文学与现实的关系（尤其是作家情感与自然景物的关系）问题，提出了"情以物迁，辞以情发"的重要观点。其中，第一自然段论述了自然景物对思想情志的影响，第二自然段论述了以自然景物为抒情对象的文学创作方法，第三自然段通过总结晋宋以来"文贵形似"的趋向，提出了一些较为详细的写作要求。《物色》将自然万物与人的情感相对应，并揭示了两者的必然联系，这是对中国传统文论中"物感说"的进一步发展，具有重要的意义。

作者简介

刘勰（约465—约520），字彦和，南朝梁代文学理论批评家。生于京口（今江苏镇江），祖籍东莞（今山东莒县东莞镇）。刘勰出身于没落的官僚家庭，年幼早孤，因家贫未曾娶妻，长期在定林寺和沙门僧人住在一起。曾任步兵校尉、宫中通事舍人等职，颇有清名。后来奉梁武帝之命整理经藏，后出家，一年后去

◎文学活动四要素：美国学者M. H. 艾布拉姆斯在他的《镜与灯——浪漫主义文论及批评传统》一书中提出，文学活动由四个相关的要素构成，即世界、作者、作品和读者。文学作为一种话语活动，这四个要素不是彼此孤立或静止存在的，而是相互渗透、相互依存和相互作用的有机整体：世界是文学活动产生和存在的物质基础，更是文学作品再现或反映的对象；作者是文学创作的主体，生活在世界当中，把自己对世界的体验通过作品传达给读者；读者是文学接受的主体，通过阅读作品而与作者达成沟通；作品是整个文学活动的中介与核心。

◎物感说：或叫感物说。它从心与物（人与自然宇宙、社会现实、人生遭际）的审美关系入手，探讨诗歌（文学艺术）与自然界的关系，认为诗歌的发生是由于外在的"物"感动人的"心"，从而引发人的文学艺术创作冲动。

笔记

世。《文心雕龙》是其代表作。

课文

春秋代序，阴阳惨舒①，物色之动，心亦摇焉。盖阳气萌而玄驹②步，阴律凝而丹鸟羞③，微虫犹或入感，四时之动物深矣。若夫珪璋挺其惠心，英华秀其清气，物色相召，人谁获安？是以献岁发春，悦豫之情畅；滔滔孟夏，郁陶之心凝；天高气清，阴沉之志远；霰雪无垠，矜肃之虑深。岁有其物，物有其容；情以物迁，辞以情发。一叶且或迎意，虫声有足引心。况清风与明月同夜，白日与春林共朝哉！

是以诗人感物，联类不穷；流连万象之际，沉吟视听之区。写气图貌，既随物以宛转；属采附声，亦与心而徘徊。故"灼灼"状桃花之鲜，"依依"尽杨柳之貌，"杲杲"为出日之容，"瀌瀌"拟雨雪之状，"喈喈"逐黄鸟之声，"喓喓"学草虫之韵。"皎日""嘒星"，一言穷理；"参差""沃若"，两字穷形：并以少总多，情貌无遗矣。④虽复思经千载，将何易夺？及《离骚》代兴，触类而长，物貌难尽，故重沓舒状，于是"嵯峨"之类聚，"葳蕤"之群积矣。⑤及长卿之徒，诡势瑰声，模山范水，字必鱼贯，所谓诗人丽则而约言，辞人丽淫而繁句也。至如《雅》咏棠华，或黄或白；《骚》述秋兰，"绿叶""紫茎"；凡摘表五色，贵在时见，若青黄屡出，则繁而不珍。

自近代以来，文贵形似，窥情风景之上，钻貌草木之中。吟咏所发，志惟深远；体物为妙，功在密附。故巧言切状，如印之印泥，不加雕削，而曲写毫芥。故能瞻言而见貌，印字而知时也。然物有恒姿，而思无定检，或率尔造极，或精思愈疏。且《诗》《骚》所标，并据要害，故后进锐笔，怯于争锋。莫不因方以借巧，即势以会奇，善于适要，则虽旧弥新矣。是以四序纷回，而入兴贵闲；物色虽繁，而析辞尚简；使味飘飘而轻举，情晔晔而更新。古来辞人，异代接武，莫不参伍以相变，

◎模仿论：关于文艺与现实的关系，西方的传统观点是模仿论。古希腊的模仿论认为文艺是对现实世界的模仿，是现实世界的再现。后来这一观点进一步发展成现实主义和反映论。

因革以为功，物色尽而情有余者，晓会通也。若乃山林皋壤，实文思之奥府，略语则阙，详说则繁。然屈平所以能洞监《风》《骚》之情者，抑亦江山之助乎？

赞曰：山沓水匝，树杂云合。目既往还，心亦吐纳。春日迟迟，秋风飒飒。情往似赠，兴来如答。

【注释】

①阴阳惨舒：汉张衡《西京赋》："夫人在阳时则舒，在阴时则惨。"阴指秋冬二季，阳指春夏二季。意为秋冬忧戚，春夏舒快。　②玄驹：蚂蚁。　③丹鸟：螳螂。羞：吃。　④"灼灼""依依""杲杲""瀌瀌""喈喈""喓喓""皎日""嘒星""参差""沃若"：分别出自《诗经》的《周南·桃夭》《小雅·采薇》《卫风·伯兮》《小雅·角弓》《召南·葛覃》《召南·草虫》《王风·大车》《召南·小星》《周南·关雎》《卫风·氓》。　⑤"嵯峨""葳蕤"：分别出自《楚辞·招隐》《楚辞·七谏·初放》。

译文

春夏秋冬互相代替，阳和的天气使人感到舒畅，阴沉的天气使人感到凄凉，自然景物的变化，也会使人们的心情跟着动荡起来。冬至过后阳气萌生，黑蚁就开始活动，八月里阴气凝聚，螳螂就加紧吃蚊虫准备过冬。就是这些微小的昆虫还能感到气候的变化，可见四季影响外物是很深远的了。至于人，智慧的心灵比美玉更卓越，清爽的气质比花朵更清秀，对各种景物的感召，谁又能无动于衷呢？因此进入新的一年春气萌发，心情欢乐而舒畅；初夏阳气蓬勃，心情烦躁而不畅；秋天天高气爽，气象萧条，情思阴郁沉寂显得很深远；冬天大雪纷纷漫无边际，思虑严肃而深沉。一年四季景物各不相同，不同的景物具有不同的容貌声色，感情由于景物而发生变化，文辞由于感情而产生。一片树叶落下来尚能触动人的深思，昆虫鸣叫的声音也足以引起人们的情思，何况那清风明月的良夜，白日春林的早晨呢！

因此诗人对景物的感触，所引起的联想是无穷无尽的；在多种多样的景色中流连忘返，在视听的范围内吟味体察。描写天气和事物的形状，既要随着景物声色的变化而婉转起伏；绘写景物的色彩和临摹自然的声律，又要联系自己的心情而不断斟酌。所以用"灼灼"来形容桃花色彩的鲜艳，用"依依"来表尽杨柳轻柔的形状，用"杲杲"来描绘太阳出来时的容貌，用"瀌瀌"来比拟下大雪的样子，用"喈喈"来模仿黄鹂鸟的鸣叫，用"喓喓"来学草虫的叫声。"皎日""嘒星",一个"皎"字和"嘒"字,就把太阳的明亮和星光的微小形容穷尽了;"参差""沃若",两个字将事物(把不整齐的荇菜与润泽的桑叶)刻画出来:这都是用少数字来总括复杂的形状,把情思和形状毫无遗漏地描写出来了。虽是经过千百年的推敲琢磨,也难以用其他的字来代替。到《离骚》取代《诗经》而兴起,触类旁通而加以引申,事物的形貌难于充分表现出来,所以便用重叠的词来形容不同的形状,因此"嵯峨"这一类的词语聚集起来,"葳蕤"这类的词群便连接起来。到了司马相如这些人手里,讲究奇异的形式,瑰奇的声容,刻画山水的形貌,用的形容词像游鱼般连接着。这就叫诗人言辞简约,清丽而合乎法度;辞词作品辞句繁缛,过分华丽。至于如像《小雅》的吟咏李花,"有的黄来有的白";《楚辞》歌咏秋兰,"绿色的叶,紫色的茎";一切色彩的描写,可贵之处在于能够及时地看到,倘若青色和黄色杂乱地出现,便繁杂而不珍贵了。

自从晋、宋以来,作品重在形似,从风景里观察它的情态,从草木里钻研它的形状。歌诗的发生,情志意在深远;描写事物巧妙,功夫在于紧密贴切。所以精巧的语言切近事物的情状,就如在泥上盖印章一样,不需雕琢,却详尽地把极细微处都写了出来。因此看到这些语言就像看到了事物的容貌一样,看到这些辞句就知道时令的变化。然而景物都有它恒定的姿态形状,而思想却没有一定的框子。有的人不经意间就达到了极高的境界,有的人用尽心思反而越来越远。而且《诗经》《楚辞》中句子,都能抓住景物的要害,因此后来才思敏捷的文笔,都怯于和它们较量。没有不是凭着成规,借用前人的技巧,依循发展的趋势,创作新奇的作品,只要善于适应主要的变化,那么虽然借用成规也是可以写得更新鲜的。因此,虽然四季变化纷繁,而引起诗人的兴味却重在气定神闲;景物的声色虽然十分繁复,而用词却重在简练;驱使兴味飘飘荡荡轻轻地升举,情思鲜明而清晰。从古以来的作家,时代不同先后相接相承,没有不错综复杂地追求变化,继承、革新地收到效果。景物描写做到穷尽其形,情思却无穷无尽,就是因为懂得继承前人而又能够再求变通的道理。至于山水原野,实在是文思的无穷宝库,用词简略就会乏味,用词详尽又显得烦冗。那屈原之所以能够洞察《国风》和《骚》体诗歌的情态,也还是靠江山的帮助吧?

总结说：层峦叠嶂，流水婉转，树木交映，云气聚集。目光既然反复观察，内心就会摇荡而要倾吐。春日阳光舒畅柔和，秋日西风萧飒愁人。感情饱满观察景物，像是投赠；诗兴大发有所倾吐，像是酬答。

阅读文献

1. 周振甫《文心雕龙今译》，北京：中华书局，1986年。
2. 詹锳《文心雕龙义证》，上海：上海古籍出版社，1989年。
3. 〔美〕M. H. 艾布拉姆斯著，郦稚牛等译《镜与灯：浪漫主义文论及批评传统》，北京：北京大学出版社，1989年。

思考题

1. 文学艺术与宇宙自然有着怎样的关系？
2. 刘勰认为怎样才能较好地描写自然景物？
3. 文中提到当时出现了"文贵形似"的趋向，你是如何看待这一现象的？

（刘延福　选编）

第二讲 知言养气

知言养气章（节录）

孟子

名句

> 我知言，我善养吾浩然之气。

导读

《孟子》，"四书"之一，主要是记录孟子思想的著作，成书于战国中后期。关于此书，司马迁、赵岐、朱熹等认为是孟子自著，韩愈、苏辙、晁公武等认为是孟子弟子万章、公孙丑等所追记。该书详细记载了孟子的思想、言论、事迹。注本有东汉赵岐《孟子章句》、南宋朱熹《孟子集注》、清代焦循《孟子正义》等。《孟子》属于语录体散文集，是孟子言论的汇编。《汉书·艺文志》集录《孟子》十一篇，现存七篇十四卷。

《知言养气章》出自《孟子·公孙丑上》。《孟子·公孙丑上》共9章，大体可分为仁政和道德修养两部分内容。《知言养气章》主要论述的是孟子道德修养的功夫，培养"浩然之气"的方法，还有"知言养气"说。孟子论述了"志—心—气"三者之间的关系，以拔苗助长的典故进行了说明。孟子的"知言养气"说被后世广泛引用，形成了中国文论史上以气论文的传统，对文学创作与文学批评都产生了巨大的影响。

作者简介

孟子（约前372—前289），名轲，战国时期邹国（今山东邹城东南部）人，是伟大的思想家、教育家和儒家学派的代表人物。关于孟子，相传他是鲁国贵族孟孙氏的后裔，幼年丧父，家境贫困，曾受业于孔子的孙子子思。孟子一生长期过着私人讲学的生活。中年以后，他怀着政治抱负周游列国。孟子承继孔子的"仁学"衣钵，成为一代儒学大师，与孔子并称"孔孟"。元朝追封孟子为"亚圣公"，尊称"亚圣"。

课文

公孙丑问曰："夫子加齐之卿相，得行道焉，虽由此霸王，不异矣。如此，则动心否乎？"

孟子曰："否。我四十不动心。"

曰："若是，则夫子过孟贲①远矣？"

曰："是不难，告子②先我不动心。"

曰："不动心有道乎？"

曰："有。北宫黝之养勇也：不肤挠，不目逃；思以一豪挫于人，若挞之于市朝；不受于褐宽博③，亦不受于万乘之君；视刺万乘之君，若刺褐夫；无严诸侯，恶声至，必反之。孟施舍之所养勇也，曰：'视不胜犹胜也；量敌而后进，虑胜而后会④，是畏三军者也。舍岂能为必胜哉？能无惧而已矣。'孟施舍似曾子，北宫黝似子夏。夫二子之勇，未知其孰贤，然而孟施舍守约也。昔者曾子谓子襄曰：'子好勇乎？吾尝闻大勇于夫子矣：自反而不缩，虽褐宽博，吾不惴焉。自反而缩，虽千万人，吾往矣。'孟施舍之守气，又不如曾子之守约也。"

曰："敢问夫子之不动心，与告子之不动心，可得闻与？"

"告子曰：'不得于言，勿求于心；不得于心，勿求于气。'不得于心，勿求于气，可；不得于言，勿求于心，不可。夫志，气之帅也；气，体之充也。夫志至焉，气次焉。故曰：'持其志，无暴其气。'"

"既曰'志至焉，气次焉'，又曰'持其志，无暴其气'，何也？"

曰："志壹则动气，气壹则动志也。今有蹶者趋者，是气也，而反动其心。"

"敢问夫子恶乎长？"

◎曾子：即曾参（前505—前435），名参，字子舆，鲁国南武城（今山东嘉祥）人。孔子弟子。十六岁拜孔子为师，勤奋好学，敢作敢为，诚实守信，为人三思而后行。一生践行孔子的儒学主张，其思想上承孔子之道，下开思孟学派，在儒学乃至中国文化发展中影响巨大。编著《论语》《大学》《孝经》《曾子》，被后世奉为"宗圣"。

◎子夏（前507—前420）：姓卜，名商，字子夏，春秋时晋国温（今河南温县）人。孔子弟子，"孔门十哲"之一，"七十二贤"之一。少时家贫，勤学苦练，后入仕，曾为鲁国太宰。子夏为学时，常得孔子赞许；孔子去世后，子夏至魏国西河讲学，《史记·儒林列传》载："如田子方、段干木、吴起、禽滑厘之属，皆受业于子夏之伦。"连魏文侯都"问乐于子夏"，尊他为师，这就是有名的"西河设教"。

◎ 知言：指辨别言论的能力。孔子曰："不知言，无以知人也。"（《论语》）通过对文的了解达到对人的品质的了解。孟子认为可以辨别言辞的蒙蔽、沉溺、叛离、理屈词穷。对语言的要求，孟子又有"言无实不祥"（《孟子·离娄下》）、"充实之谓美"（《孟子·尽心下》）的说法，与孟子的"知言养气"密切相关。

◎ 养气：孟子的养气主要强调的是人的道德修养，也就是内在品德的充实之美。"养气"需要"配义与道"，长期修养锻炼，以至"至大至刚"之境。《孟子·滕文公下》："富贵不能淫，贫贱不能移，威武不能屈，此之谓大丈夫。"孟子虽然没有明确指出"知言"与"养气"的关系，但仔细阅读文章，还是能感知"知言"根植于"养气"。孟子的"知言养气说"对后世的影响是巨大的。

曰："我知言，我善养吾浩然之气。"

"敢问何谓浩然之气？"

曰："难言也。其为气也，至大至刚，以直养而无害，则塞于天地之间。其为气也，配义与道；无是，馁也。是集义所生者，非义袭⑤而取之也。行有不慊于心，则馁矣。我故曰，告子未尝知义，以其外之也。必有事焉，而勿正；心勿忘，勿助长也。无若宋人然：宋人有闵其苗之不长而揠之者，芒芒然归，谓其人曰：'今日病矣！予助苗长矣！'其子趋而往视之，苗则槁矣。天下之不助苗长者寡矣。以为无益而舍之者，不耘苗者也；助之长者，揠苗者也，非徒无益，而又害之。"

"何谓知言？"

曰："诐辞知其所蔽，淫辞知其所陷，邪辞知其所离，遁辞知其所穷⑥。生于其心，害于其政；发于其政，害于其事。圣人复起，必从吾言矣。"

【注释】

①孟贲：一作孟说，战国时期著名勇士。《史记·秦本纪》记载："武王有力好战，力士任鄙、乌获、孟说皆至大官，王与孟说举鼎绝膑死，族孟说。"《东周列国志》中也有关于孟贲的事迹。 ②告子：战国时人，名不害，与孟子同时代，但年长于孟子，曾受教于墨子。 ③褐宽博：指卑贱者。褐，粗布衣服；宽博，宽大的衣服。褐、宽博，都是卑贱者的衣服。 ④会：交战。 ⑤义袭：指义偶然从外进入内心。袭，偷袭。 ⑥遁词：指敷衍搪塞而不敢正面回应的言论。遁，逃走。以上四句，"诐""淫""邪""遁"均是表现于言词中的弊病，"所蔽""所陷""所离""所穷"，从思想认识方面揭示出根源。

译文

公孙丑问（孟子）说："如果让您担任齐国的卿相，就能够实现您的主张了，那么因此而建立霸者王业，也就不必感到奇怪了。如果这样，您会不会动心呢？"

孟子回答说："不会。我四十岁起就不动心了。"

公孙丑说："如果这样，那老师您就远远超过古代勇士孟贲了。"

孟子说："做到这点并不困难，告子在我之前就已经做到不动心了。"

公孙丑问："做到不动心，有什么方法吗？"

孟子说："有。北宫黝这样培养勇气：肌肤被刺不退缩，眼睛被刺不转睛；但在他人面前受了一点小委屈，就觉得如在大庭广众之下被鞭打一样；既不受百姓的羞辱，也不受国君的羞辱；把行刺国君，视为行刺百姓一样；对诸侯毫不畏惧，听闻恶言，必然要回击。孟施舍培养勇气方法是：'将不能取胜视为能够取胜；估量了敌人的势力相当后才前进，考虑到能够胜利才去战斗，这是畏惧敌人的做法。我哪里能够做到必胜呢？只是无所畏惧罢了。'（培养勇气）孟施舍就像曾子，北宫黝就像子夏。这两个人的勇气，不知道谁更强，但孟施舍抓住了要领。从前曾子曾经对子襄说：'你喜欢勇敢吗？我曾在孔子那里听说关于大勇的道理：反省自己而觉得理亏，即使普通百姓也不去恐吓。自我反省而觉得有理，纵然面对千万人，也会勇往直前。'孟施舍对勇气的坚守，不如曾子对要领的把握。"

公孙丑说："请问您能说给我听听，您的不动心和告子的不动心吗？"

（孟子）"告子说：'在言语上不理解，就不要去寻求于心；在心里不理解，就不要寻求于气。'在心里不得，就不要求助于意气，是可以的；在言语上有所不了解，心理不寻求道理，是不可以的。心志是意气是主体，意气则充满着人的身体。心志所到之处，意气紧随之就到哪里。所以说：'要把握心志，不要随意妄动意气。'"

（公孙丑问）"既然说'心志所到之处，意气紧跟就到哪里'，为什么又说'要把握心志，就不要动气'呢？"

（孟子说）"心志专一则能调动意气，意气专一也能调动心志。比如跌倒、奔跑，是意气的结果，也反过来影响他的心志。"

（公孙丑）"请问，老师您擅长什么？"

（孟子）说："我能识别各种言论，善于培养我的浩然之气。"

（公孙丑）"请问什么叫浩然之气呢？"

（孟子）说："这个难以说清楚啊。作为一种气，它至大至刚，靠正直去培养而不去伤害它，那么它就会充塞于天地之间。作为一种气，它需要义和道的配合；如果没有，它就会萎缩。气是不断积累义而产生的，不是偶然通过义的举动而取得的。行为如果有愧于内心，那么气就会萎缩。所以我说，告子并不懂得义的含义，他将义视为外在的东西。（浩然之气）一定要培养它，而不能停止；心里不能忘记它，也不要助长它。不要像宋国人那样：宋国有个担心他的禾苗不长而拔苗助长它的人，昏昏沉沉回到家中告诉家人：'今天累极了，我帮助禾苗长高啦。'他的儿子跑去田地里察看，禾苗都已经枯死了。天下不助禾苗长高的人是很少的。认为没有益处就放弃的人，是不耕耘禾苗的人；而帮助它生长的人，就是拔苗助长，非但没有益处，反而还害了它。"

（公孙丑）"什么叫知晓各种言论呢？"

（孟子）说："偏颇的言论知道它片面的地方，过激的言论知道它陷入错误的地方，邪曲的言辞知道它背离的地方，躲闪的言辞知道它理屈词穷的地方。这些言论从内心产生，危害政治；从政治中表现出来，对各种事业会造成危害。圣人如果再次出现，一定会赞同我的言论的。"

阅读文献

1. 王常则译注《孟子》，太原：山西古籍出版社，2003年。
2. 万丽华、蓝旭译注《孟子》，北京：中华书局，2006年。
3. 鲁国尧、马智强《〈孟子〉注评》，南京：凤凰出版社，2006年。

思考题

1. 孟子"不动心"的含义以及对后世的影响？
2. "知言养气"说的内涵？
3. 结合所学知识，请你谈谈孟子的"气"论对后世的影响？

（孙小光　选编）

青年作家应有的修养
——在全国青年文学创作者会议上的发言（节选）
老舍

名句

> 深入生活好比挖井，虽然直径不大，可是能够穿透许多层土壤。

导读

1956年3月15日至30日，第一次全国青年文学创作者会议在北京召开，其目的是"迎接即将到来的文化建设高潮，繁荣创作，鼓励创作，积极培养青年作家，扩大创作队伍，反对限制和排斥青年从事业余创作的宗派主义态度和粗暴作风"。为筹备此次会议，中国作协、中华全国总工会等单位共同组成了以老舍为主任、刘白

笔记

◎1956年3月15日至30日，第一次全国青年文学创作者会议在北京召开。国务院总理周恩来代表中央讲话，刘白羽致开幕词，团中央书记胡耀邦做了报告，老舍、周扬、茅盾等在会上做了专题报告。

羽为副主任、公木为秘书长的筹备委员会。本篇是老舍在全国青年文学创作会上的报告。1956年3月16日发表于《中国青年报》，4月8日《文艺学习》第4期转载。选文从四个方面论述了青年作家的修养，即（一）勤学苦练，始终不懈；（二）多学多练，逐步提高；（三）深入生活，了解全面；（四）提高思想，注意理论。

作者简介

老舍（1899—1966），本名舒庆春，字舍予，老舍是他的笔名，另有笔名絜青、鸿来、非我等。生于北京，满族正红旗，现代著名作家。1951年，被授予"人民艺术家"称号。"文革"初期被迫害而弃世。其著述颇丰，代表作有《骆驼祥子》《四世同堂》《月牙儿》《柳家大院》《龙须沟》《茶馆》等。作品多取材市民生活，具有浓郁的"京味"，为中国现代文学开拓了重要的题材领域，其作品已被译为20多种文字，获得了广泛的声誉。

课文

我从事文艺写作已有三十年。不管成就如何，我的确知道些作家的甘苦。经验告诉我，文艺创作的确是极其艰苦的工作。好吧，就让我们以此为题，开始我们的报告吧：

一、勤学苦练，始终不懈

文艺创作也和别种工作一样，是要全力以赴，干一辈子的，活到老学到老的。不过，致力于别种工作的也许学到了一定年限，就能掌握技术，成为专家；从事文艺创作的可不一定能够这样顺利。文艺创作并没有一成不变的方法。作家的生活又各有不同。这就使《小说作法》和《话剧入门》等等往往不起作用，使阅读它们的人大失所望。它们也许精辟地说明了何谓结构，什么叫风格，但是它们无法使人明白什么叫创造，怎么创造，和认识人生。作家必须自己去深入生活，去认识人们的精神面貌，从而创造出有血有肉有灵魂的人物来。作家必须读书，但是他还必须苦读那本未曾编辑过的活书——人生。他所要描绘的对象是人，他所要教育的对象也是人，所以他一旦成功，才被称为人类灵魂的工程师。这样的工程师的学习过程与创作过程一定非常艰苦

◎《小说作法》：世界书局1932年出版的图书，作者汪佩之。分为绪论、体裁、原理、作法、余论等五个部分，介绍了小说的性质、目的、产生与发展过程，并介绍了小说创作的技巧问题。

是可想而知的。那么,假若有人以写作为敲门砖,以期轻而易举,名利双收,那就只是实践资产阶级的思想,与人民的文艺创作事业必然风马牛不相及。

在这里,我们必须强调:从事文艺创作必须勤学苦练,始终不懈。同时,我们也必须尖锐地指出:骄傲自满就是勤学苦练、始终不懈的死敌。一本书(或即使只是一篇短文)的作者已经有了很好的工作开端,为什么把开端变作结束呢?当然,一本真正优秀的作品的确是个有价值的贡献,尽管一生只写过这么一本,功绩也无可抹杀。但是,作家自己却不该因此而抱定"一本书主义",沾沾自喜。古今许多伟大的作家是著作等身,死而后已的。他们不止喜爱文艺,而是拿创作当作一种神圣的使命,终身的事业。所以我们也该向他们看齐,写了一篇好作品,就该更严格地要求自己,再写,写得更好;不该适可而止,在已得到的荣誉里隐藏起自己来。

我们的笔是我们的武器。武器永远不该离手。我们必须经常练习。练习与发表是两回事。什么体裁都该练习,但不必篇篇发表。保持这个态度,我们就会避免粗制滥造,又足以养成良好的劳动纪律。我们的劳动纪律既要严格,发表作品的态度又要严肃。我想,这是我们每个作家应有的修养。这样坚持多少年,以至终生,我们是会有很好的成绩的:即使我们还不能成为伟大的作家,至少我们会作个勤劳端正的、具有社会主义道德品质的文艺战士。

我们必须勤学苦练,坚持不懈。我们必须戒骄戒躁,克服自满。我们的修养不仅在有渊博的文艺知识,它也包括端好的道德品质。我们坚决反对"文人无行"!

二、多学多练,逐步提高

上边举的例子说明一个事实:在写作技巧上,我们应当孜孜不息地学习。掌握的技巧越多种多样,我们的笔才越得心应手。我们不一定每个人都成为全能的作家,

◎一本书主义:"一本书"最早由丁玲提出,指一个作家必须写一部立得住、传得下去的书,要有一本足以支撑自己的书,不能光图作品数量而忽视其质量。这种说法被人故意扭曲和断章取义,上升到一本书主义的高度。这也成为丁玲被打成"右派"的罪证之一。

◎文人无行:语出明胡应麟《少室山房笔丛》:"文人无行,信乎?"主要指喜欢玩弄文字的人,品性往往不端正。又指文人作风。

◎孜孜不息:孜孜,同"孳孳",努力不懈的样子。语出范晔《后汉书·鲁丕传》:"性沈好学,孳孳不息。"形容工作勤奋,努力不懈。

作到"文武昆乱不挡"。但是各种体裁的练习是对我们很有益处的。诗的语言比散文的更精炼，更有创造性。那么，练习写诗必能有利于写散文。戏剧需要最精密的结构和精彩的对话；那么，练习编剧必有利于写小说。就是练习旧体诗词，也不无好处。习作不一定能成为作品，但为习作所花费的时间并非浪费。多学多练不会叫我们吃亏。

··········

我们下多少工夫，便得多少成绩。没练习过游泳的而忽然成为全国选手，只能是作梦。我们若是一开始就想写出一部《神曲》或《战争与和平》，一定会使自己失望。《神曲》差不多写了一辈子！多少成名的作家，到了老年还修改他最初写的作品，或把最初的作品从全集中删去。我们多活一天，便多积累一些知识、技巧、思想和生活经验。它们不能忽然一齐自天而降，使我们忽然豁然贯通，忽然一鸣惊人。"业精于勤"，始终不懈，逐步提高，才是可靠的办法。创作是极其艰苦的工作。一鸣惊人的幻想是来自不要付出多少代价，就那么轻而易举地享了大名的虚荣心。

··········

我们要求写出自己的风格来。这必须多写、多读。个人的风格，正如个人的生命，是逐渐成长起来的。在经常不断的劳动中，我们才有希望创出自己的风格来。一曝十寒，必不会作到得心应手。文艺作品不是泛泛的、人云亦云的叙述，而是以作家自己的特殊风格去歌颂或批评。没有个人的独特风格，便没有文艺作品所应有的光彩与力量。我们说的什么，可能别人也知道；我们怎么说，却一定是自己独有的。这独立不倚的说法便是风格。通过这风格，读者认识了作家，喜爱作家，看出作家处理人物与故事的艺术方法与严肃态度。

··········

这么说，我们应该学习的东西不是太多了么？的确是不少！要不然，作家为什么那么不容易作呢？想想看，哪一个伟大的作家不是学问渊博、积极劳动的人呢？伟大的鲁迅就是我们的光辉典范。

··········

◎文武昆乱不挡：一个有历史渊源的名词，现在指艺术较全面的演员。从乾隆五十五年（1790）到嘉庆八年（1803），四大徽班在北京的戏曲舞台上呈现出一边倒的压制性局面。各处演出场所均以徽班为主，而徽班素有兼收并蓄的传统，不断吸收昆曲、梆子等各种艺术资源的长处。这种能文戏又能武戏、能唱昆曲又能唱皮黄乱弹腔的演员，被叫作"文武昆乱不挡"。

◎《神曲》：意大利诗人但丁的长诗。写于1307年至1321年，通过该诗中作者与地狱、炼狱、天堂中的著名人物的对话，我们可以窥见文艺复兴时期人文主义的曙光。全诗分为《地狱》《炼狱》《天堂》三部分，谴责了教会的统治，但仍未摆脱基督教神学观点的桎梏。恩格斯评价但丁是"封建的中世纪的终结"和"现代资本主义纪元的开端"。

◎《战争与和平》：俄国作家列夫·托尔斯泰的经典著作。

◎业精于勤：语出唐韩愈《进学解》："业精于勤，荒于嬉；行成于思，毁于随。"大意就是学业上由于勤奋而精通，但它却能荒废在嬉笑玩耍中；事情由于反复思考而成功，但它却能毁灭于随随便便。

当然，我们没法子在很短的时间内能学会一切。我们应当按照个人所需制订计划，先学什么，后学什么，逐渐充实自己，稳步前进。若只满足于一技之长，满意于一篇作品的成就，"敝帚千金"这句老话便还是对我们的很恰当的讽刺！

三、深入生活，了解全面

在青年作家中，许多是在业余时间从事创作的。这似乎就有了问题。他们是不是应该及速转业，去专心进行写作呢？这个要求首先是由于在工作岗位上所见不多，所闻不广，不易丰富生活经验。我以为不该这样理解问题。事实证明：参加这次大会的代表们大多数是有工作岗位的业余作家。他们的作品内容多数是在他们的工作岗位上接触到的，吸收来的。他们一方面是各种工作岗位上很好的工作者，另一方面又在业余时间写出来作品。这说明：在工作岗位上的确能够深入那一单位的生活。而且这样的生活是比偶尔下乡三月或入厂半年更扎实可靠的。一位小学教师写儿童文学总比只到小学参观几次的作家写得好的可能更大些。他和儿童们生活在一起，去参观的作家只是走马观花。况且，我们今天是在建设社会主义，我们的工作岗位必然是社会主义建设的工作岗位。我们热情地工作，就必须遇到随时出现的矛盾与困难，随时参加斗争。这就是写作的好材料。

反之，我们若在发表了一两篇作品之后，即离弃工作岗位，去作职业作家，就不一定能够成功。离开工作岗位即是离开深入生活的据点。这已经是个损失。同时，我们去到生疏的地方，从新生活，困难既多，也旷费时日。假若我们东走走西看看，而无所得，便始而丧气，终于一事无成。这样，我们就既耽误了文艺创作，又半途而废地抛弃了社会主义建设的光荣任务，真是一举两失。作个写不出作品的有名无实的作家，是最痛苦的事！以我自己来说，我承认自己的劳动纪律相当强。可是，我写出什么好作品没有呢？没有！这时时使我心痛。一个职业作家是不容易作的！

◎敝帚千金：语出汉刘珍《东观汉记·光武帝纪》："城降，婴儿老母，口以万数，一旦放兵纵火，闻之可谓酸鼻。家有敝帚，享之千金。"敝：破旧；敝帚：破旧的扫帚。一把破扫帚，看成价值千金的宝贝。形容东西虽然不好，但由于是自己的，也就看得很珍贵。

深入生活好比挖井，虽然直径不大，可是能够穿透许多层土壤。在一个工作岗位上坚持工作的好处就是在一个地方钻探下去，正像打井，一直到发现了水源。这些源源而来的活水使我们终生享受不尽。在文学史上，许多有才能的作家总是写他亲手掘成的那口"井"，并不好高骛远地去写他们没见过的海与大洋。同时，我们在一个岗位上越久，我们接触到的这一部门的人物与事情也越多。假若我们能够全面地了解一个银行，或一个农业合作社，我们所接触到的该有多少人，多少事啊！因此，我们在一个固定的岗位上坚持下去，我们就会全面地去了解这一个单位的一切，就有用不完的写作资料。请细细考虑一下吧，是这么深入了解一个单位的全面生活好呢，还是今天到这里，明天到那里，浮光掠影地去体验生活好呢？

四、提高思想，注意理论

　　思想不是我们自己生活上的点缀，也不是我们作品中的点缀。学习一点就差不多了的想法是自欺欺人的。过去编写民间戏曲的有个"窍门"："戏不够，神仙凑。"公子落难实在无法救出来，便忽然来一阵仙风，把他救走。我们今天难道也还那么偷懒取巧么？即使我们利用的不是神仙，而是掌握原则的老干部也不行啊！可是，这个现象的确存在。看吧，颇有一些话剧，到正面人物一出来，观众们便戴上帽子了。观众们知道，老干部一出来，说几句有原则的话语，一切问题便都解决了。这样的点缀点缀一定算不了有思想性！马克思列宁主义思想是坚定我们自己，与敌人作斗争的武器！

　　上述的例子还可以说明：言行必须一致。我们应当怎么认识，怎么行动。革命思想的实践成为革命行动。没有这种实践，思想便只是点缀，而"戏不够"就须"干部凑"了。我们学习到的思想若是无补于我们的行动，那些思想便不能化为血液，贯串全身，使崇高的思想变为崇高的品质。这样，我们学习到的思想便永远是

◎戏不够，神仙凑：过去民间戏曲常用的艺术创作手法。

点缀，无益于我们自己，也无益于我们的作品。反之，思想由实践而表现到行动上去，我们才能有高度的政治热情，的确以追求真理，传播真理为己任，才能创造出具有高度思想性的作品。我们应该是拥护真理，从斗争中寻求真理的百折不挠的战士，以文艺作品鼓动人民的革命斗争热情，而不是为个人的名利，仗着一些技巧，写些可有可无的东西。我们在日常行动上若是敌我分清，有憎有爱，我们才能写出划清敌我界限，明辨是非的作品。

今天，社会主义现实主义的文艺理论，给一切进步作家指出明确的方向与创作方法。在这理论的指导与鼓舞下，全世界爱好和平的人民看到了一种新兴文艺，使他们看到社会主义建设的新英雄人物，与倡导保卫世界和平、争取人类平等自由的诗歌与其他作品。这些作品给全世界爱好和平的人民指出并证实：社会主义的确是人类的良心。在这种理论指导下，连文艺体裁也须焕然一新。我们今天的抒情诗、讽刺剧与传记等体裁，都须有别于古典的写法。这使我们多么兴奋啊！我们须创造新的形式与新的技巧，前无古人。我们向古典文艺学习的是如何深入生活，洞察世态，是热爱人民，热爱祖国，大胆地揭发丑恶，热情地歌颂光明。至于形式，因为我们有了社会主义的内容就不便机械地因循摹仿。我们继承民族传统，不是因袭，而是使它发展。

◎社会主义现实主义：是1932年至1934年苏联文艺界在关于创作方法问题的讨论过程中提出的。是文学艺术的创作方法之一。要求艺术家从现实的革命出发来具体地描写现实，必须与用社会主义精神从思想上改造和教育劳动人民的任务相结合。社会主义现实主义文学形成于俄国1905年革命之后，以高尔基的《母亲》《敌人》为开端。

------- 笔记 -------

―――――― 阅读文献 ――――――

1. 老舍《老舍全集》，北京：人民文学出版社，2013年。
2. 舒济《老舍文学词典》，北京：北京十月文艺出版社，2000年。

―――――― 思考题 ――――――

1. 青年作家的修养主要包括哪几个方面？
2. 如何看待"文人无行"的说法？
3. 社会主义现实主义的内涵是什么？

（孙小光　选编）

第三讲　对话兴味

诗　论

钟惺

名句

《诗》，活物也。……说《诗》者散为万，而《诗》之体自一。执其一，而《诗》之用且万。

导读

《诗论》写于明泰昌元年（1620），原刊于钟惺评点《诗经》四卷本的卷首，也收入其《隐秀轩集》列集论一。本文是钟惺研究《诗经》的一篇最重要的文论，其中提出了"《诗》，活物也"的重要论断，认为《诗经》的"自如"，即其本身固有的丰富内涵和永恒生命力，使得不同时代的不同读者对《诗经》的解读存有差异，并肯定这种差异的存在是必然的和合理的。这一论断虽然是针对《诗经》提出的，但适用于一般的诗歌，它打破了文学批评应客观探求作者在作品中所表现的"本义"，作品是作者主观意图和思想意识的载体的传统观念。钟惺在作家、作品之外，首次关注到了读者的接受层面，形成了以读者为中心的新的《诗经》学研究方法和理论。本文也是自刘勰《文心雕龙·知音》以来，中国古代文论中有关文学接受理论的标志性著作，其内涵与现代西方接受美学相近，在中国古代文学批评史上可谓独树一帜。

作者简介

钟惺（1574—1624），字伯敬，号退谷，湖广竟陵（今湖北

◎文学接受：文学接受自古已有，作为现代文学、美学理论，其发轫于20世纪60年代的德国，汉斯·罗伯特·姚斯（1921—1997）和沃尔夫冈·伊瑟尔（1926—2007）共同创立了接受美学，使之成为文学研究的一种新范式。姚斯指出："在这个作者、作品和大众的三角形之中，大众并不是被动的部分，并不仅仅作为一种反应，相反，它自身就是历史的一个能动的构成。一部文学作品的历史生命如果没有接受者的积极参与是不可思议的。因为只有通过读者的传递过程，作品才进入一种连续性变化的经验视野。"（《文学史作为向文学理论的挑战》）文学接受理论打破了传统的"作者—文本关系"的研究模式，建立了"文本—读者关系"的研究模式，侧重文学接受的过程，以读者为重心进行文学研究。

笔记

天门）人。明万历三十八年（1610）进士，授行人。后历任工部主事、南京礼部仪制司主事、南京礼部祠祭司郎中，官至福建按察使佥事提督学政，因父丧丁忧归，晚年侍佛受戒，卒于家。著有诗文集《隐秀轩集》三十二卷。其他著作有《诗经图史合考》《毛诗解》《周文归》《宋文归》《钟评左传》《史怀》等。钟惺与同乡谭元春共同评选唐人诗《唐诗归》三十六卷和隋以前诗《古诗归》十五卷，借以宣扬个人文学主张，在当时产生了巨大影响，一时纸贵，清钱谦益《列朝诗集》评价道："古今《诗归》盛行于世，乘学之士，家置一编，奉之如尼丘之删定。"钟谭二人反对模仿、崇尚性灵，并以"幽深孤峭"矫公安派流弊，名满天下，人称"竟陵派"。

◎晚明个性解放思潮：指晚明出现的一种高扬个性、肯定人欲的新思潮。明中叶，社会经济繁荣，城镇发展壮大，市民阶层崛起，解放个性、肯定人欲成为必然趋势。同时，统治集团内部宦官专权、党争不断，政治上的混乱导致其对思想界的控制放松。弘治、正德年间，思想家王阳明（1472—1529）创立"心学"（又称"王学"），肯定人的主体精神，打破了程朱理学的统治地位。至嘉靖、万历年间，心学出现了许多流派，他们反对理学，肯定人欲的合理要求，主张师心任性，追求个性解放，并出现了将阳明心学的"纯是天理"之心变异为不顾天理、追求人欲的偏激思想，如李贽（1527—1602）的"童心说"，汤显祖（1550—1616）的"世总为情"等。该思潮发展到末期，脱离理性控制，出现追求声色、沉溺物欲的不良风气，导致新思潮在明末迅速衰退。晚明个性解放思潮反映在文学领域，表现为重"真情"，抒"性灵"，肯定俗文学。

课文

　　《诗》，活物也。游、夏①以后，自汉至宋，无不说《诗》者，不必皆有当于《诗》，而皆可以说《诗》。其皆可以说《诗》者，即在不必皆有当于《诗》之中。非说《诗》者之能如是，而《诗》之为物，不能不如是也。

　　何以明之？孔子，亲删《诗》者也。而七十子之徒，亲受《诗》于孔子而学之者也。以至春秋列国大夫，与孔子删《诗》之时，不甚先后，而闻且见之者也。以至韩婴，汉儒之能为《诗》者也。且读孔子及其弟子之所引《诗》，列国盟会、聘享之所赋《诗》，与韩氏之所传《诗》者，其事、其文、其义不有与《诗》之本事、本文、本义绝不相蒙，而引之、赋之、传之者乎？既引之，既赋之，既传之，又觉与《诗》之事、之文、之义，未尝不合也。其故何也？夫《诗》，取断章者也。断之于彼，而无损于此；此无所予，而彼取之。说《诗》者盈天下，达于后世，屡迁数变，而《诗》不知；而《诗》固已明矣，而《诗》固已行矣。然而《诗》之为《诗》自如也，此《诗》之所以为经也。

　　今或是汉儒而非宋，是宋而非汉，非汉与宋而是己说，则是其意以为《诗》之指归，尽于汉与宋与己说也，岂不隘且固哉？汉儒说《诗》据《小序》②，每一诗必欲指一人、一事实之。考亭③儒者，虚而慎，宁无其人、无其事，而不敢传疑，故尽废《小序》不用。然考亭所间指为一人、一事者，又未必信也。考亭注有近滞者、近痴者、近疏者、近累者、近肤者、近迂者，考亭之意非以为《诗》尽于吾之注，即考亭自为说《诗》，恐亦不尽于考亭之注也。凡以为最下者，先分其章句，明其训诂，若曰："有进于是者，神而明之，引而伸之，而吾不敢以吾之注，画天下之为《诗》者也。"故古之制礼者，从极不肖立想，而贤者听之。解经者，从极愚立想，而明者听之。今以其立想之处，遂认为究极之地，可乎？国家立《诗》于学官，以考亭注为主，其亦曰：有进于是者，神而明之，引而伸之云尔。

予家世受《诗》，暇日取《三百篇》正文流览之，意有所得，间拈数语，大抵依考亭所注，稍为之导其滞、醒其痴、补其疏、省其累、奥其肤、径其迂。业已刻之吴兴。再取披一过，而趣以境生、情由日徙，已觉有异于前者。友人沈雨若④，今之敦《诗》者也，难予曰："过此以往，子能更取而新之乎？"予曰："能。"夫以予一人心目，而前后已不可强同矣。后之视今，犹今之视前，何不能新之有？盖诗之为物，能使人至此，而予亦不自知，乃欲使宋之不异于汉，汉之不异于游、夏，游、夏之说《诗》不异于作《诗》者，不几于刻舟而守株乎？故说《诗》者散为万，而《诗》之体自一。执其一，而《诗》之用且万。噫！此《诗》之所以为经也。

【注释】

①游、夏：指孔子的学生子游（名言偃）和子夏（名卜商），二人均长于文学，受到孔子的重视。《论语·八佾》中孔子曾赞扬子夏解《诗》："起予者商也，始可与言《诗》已矣。"一说《毛诗序》为子夏所作。

②《小序》：指《毛诗序》中的"小序"。参见本编第一讲之《毛诗序》。

③考亭：指朱熹。朱熹晚年居于福建建阳考亭，建沧州精舍讲学，后世称朱熹为考亭先生。朱熹（1130—1200）字元晦，又字仲晦，号晦庵，徽州婺源（今属江西）人，寓居福建建阳。南宋著名的理学家、思想家、哲

◎公安派：晚明文学领域的一个重要文学流派，代表人物是袁宗道、袁宏道、袁中道三兄弟，因其为湖北公安人，人称公安派。其中袁宏道成就最高，影响最大。作为晚明个性解放思潮的代表，袁氏兄弟深受李贽、焦竑、徐渭等人影响，他们反对前后七子的复古主义，提出"代有升降，法不相沿"和"独抒性灵，不拘格套"（袁宏道《叙小修诗》）的文学主张，强调文学创作的通变和创新，要求创作不受形式的束缚，应有感而发、直抒胸臆、不事雕琢，对复古派末流剽窃模拟、粗疏涩拗之弊进行了有力抨击。公安派的创作表现出清新秀逸的艺术风格。但其不受束缚的主张也导致了公安派末流创作随意、信口拈来、过于浅率粗鄙的弊端。

学家、教育家、文学家。儒学集大成者，世称朱子。朱熹著有《诗集传》八卷，是《诗经》宋学的集大成之作。朱熹在《诗序辨说》中系统地批评了《毛诗序》的错谬，所以朱熹解《诗》弃《毛诗序》旧说不用，建立自己的新解。　④沈雨若：即沈春泽，字雨若，江苏常熟人。少孤，为诸生，能诗工草书，善画兰竹，祖父殁，移居白门（今南京），治园亭招宾客，病卒。存诗二千余首，有《雨若吟稿》。钟惺南京为官时，沈春泽仰慕其才学，刊刻钟惺诗集并为之作序。

译文

　　《诗经》是活物。子游、子夏之后，从汉代到宋代，没有学者不解读《诗经》的，他们的解读不一定都契合《诗经》的原义，然而他们都可以解读《诗经》。那些解读《诗经》的人，不一定都能契合《诗经》的原义，不是因为解读《诗经》的人的能力有限造成这样的结果，而是因为《诗经》作为活物的本质，使得不同的读者对它有不同的理解。

　　怎么能够证明这一观点呢？孔子，亲自删定《诗经》。孔子的七十二名学生，亲耳聆听孔子教授《诗经》并跟随他学习。春秋列国士大夫，所处时间比孔子删定《诗经》的时间晚不了多少，且耳闻目睹过孔子本人。韩婴，汉代儒士中研究《诗经》的专家。但读孔子和他的弟子所引的《诗经》，春秋列国士大夫在盟会、聘问等外交场合朗诵的《诗经》，以及韩婴对《诗经》做的解读，会发现其事、其文、其义与《诗经》的本事、本文、本意完全不相符合，他们真的是在引用、朗诵、解读《诗经》吗？既然是在引用、朗诵、解读《诗经》，他们又觉得没有与《诗经》的事、文、义不相符合，其中的原因是什么呢？因为《诗经》具有断章取义的特点。《诗经》可以由诵读者随意去断章取义，而并不损害其本身；赋诗者对于所引诗句的理解，不是《诗经》本身给予他的，而是他从《诗经》中主动取来的。解读《诗经》的人遍布天下，世代相传，随着时代的变化，对其理解多有变化，而《诗经》本身是不知道的；但《诗经》的丰富意义已经被彰明，已经被流传于世。然而《诗经》作为《诗经》有着恒久不竭的生命力，这就是《诗经》之所以能成为经典的原因。

　　当今，有的人认为汉儒经学是正确的，宋儒经学是错误的；有的人认为宋儒经学是正确的，汉儒经学是错误的；有的人认为汉儒与宋儒的经学都是错误的，自己的学说才是正确的。这种将《诗经》的主旨意向囿于汉儒、宋儒、自己的学说的认

◎竟陵派：竟陵派是继公安派之后崛起的文学流派，代表人物是钟惺、谭元春，因其同为竟陵（今湖北天门）人，人称"竟陵派"，又称"钟谭派"。竟陵派继承了公安派的文学主张，反对模仿，崇尚性灵。同时又对公安派末流的粗率之弊不满，提出"求古人真诗"（钟惺《诗归序》）的主张，"真诗者，精神所为也"（钟惺《诗归序》），即抒写真情实感之诗，这一主张既注重向古人学习，又求抒写性灵的真诗，对复古派的机械拟古和公安派的一味变古弊端进行了纠正。在文学创作上，竟陵派另立幽深孤峭、浑朴醇厚的艺术风格，意图矫正公安派末流浅率粗鄙之风。但受才学修养所限，他们的创作未能做到浑朴醇厚，反而将文学创作引入了僻涩险怪的道路，为人所诟病。

识,岂不是狭隘且鄙陋吗?汉儒解读《诗经》主要依据《小序》,解读每一首诗都务必指出原型本事来证实它。但朱熹作为儒者却谦虚而谨慎,宁愿没有原型、本事,也不敢传播存疑的事实,所以他解读《诗经》废弃《小序》不用。然而即使是朱熹解读《诗经》有时指出的原型本事,也未必可信。朱熹的注解有的较滞碍难通,有的较呆板不灵,有的较疏漏,有的较冗赘,有的较肤浅,有的较迂曲,朱熹的本意并不认为《诗经》已经被自己的注解解释透彻了。也就是说朱熹自己对《诗经》的理解恐怕也不能全部表现在自己的注解上。朱熹之所以将分章句、明训诂看作学《诗经》的初步阶段,意思似乎是要告诉读者:"如果你对诗的理解想要深入一步,那就应该根据自己的主观条件去灵活领会、自由引申。因此我不敢用我的注解来局限天下读《诗经》的人。"所以,古代制定礼法的人,总是从人品最低处着眼,立下一个最低限度的道德标准和行为规范,贤德的人就会遵从它。解读经典的人从做学问最初级的方法着眼,给出一个最基本的注释和理解,明智的人会学习它。如今认为对《诗经》最基本的注释和理解,就是穷究其终极的意义,正确吗?国家将《诗经》设立为学校的必修课程,明朝时以朱熹的《诗集传》为准,也认为:"如果你对诗的理解想要深入一步,那就应该根据自己的主观条件去灵活领会、自由引申。"

我的家族世代学《诗经》,空闲的日子拿来《诗三百篇》的原文读,对其意义又有所领悟,偶尔写下一些评语,大都依据朱熹的注解,稍微能使朱熹注解的滞碍难通处得到疏导,呆板不灵处有所觉悟,疏漏处得到补充,冗赘处得以简化,肤浅处变得深奥,迂曲处变得直接。虽然我作的《诗经》评本已经在吴兴刊刻,但再拿来读,所获得的情趣随着环境和时间的变化不断有所更新,已经觉得跟之前的感受不同。我的好友沈雨若笃学《诗经》,他曾向我发难:"除此以外,你能更进一步取代旧说并有所创新吗?"我回答:"能。"凭借我一人的领会和阅读,前后已经有不同的理解。日后再看今天,就像今天看之前一样,怎么会不有新的见解呢?这是因为《诗经》为活物,能使解读它的人做到这样。但我之前不懂得这个道理,想当然地希望宋儒的解读与汉儒相同,汉儒的解读与子游、子夏相同,子游、子夏解读《诗经》与《诗经》作者本义相同,这和刻舟求剑、守株待兔又有什么不同呢?所以说对《诗经》可以有千万种不同的解读,但《诗经》的内在意蕴是始终如一的。那么把握住其内在意蕴，对《诗经》的领会、感悟就能够因为时代的不同、读者的不同千变万化。噫！这就是《诗经》之所以能成为经典的原因啊。

阅读文献

1. 王志彬译注《文心雕龙》，北京：中华书局，2012年。
2. 朱立元《接受美学导论》，合肥：安徽教育出版社，2004年。
3. 〔德〕H. R. 姚斯、〔美〕R. C. 霍拉勃著，周宁、金元浦译《接受美学与接受理论》，沈阳：辽宁人民出版社，1987年。

思考题

1. 谈谈文学接受理论与传统文学理论的不同，以及文学接受理论在文学理论发展史中的意义和价值。
2. 通过查阅资料，总结中国古代文论中与文学接受相关的理论。

（刘坡　选编）

论小说与群治之关系（节选）

梁启超

名句

> 欲新一国之民，不可不先新一国之小说。

导读

1894年中日甲午战争爆发到1919年"五四"运动爆发，是中国文学史的近代后期。这一时期资产阶级政治斗争日益激烈，伴随着西学东渐，中国传统文化观念受到西方文化的强烈冲击，文学领域先后发生了"诗界革命""文界革命"和"小说界革命"。梁启超《论小说与群治之关系》写于光绪二十八年（1902）维新变法失败之后，发表于《新小说》创刊号。本文开篇即高呼"欲新一国之民，不可不先新一国之小说"。梁启超肯定小说对社会改革和社会进步的积极作用，强调小说要为政治服务，提倡政治小说；并振聋发聩地指出"小说为文学之最上乘"，打破小说在中国文学史中边缘地位的传统偏见，将小说的地位提升到了前所未有的高度。这成为"小说界革命"的纲领，并引起广泛的社会反响，推动"新小说"走向繁荣。关于读者与小说的关系，文中将小说对读者的感染作用，即"支配人道"之力归纳为"熏""浸""刺""提"，指出小说能够"常导人游于他境界，而变换其常触常受之空气者也"，使读者可以了解"身外之身，世界外之世界"，扩大眼界。

作者简介

梁启超（1873—1929）字卓如，一字任甫，号任公，别号饮冰室主人、饮冰子、哀时客、中国之新民、自由斋主人，广东新会人。清光绪十五年（1889）举人，师从康有为，共同参与戊戌变法，并称"康梁"。1897年变法失败后逃亡日本，在日本横滨创办《清议报》《新民丛报》《新小说》等刊，写下大量半文半白、气势磅礴、富有鼓动性和说服力的散文，创立了一种新文体，从内容到形式都打破了传统古文的束缚，并产生了巨大影响，代表作是《少年中国说》。1903年起，梁启超发表《开明专制论》，以《新民丛报》为阵地，主张君主立宪，反对革命共和。辛亥革命后，梁启超回国，曾一度入袁世凯政府任司法总长，但反对袁世凯称帝、张勋复辟，后入段祺瑞政府任财政总长。1917年11月随着段祺瑞政府的倒台，梁启超结束了政治生涯，晚年致力于文化教育和学术研究，讲学于清华大学。1929年1月19日，梁启超在北京协和医院病逝，享年56岁。梁启超一生著述汇编为《饮冰室合集》，分《饮冰室文集》45卷和《饮冰室专集》104卷，共计1000余万字。

◎戊戌变法：又称维新变法，是指1898年6月11日至9月21日以康有为、梁启超为主要领导人的资产阶级改良主义者，通过光绪帝进行的倡导学习西方，提倡科学文化，改革政治、教育制度，发展农、工、商业等的政治改良运动。中日甲午战争后，康有为等在北京发起"公车上书"，反对签订《马关条约》，要求变法图强，并在各地组织强学会，设立学堂和报馆，宣传变法维新。1898年6月11日，光绪帝任用维新人士，颁布"明定国是"诏，宣布变法，推行新政。但戊戌变法因损害到以慈禧太后为首的守旧派的利益，遭到强烈的抵制。1898年9月21日，慈禧太后等发动戊戌政变，光绪帝被囚禁在中南海瀛台，康有为、梁启超分别逃往法国、日本，谭嗣同、康广仁、林旭、杨深秀、杨锐、刘光第等六君子被杀，历时103天的变法失败。戊戌变法是中国近代史上一次重要的政治改革，也是一次思想启蒙运动，促进了思想解放，对社会进步和思想文化的发展和中国近代社会的进步起了重要推动作用。

课文

欲新一国之民，不可不先新一国之小说。故欲新道德，必新小说；欲新宗教，必新小说；欲新政治，必新小说；欲新风俗，必新小说；欲新学艺，必新小说；乃至欲新人心，欲新人格，必新小说。何以故？小说有不可思议之力支配人道故。

吾今且发一问:"人类之普通性,何以嗜他书不如其嗜小说?"答者必曰:"以其浅而易解故,以其乐而多趣故。"是固然;虽然,未足以尽其情也。文之浅而易解者,不必小说;寻常妇孺之函札,官样之文牍,亦非有艰深难读者存也,顾谁则嗜之? 不宁惟是。彼高才赡学之士,能读《坟》《典》《索》《邱》①,能注虫鱼草木,彼其视渊古之文,与平易之文,应无所择,而何以独嗜小说? 是第一说有所未尽也。小说之以赏心乐事为目的者固多,然此等顾不甚为世所重;其最受欢迎者,则必其可惊可愕可悲可感,读之而生出无量噩梦,抹出无量眼泪者也。夫使以欲乐故而嗜此也,而何为偏取此反比例之物而自苦也? 是第二说有所未尽也。吾冥思之,穷鞠之,殆有两因:凡人之性,常非能以现境界而自满足者也。而此蠢蠢躯壳,其所能触能受之境界,又顽狭短局而至有限也。故常欲于其直接以触以受之外,而间接有所触有所受,所谓身外之身,世界外之世界也。此等识想,不独利根众生有之,即钝根众生亦有焉。而导其根器,使日趋于钝,日趋于利者,其力量无大于小说。小说者,常导人游于他境界,而变换其常触常受之空气者也。此其一。人之恒情,于其所怀抱之想像,所经阅之境界,往往有行之不知,习矣不察者;无论为哀为乐,为怨为怒,为恋为骇,为忧为惭,常若知其然而不知其所以然。欲摹写其情状,而心不能自喻,口不能自宣,笔不能自传。有人焉和盘托出,澈底而发露之,则拍案叫绝曰:"善哉善哉,如是如是。"所谓"夫子言之,于我心有戚戚焉",感人之深,莫此为甚。此其二。此二者,实文章之真谛,笔舌之能事。苟能批此窾,导此窍,则无论为何等之文,皆足以移人。而诸文之中能极其妙而神其技者,莫小说若。故曰,小说为文学之最上乘也。由前之说,则理想派小说尚焉;由后之说,则写实派小说尚焉。小说种目虽多,未有能出此两派范围外者也。

◎梁启超与文学界革命:日本明治维新以后,翻译出版了大量西方的政治、经济、哲学、社会学等方面的著作。变法失败后逃亡日本的梁启超,阅读了大量译介西方的书籍,再反观中国的社会现实,深感革新的重要性,于是提出了"诗界革命""文界革命""小说界革命""曲界革命""史界革命"等一系列主张,企图借由新文学、新思想,推动20世纪中国知识学术体系的转型和文学的变革。

抑小说之支配人道也，复有四种力：一曰熏。熏也者，如入云烟中而为其所烘，如近墨朱处而为其所染；《楞伽经》所谓"迷智为识，转识成智"者②，皆恃此力。人之读一小说也，不知不觉之间，而眼识为之迷漾，而脑筋之为摇飏，而神经为之营注；今日变一二焉，明日变一二焉；刹那刹那，相断相续；久之而此小说之境界，遂入其灵台而据之，成为一特别之原质之种子。有此种子故，他日又更有所触所受者，旦旦而熏之，种子愈盛，而又以之熏他人。故此种子遂可以遍世界，一切器世间有情世间之所以成所以住③，皆此为因缘也。而小说则巍巍焉具此威德以操纵众生者也。二曰浸。熏以空间言，故其力之大小，存其界之广狭；浸以时间言，故其力之大小，存其界之长短。浸也者，入而与之俱化者也。人之读一小说也，往往既终卷后数日或数旬而终不能释然，读《红楼》竟者，必有余恋有余悲，读《水浒》竟者，必有余快有余怒，何也？浸之力使然也。等是佳作也，而其卷帙愈繁事实愈多者，则其浸人也亦愈甚；如酒焉，作十日饮，则作百日醉。我佛从菩提树下起，便说偌大一部《华严》④，正以此也。三曰刺。刺也者，刺激之义也。熏浸之力利用渐，刺之力利用顿。熏浸之力，在使感受者不觉；刺之力，在使感受者骤觉。刺也者，能入于一刹那顷，忽起异感而不能自制者也。我本蔼然和也，乃读林冲雪天三限，武松飞云浦一厄，何以忽然发指？我本愉然乐也，乃读晴雯出大观园，黛玉死潇湘馆，何以忽然泪流？我本肃然庄也，乃读实甫之《琴心》《酬简》⑤，东塘之《眠香》《访翠》⑥，何以忽然情动？若是者，皆所谓刺激也。大抵脑筋愈敏之人，则其受刺激力愈速且剧。而要之必以其书所含刺激力之大小为比例。禅宗之一棒一喝，皆利用此刺激力以度人者也。此力之为用也，文字不如语言。然语言力所被，不能广不能久也，于是不得不乞灵于文字。在文字中，则文言不如其俗语，庄论不如其寓言。故具此力最大者，非小说末由。四曰提。前三者之

◎"五四"新文学革命：指从1917年初至1919年"五四"运动后一段时期里发生的反对文言提倡白话，反对旧文学提倡新文学的文学革命运动，是五四新文化运动的一部分。标志着中国古典文学的结束，现代文学的开始。1917年1月胡适发表了《文学改良刍议》，提出文学改良之"八事"；同年2月陈独秀发表了《文学革命论》提出"三大主义"，标志着文学革命的开端。

笔记

力,自外而灌之使入;提之力,自内而脱之使出,实佛法之最上乘也。凡读小说者,必常若自化其身焉,入于书中,而为其书之主人翁。读《野叟曝言》者,必自拟文素臣。读《石头记》者,必自拟贾宝玉。读《花月痕》者,必自拟韩荷生若韦痴珠。读《梁山泊》者,必自拟黑旋风若花和尚。虽读者自辩其无是心焉,吾不信也。夫既化其身以入书中矣,则当其读此书时,此身已非我有,截然去此界以入于彼界,所谓华严楼阁,帝网重重,一毛孔中,万亿莲花,一弹指顷,百千浩劫,文字移人,至此而极。然则吾书中主人翁而华盛顿,则读者将化身为华盛顿;主人翁而拿破仑,则读者将化身为拿破仑;主人翁而释迦、孔子,则读者将化身为释迦、孔子,有断然也。度世之不二法门,岂有过此?此四力者,可以卢牟一世,亭毒群伦,教主之所以能立教门,政治家之所以能组织政党,莫不赖是。文家能得其一,则为文豪;能兼其四,则为文圣。有此四力而用之于善,则可以福亿兆人;有此四力而用之于恶,则可以毒万千载。而此四力所最易寄者,惟小说。可爱哉小说!可畏哉小说!

【注释】

①《坟》《典》《索》《邱》:指中国最早的四部古书,分别被称为《三坟》《五典》《八索》《九丘》,此说最早见于《左传·昭公十二年》,楚灵王称赞左史倚相:"良史也,子善视之,是能读《三坟》《五典》《八索》《九丘》。"杜预有注:"皆古书名。"《尚书序》称:"伏羲、神农、黄帝之书,谓之《三坟》,言大道也。少昊、颛顼、高辛(喾)、唐(尧)、虞(舜)之书,谓之《五典》。至于夏、商、周之书,虽设教不伦,雅诰奥义,其归一揆,是故历代宝之,以为大训。八卦之说,谓之《八索》,求其义也。九州之志,谓之《九丘》;丘,聚也,言九州所有,土地所生,风气所宜,皆聚此书也。"本文中泛指先秦古籍。 ②《楞伽经》:佛经名。迷智为识,转识成智:"识""智"佛家语,《佛地经论》卷三说:"转识蕴依,得四无漏智相应心。谓大圆镜心,广说乃至成所作心。转第八识,得大圆镜智相应心,能持一切功德种子,能现能生一切身、土、智影像故。转第七识,得平等性智相应心,远离二执自他差别,证得一切平等性故。转第六识,得妙观察智相应心,能观一切皆无碍故。转第五识,得成所作智相应心,能现成办外所作故。""转识成智"是学佛

的目的，佛学中唯识学的重要观点，就是将有污染的八种妄识转成清静、无漏的四智。　③器世间：佛家语，指一切众生居住的国土世界。有情世间：佛家语，也称众生世间，指一切有生者，因一切有生者皆坠于世中，所以称有情世间。成、住：佛家语，佛教有四劫，分别是成劫、住劫、坏劫、空劫。成劫指世界的成立期，即山河大地等器世间和有生命的众生世间的形成时期；住劫指世界的存续期，即器世间、众生世间平稳地持续的时期；坏劫指世界坏灭的期间；空劫指坏灭后世界的空虚期。　④《华严》：佛经名，全称《大方广佛华严经》，大乘佛教主要经典，这部经书是佛成道后的第一次说法，相传由文殊菩萨与阿难结集。　⑤实甫之《琴心》《酬简》：实甫即王实甫（约1260—1336），名德信，大都（今北京）人。元代著名戏曲作家，著有杂剧十四种，现存《西厢记》《丽春堂》《破窑记》三种。另有《贩茶船》《芙蓉亭》二种，各传有曲文一折。《琴心》《酬简》分别为《西厢记》的第二本第四折和第三本第四折。　⑥东塘之《眠香》《访翠》：东塘即孔尚任（1648—1718），字聘之，又字季重，号东塘，别号岸堂，自称云亭山人，山东曲阜人，孔子六十四代孙。清初诗人、戏曲作家，存世诗文作品有《石门山集》《湖海集》《长留集》《享金簿》《人瑞录》等，近人汇为《孔尚任诗文集》。戏剧作品皆存，代表作《桃花扇》。世人将他与《长生殿》作者洪昇并论，称"南洪北孔"。《眠香》《访翠》分别为《桃花扇》的第六出、第五出。

译文

想要革新一个国家的人民，不可不先革新一个国家的小说。所以，想要革新道德，必须先革新小说；想要革新宗教，必须先革新小说；想要革新政治，必须先革新小说；想要革新风俗，必须先革新小说；想要革新学术技艺，必须先革新小说；乃至想要革新人心，革新人格，必须先革新小说。为什么这样呢？是因为小说有不可思议的支配人道的力量的缘故啊。

我现在先提一个问题："作为人类的共性，为什么喜好其他书籍不如喜好小说？"回答的人肯定说："因为小说浅显易懂、欢乐有趣。"这固然有一定道理；虽然如此，但并不全面且没有说到真谛。浅显易懂的文章，不一定只有小说；寻常妇人小孩的信件、官方文件，也并非有多么艰深难读，但又有谁喜好读它们呢？不止这样。那些有才华的饱学之人，能够读《坟》《典》《索》《丘》等先秦古籍，能够做注解虫鱼草木的笺释工作，他们理解渊博古奥的文章和平易的文章都没有难度，然而为什么独独喜好小说呢？所以第一种说法并不全面。另外，小说以赏心乐事为目的的固然很多，但这一类并不为世人所看重；小说最受欢迎的，则是那些读起来可以令人惊奇、愕然、悲伤、感动，能令人生发出无边的噩梦，抹出无尽的眼泪的篇目。假使因为想要取乐而喜好小说，那么为什么偏偏拿这些相反的小说让自己苦恼呢？所以第二种说法也不全面。我苦思冥想，彻底探究其中缘故，最终得出两条原因：大凡人性，常常不满足于自己当下所处的现实境界。而且这蠢蠢躯壳所能够接触感受的境界，又愚钝、狭隘、短暂、局促而是有限的。所以人们常常想在能够直接接触感受的境界之外，间接地能有所接触感受，就是所谓的身外之身，世界外之世界。这类认识想法，不仅仅是根性明利的众生有，即使根性愚钝的众生也有。然而能够引导修道者的能力，使它日趋愚钝，或是日趋明利，没有比小说的力量更大了。小说，常常能够引导人周游于其他境界，从而变换他日常接触感受的空间气氛。这是小说的特点之一。人类的永恒情感，对于自己所怀抱的想象、所经历的境界，往往会做了而不自知、习惯了而不觉察；无论是哀伤、快乐、怨恨、愤怒、眷恋、惊骇、忧虑、惭愧，常常好像知道是这样，但又不知道为什么会这样。想要摹写当下的情感状况，但内心不明白为什么如此，无法用语言去表达，不会用文字去抒发。如果此时有人能够和盘托出，彻底地揭发展露出来，读者就会拍案叫绝："善哉善哉，就是这样，就是这样。"所谓"夫子言之，于我心有戚戚焉"，感人之深，没有比这更厉害的。这是小说的特点之二。这两条，实在是文章的真谛，笔舌擅长的事啊。如果能打动人的心灵、启发人的情性，那么无论是什么样的文章，都足以使人的精神状态发生改变，然而所有文种之中，能够将此种妙处发挥到极致，技艺手法高超的，没有能比得上小说的。所以说：小说是文学中最上乘的。就第一个特点而言，理想派小说最为崇尚；就第二个特点而言，写实派小说最为崇尚。小说种类虽然很多，但没有能够超出两派范围之外的。

小说能够支配人道，又有四种力：第一种力称为熏。熏，就像入云烟中而被它烘烤，像靠近黑色、红色而被它浸染；《楞伽经》所说的"迷智为识，转识成智"，都是依靠这种力。人读一部小说，不知不觉之间，眼光见识会为之迷眩，思维会为之摇扬，精神会专注其中；今天改变一二，明天改变一二；很短的时间内断断续续这样下去；久而久之这部小说所宣扬的精神，就进入此人的心中并占据它，成为一颗特别的原始的种子。因为有这颗种子，他日又有接触感受它的人，日复一日的受到熏陶，种子就愈加繁盛，继而又用这更繁盛的种子去熏陶他人。

所以这颗种子就可以遍布世界了，一切器世间有情世间之所以形成并持续存在，都是因为这一原因。而小说正是巍巍然具有这种威力和功德，才能够操纵众生。第二种力称为浸。熏是从空间角度说的，所以它的作用力的大小，取决于它存在的空间的广狭；浸是从时间角度说的，所以它的作用力的大小，取决于它存在的时间的长短。浸，进入并与之共同感化。人读一部小说，往往读完之后很多天或者几十天都不能释然，读完《红楼梦》的人，肯定有不尽的眷恋和悲伤，读完《水浒传》的人，肯定有不尽的爽快和愤怒，为什么呢？因为浸的作用力使他这样。同样是佳作，篇幅越长、内容越繁复的作品，读者浸淫的越厉害；就像喝酒，连着喝十天，就要醉上一百天。我佛在菩提树下悟道后，说了那么大一部《华严经》，正是这个原因啊。第三种力称为刺。刺，刺激的意思。熏、浸的作用是慢慢地渐渐地发生，刺的作用是短时间的顿悟。熏、浸在于使感受者无意识地受到作用；刺在于使感受者骤然觉悟。刺，能在一刹那间，忽然发生异常的感觉而不能自我克制。我本来是心平气和的，但读到林冲雪天三限、武松飞云浦一难时，为什么忽然非常愤怒？我本来心情愉悦，但读到晴雯被赶出大观园，黛玉死于潇湘馆时，为什么忽然悲伤流泪？我本来严肃端庄，但读到王实甫的《琴心》《酬简》、孔尚任的《眠香》《访翠》，为什么忽然动情？像这样的，都是受到所谓的刺激。大概思维越敏感的人，所受到的刺激越迅速越直接。而其程度一定与书中所含的刺激力的大小成比例。禅宗的一棒一喝，都是利用这种刺激力来度化人的。这种力的作用，文字是不如语言的。但语言的影响不能广泛不能长久，于是不得不求助于文字。在文字中，则文言不如俗语，庄重的论说不如寓言。所以具有这种力最强大的，非小说莫属。第四种力称为提。前三种力，都是从外部影响读者并内化其中；提的作用，是通过读者自己内心认同而表现出来，实为佛法最上乘之处。凡读小说的人，一定常自己幻化自己的身份，进入书中，成为书中的主人翁。读《野叟曝言》的，一定自比成文素臣。读《石头记》的，一定自比成贾宝玉。读《花月痕》的，一定自比成韩荷生、韦痴珠。读《梁山泊》的，一定自比成黑旋风、花和尚。虽然读者自己辩称自己没有这样的想法，我是不相信的。既然已经幻化身份进入书中了，那么读者在读这本书的时候，这个身体已经不是自己所有的了，截然已经离开这个世界进入另一个世界，所谓华严楼阁，帝网重重，一毛孔中，万亿莲花，一弹指顷，百千浩劫，文字改变人的能力到这一地步就到了极致了。那么我书中的主人翁是华盛顿，读者将化身为华盛顿；主人翁是拿破仑，那么读者将化身为拿破仑；主人翁是释迦、孔子，那么读者将化身为释迦、孔子，这是绝对的。度世的不二法门，哪里有越过这个？这四种力，能规范一世，安定群伦，教主之所以能创立教门，政治家之所以能组织政党，没有不依赖这四种力。从事文学的人能得其中一种，就能成为文豪；能够兼得四种，就能成为文圣。有这四种能力又能用它们行善，则可以造福亿兆人；有这四种能力但用它们作恶，则可以毒害千万年。然而这四种能力最容易同时存在的，只有小说。小说，多么让人喜爱！小说，多么让人畏惧！

阅读文献

1. 梁启超《饮冰室合集》，北京：中华书局，1989年。
2. 解玺璋《梁启超传》，上海：上海文化出版社，2012年。
3. 鲁迅《中国小说史略》，上海：上海古籍出版社，1998年。
4. 付建舟《小说界革命的兴起与发展》，北京：中国社会科学出版社，2008年。

思考题

1. 谈一谈《论小说与群治之关系》对中国现代文学的影响。
2. 试论《论小说与群治之关系》中蕴含的接受美学思想。
3. 文中梁启超认为小说有"熏、浸、刺、提"四种支配人道之力，试就各手法分别举一个例子说明。

（刘坡　选编）

第四编 他山之石

外国文学概述

对中国而言，外国文学一般指除中国文学之外的世界各国文学。从时间上看，外国文学已走过4000多年的历程；从地域上看，普遍意义上的外国文学包括两大块：欧美文学和亚非文学，即我们通常所说的西方文学和东方文学。

西方文学发源于3000多年前的古希腊。公元前12世纪至公元前4世纪，古希腊先后出现了神话、史诗、抒情诗、寓言、戏剧、散文等多种文学类型。古希腊神话是欧洲最早的文学样式，具有永久的艺术魅力；采用大量古希腊神话题材编织而成的荷马史诗《伊利亚特》和《奥德赛》记载了古希腊长期流传的关于特洛伊战争的英雄传说，代表着古希腊文学的最高成就，为后世西方文学艺术提供了取之不尽的各类母题；抒情诗源于民间歌谣，有独唱抒情诗和合唱抒情诗，均可和乐而歌；著名的《伊索寓言》对后世法国的拉封丹寓言、俄国的克雷洛夫寓言等都产生了重要的影响；戏剧领域诞生了以埃斯库罗斯、索福克勒斯、欧里庇得斯为代表的三大悲剧家和喜剧家阿里斯托芬；柏拉图的《理想国》和亚里士多德的《诗学》不仅是脍炙人口的散文名篇，同时也是西方文艺理论的奠基之作。人类文明初期的古希腊文学体现出一种世俗的人本意识，其人性的取向是自然冲动的"原欲"。古希腊文学中的神和人都具有自由奔放、独立不羁、享受生活、狂欢取乐的个体本位，在对现世价值的追寻、人与命运的抗争中，展现了活泼的人性和壮丽的生命。

公元前3世纪至公元2世纪是古罗马文学的发展时期。古罗马是古希腊文化的直接继承者。古罗马人将古希腊文学大量地改头换面，从希腊文翻译成拉丁文，并加入罗马背景和罗马情调，这建立了罗马文学的基础。其文学成就主要体现在喜剧、史诗和文艺理论上。喜剧方面的两位代表作家是普劳图斯和泰伦斯,成为后世喜剧家的师祖;史诗方面,维吉尔创作了《埃涅阿斯纪》来追述罗马建国的光荣历史;文艺理论方面,贺拉斯继承了亚里士多德的摹仿说,提出了"寓教于乐"的艺术原则,他的《诗艺》被17世纪古典主义时期的理论家们奉为圭臬。古罗马文学由于受其崇尚武力、追求集权等民族性格的影响,显得比古希腊文学更加理性,表现出庄严崇高的气质,但相形之下缺少了古希腊文学的灵动之气。古罗马文学是沟通古希腊文学与欧洲近代文学的桥梁,为后来欧洲文学的发展奠定了基础。

以西罗马帝国的灭亡为标志,欧洲进入了封建社会的发展阶段,这也是从古代社会转向中世纪的一个标志性事件。中世纪大约有一千年之久,有学者认为是从5世纪至11世纪,还有的学者认为是从5世纪直至14世纪。无论中世纪的下限划分在何时,基本上都涵盖了封建社会的形成时期和兴盛时期。欧洲中世纪文学形式多样,但文学史上一般将之归纳为教会文学、史诗与谣曲、骑士文学和市民文学。教会文学的作者一般都是基督教教士或者修士,所有文学题材均出自《圣经》。教会文学的主要价值不在于其文学性,而在于其书面文学的属性。史诗和谣曲是以民间口头创作集结而成的文学总集。中世纪早期的史诗主要表现了北方的蛮族、氏族内部的斗争,其中较为有名的史诗有盎格鲁-撒克逊人的《贝奥武甫》、日耳曼人的《希尔德布兰特之歌》、冰岛人的《埃达》和《萨迦》等。中世纪中晚期的英雄史诗主要歌颂各部落、各氏族立下卓著功勋的杰出人物,较有代表性的有法国的《罗兰之歌》、西班牙的《熙德之歌》、德国的《尼伯龙根之歌》、古俄罗斯的《伊戈尔远征记》。中世纪谣曲中最著名的是产生于15世纪前后的"罗宾汉谣曲",歌颂侠盗罗宾汉和他带领的手下劫富济贫的英雄事迹。骑士文学有骑士传奇和骑士抒情诗两大代表性体裁。市民文学随着新兴城市中产阶级的形成而产生,主要代表作品是法国的《列那狐传奇》。其中,狡猾的列那狐象征着城市市民。欧洲中世纪行将结束之际,产生了一位伟大的诗人但丁,他的出现为中世纪画上了一个终结符,同时又开创了一个新的时代。其巨著《神曲》以宏伟的气魄对中世纪社会的生活百态进行了总结,同时也奏响了文艺复兴的序曲。

14至16世纪,欧洲大陆出现了一场声势浩大的文艺复兴运动。文艺复兴运动的倡导者们虽然打着恢复古希腊罗马文化的"复古"旗号,但实际目的却意在"图新",力图推翻宗教统治、反抗封建制度，建立以"人"为中心的新的人文主义思想文化体系。在文艺复兴运动的三百年间，人文主义文学先后在意大利、法国、西班牙、英国等国取得了不凡的成就。意大利是文艺复兴运动最早的发源地。意大利在文艺复兴初期（14世纪）的代表人物是但丁、彼特拉克和薄伽丘，他们在诗歌、小说领域取得了极高的成就，后世尊称他们为"意大利文艺复兴三杰"。法国的文艺复兴是在意大利文艺复兴运动的带领和影响之下产生的。诗歌方面，以龙沙为代表的"七星诗社"具有浓重的贵族倾向，为法兰西民族语言的统一和民族诗歌的建立做出了重要的贡献；小说方面，在拉伯雷的《巨人传》中，人开始和神比肩，而不是卑微地充当神的奴隶；散文方面，蒙田的《随笔集》提出了各式各样的哲学问题。西班牙和英国的文艺复兴运动开始时，已是人文主义文学发展的晚期。西班牙的文艺复兴带来了西班牙文学史上的"黄金时代"，塞万提斯塑造的堂吉诃德在西班牙文学乃至世界文学的人物长廊上都占据了重要的一席之地。英国文艺复兴的主要成就表现在戏剧方面，在成员均出身于剑桥、牛津的"大学才子派"之后，莎士比亚登上了英国剧坛。其悲剧具有巨大而迷人的魅力，以至于人们有"说不尽的莎士比亚"之慨叹。欧洲各国的人文主义文学，与此前的中世纪文学相比，从题材到主题都发生了根本性的改变。文艺复兴既是对教会思想垄断的反驳与抗争，也有重新发掘古典传统以适应新的历史阶段的不懈努力。

进入17世纪，欧洲文学的主流仍然是"复古主义"。法国布瓦洛的《诗的艺术》就是一部古典主义的理论总结性著作。他提出这个时代的文学应该向古希腊、古罗马文学看齐。当时，大部分人文学者都卷入"古今之争"，但古典主义取代文艺复兴成为了新的欧洲文学主潮。古典主义受到封建王权的直接干预，将文学和政治结合得非常紧密。古典主义的哲学基础是笛卡尔的唯理主义，宣传理性、克制个人欲望；在文学领域内有一套严格的艺术规范，突出表现在戏剧这一体裁上。古典主义最早产生于法国，且成就最大，法国古典主义悲剧的创始人是高乃依，他的剧作《熙德》庄严崇高，体现出古典主义所追求的理想美；法国古典主义喜剧的代表作家是莫里哀，他的喜剧作品无论内容还是形式，都革新了此前的喜剧传统。法国其他古典主义作家还有以写寓言著称的拉封丹和写作《思想录》的帕斯卡尔，他们的创作也深刻地影响了后世的文学和哲学。在英国，17世纪最为著名的作家是诗人弥尔顿，他的《失乐园》是一部宏大的史诗，歌颂了撒旦的反抗,洋溢着炽烈的诗情。

18世纪的欧洲,新兴的资产阶级已逐渐登上历史舞台,他们以文学表现其政治诉求及文化追求,启蒙运动风头正健,以锐不可当之势在欧洲掀起了一场思想暴动。这时,欧洲独领"风骚"的思潮是启蒙文学,著名的代表人物有法国的孟德斯鸠、伏尔泰、狄德罗和卢梭,英国作家笛福、斯威夫特和菲尔丁,德国作家莱辛、歌德和席勒等人。启蒙主义者以自由、平等、博爱、"天赋人权"等"理性原则"全面批判封建统治和宗教禁锢,从根本上动摇了封建社会和教会存在的合理性。由于各国国情的不同,启蒙文学在各国的发展道路也不尽相同。法国启蒙文学是在新兴资产阶级酝酿革命的背景下诞生和发展起来的,批判力度最强,最富有战斗精神。德国启蒙文学在18世纪70、80年代的狂飙突进运动中得到迅猛发展,青年歌德与青年席勒构成了这一运动的中坚力量。可以说,歌德是18世纪最伟大的作家,他超越了启蒙主义,不能简单地被任何文学流派或思潮所含括。他的《浮士德》以其深刻的内涵和多变的形式,在世界各地获得了普遍的认同和赞誉。

19世纪欧洲文学繁荣蓬勃,相继出现了浪漫主义、现实主义、自然主义、唯美主义和象征主义等文学思潮和流派。欧洲文学的现代形态已经在思潮流派的更迭中蔚然成形。浪漫主义产生于18世纪末,在19世纪前三十年风靡一时。浪漫主义最早产生于德国,施莱格尔兄弟创办了《雅典娜神庙》杂志,对浪漫主义进行理论界定;诺瓦利斯等创作了许多带有神秘主义色彩的浪漫主义诗歌。英国浪漫主义的代表是"湖畔派"三诗人华兹华斯、骚塞和柯勒律治,"恶魔派"诗人雪莱、拜伦、济慈等。浪漫主义的法国倡导者是斯达尔夫人和夏多布里昂,稍晚一些还有缪塞、乔治·桑等人,但法国最为人熟知的、拥有世界文学声誉的浪漫主义大师是雨果。现实主义是对浪漫主义的反拨,在各国的形态各有不同。现实主义最早产生于法国,先驱是司汤达,最杰出的代表人物是巴尔扎克;英国现实主义最为出名的作家是勃朗特三姐妹和狄更斯。值得注意的是,在现实主义文学思潮中,以后进的俄国和美国特别引人注目,取得了令人瞩目的文学成绩。"俄罗斯的太阳"普希金同时开启了浪漫主义传统和现实主义传统,在普希金之后,产生了一大批优秀的现实主义作家,如列夫·托尔斯泰、陀思妥耶夫斯基、契诃夫、果戈理等。美国现实主义文学最突出的代表是马克·吐温。此外,挪威的易卜生凭借戏剧《玩偶之家》成为北欧现实主义的代表人物。现实主义到19世纪70年代发展到极端，演变为自然主义，对客观真实的强调走向极端。自然主义源起于法国，也在法国发展得最为充分。福楼拜的《包法利夫人》开法国自然主义先河；其弟子莫泊桑凭借着精炼干净的短篇小说进入了世界文坛的视野；左拉将科学实验的方法引入文学写作。德、美等国也有相应的自然主义创作，但基本上是受到法国自然主义的影响后才出现的，文学上的成就不如法国。到了世纪末，伴随着世纪末的颓废情绪，文学也开始出现了异变，唯美主义和象征主义纷至沓来。唯美主义主要集中在英法两国，并提出"为艺术而艺术"的创作原则。其中，最为出色的代表是英国的王尔德。法国唯美主义的代表有罗斯金、戈蒂耶等人。象征主义同样诞生于法国，波德莱尔是象征主义诗歌的先驱。早期象征主义最为著名的三位代表是魏尔伦、马拉美和兰波，他们追求诗歌的音乐美和色彩美，通过各种象征手法表现惝恍迷离的诗歌意境。后期象征主义诗歌的代表有英国的艾略特、爱尔兰的叶芝、法国的瓦雷里、美国的庞德和俄国的勃洛克等。

　　进入20世纪，随着社会历史文化的变化，西方现实主义文学有了新的发展。在英国，劳伦斯将性爱提升到哲学的高度进行分析和思考，在现实主义文学的发展过程中具有里程碑的意义。德国的布莱希特创制了一种新的戏剧类型——"教育剧"。法国的罗曼·罗兰是现实主义的代表，美国的菲茨杰拉德是"爵士乐时代"的最佳代言人，海明威是硬汉文学的代表，通俗文学作品《飘》为美国南部文化留下了一部鉴证实录。苏联的现实主义在20世纪格外醒目，它发展成为"社会主义现实主义"，高尔基和肖洛霍夫是其代表。但更有价值的是那些无法在苏联本土获得发表的流散文学，既坚持了现实主义传统，又体现出悲天悯人的宗教情怀。西方的现代主义文学可以分为前后两个时期：20世纪上半期的现代主义文学直接承继了19世纪末的唯美主义和象征主义的余绪；20世纪下半期的后现代主义文学则标新立异，增加了新的文学内涵。欧洲的两次世界大战摧毁了人们的信仰，动摇了人们对人性的乐观想象，悲观焦虑的情绪逐渐蔓延。现代主义文学开始由外向内转，更加关注内心的真实，关注畸形社会所造成的人的异化。现代主义是众多文学流派的集合，比较有代表性的文学流派有表现主义文学、未来主义文学、超现实主义文学和意识流小说。表现主义文学最杰出的代表是奥地利小说家卡夫卡、美国剧作家奥尼尔。未来主义的代表人物是法国诗人阿波利奈尔和苏联诗人马雅可夫斯基。超现实主义由法国的布勒东创立，代表作家是法国的阿拉贡和艾吕雅。意识流小说在20世纪20、30年代流行于英、法、美等国家，英国的代表是乔伊斯和伍尔夫；法国的代表是普鲁斯特；美国的福克纳既是意识流小说的代表，同时他建立的"约克纳帕塔法世系"保留了南方的风俗文化人情。现代主义的诸多流派持续的时间不一，但它们都拓宽了文学表现的范围，在形式方面进行了有益的尝试和创新。后现代主义文学出现在第二次世界大战之后，它是现代主义文学的延续，但也有自身的文学特性。后现代主义文学消除了精英文学和通俗文学的界限，把众多"非文学"因素引介到文学创作中，创造了"反小说""反戏剧"等后现代文学体裁。后现代主义和现代主义一样，都是众多文学流派的集合，并不存在单纯固定的、一成不变的后现代文学。后现代文学主要包括荒诞派戏剧、存在主义文学、新小说、黑色幽默和魔幻现实主义。荒诞派戏剧首先产生于法国，代表人物是尤内斯库和贝克特；存在主义文学是由法国哲学家萨特创立的，其终身精神伴侣波伏娃也是代表人物；新小说在法国形成，罗伯-格里耶是其重要代表；黑色幽默于60年代流行于美国，代表作有约瑟夫·海勒的《第二十二条军规》等；魔幻现实主义产生于拉丁美洲，引发了60年代的拉美文学大爆炸，代表作家是哥伦比亚的加西亚·马尔克斯。后现代主义文学是对现代主义文学的继承和反叛，现代主义文学背离了以往的文学传统，试图建立新的文学规范，而后现代主义则完全推翻一切规范和传统，不追求深度和理性，将文学"平面化"，消解和解构以往崇高的文学理想。后现代主义文学表面看来冷漠、无动于衷，但它作为一种具有颠覆力量的文学思潮，传达出了后现代社会中人类生存的焦虑和痛苦，这一点是具有积极意义的。

东方文学具有迥异于西方的文学景观。东方文学比西方文学的历史更悠久，迄今已有4000多年的历史，且在发生学上具有多源性。东方文化具有三大体系：以中国文化为中心的东亚文化圈，以儒家伦理道德作为共同的文化根基和安身立命之所，包括朝鲜、日本、越南等国的文化；以阿拉伯文化为中心的中东文化圈，信奉伊斯兰宗教，包括西亚、北非地区诸国的文化；以印度文化为中心的南亚、东南亚文化圈，总体趋向于信奉佛教。东方文学没有统一的源头，但在各个文化圈之内，均取得了多样、卓越的文学成就。古埃及神话和赞颂死亡的圣书《亡灵书》神秘深邃；古巴比伦的文字、宗教和神话都堪称现存世界上最古老的文化遗产；古希伯来的犹太教圣典《旧约》是后世基督教的经典文本；印度最古老的《吠陀》和两大史诗《摩诃婆罗多》《罗摩衍那》是印度历史和宗教的神圣化记录。古代东方文学在世界文学史上的地位和价值，无论怎样高估都不为过。

东方文学的中古时代所持续的时间远远超过欧洲中世纪文学，各个民族国家先后迎来了文学上的古典时期。印度产生了令18世纪文豪歌德惊叹弗如的《沙恭达罗》；波斯诗歌创作进入了黄金时代，有"诗国"美誉；阿拉伯出现了著名的《一千零一夜》，承载了西方对东方的奇妙想象；日本虽进入封建时代较晚，但在文学方面所取得的成绩不可小觑。中古时期的日本，文学的主力是公卿贵族以及从属于封建主的武士阶层。公卿贵族一般用汉文进行创作，写作各种样式的和歌；武士阶层的文学代表是战记物语。在诗歌方面，不仅诞生了日本最大型的和歌集《万叶集》，且出现了以短小俳句著称的"俳圣"松尾芭蕉。在小说领域，平安朝时代的宫廷女作家紫式部创作了一部千古奇书——《源氏物语》。此外，朝鲜产生了《春香传》，越南出现了《金云翘传》，这些民族经典作品的出现都和作为宗主国的中国文学有着密不可分的关系。

进入19世纪，亚非的大部分民族国家在欧洲列强的侵袭下先后沦为殖民地、半殖民地，政治上的卑弱和民族士气的低落使得东方近现代文学近乎盲目地追随西方的文学思潮，将西方发展数百年的思潮和流派短平快地在东方本土演练一遍，力图促进本民族文学的复兴和创新。20世纪的东方文学更是如此，相对而言取得较好成绩的两个国家是印度和日本，印度的泰戈尔是东方第一位获得诺贝尔文学奖的诗人，日本产生了川端康成和大江健三郎两位诺贝尔文学获得者。

综观东西方文学，其发展历程虽然各不相同，但在不同历史阶段都保持着紧密的文学交往。18世纪的文豪歌德曾经热切盼望着世界文学时代的来临，可以说西方文学经历了20世纪的数次变革，俨然已经迎来了世界文学的曙光。今后的文学如何发展，东方文学、西方文学在全球化、多元化的文化背景下何去何从，都是值得我们拭目以待、理性分析的。

（徐欢颜　编撰）

第一讲　印象·风景

小径分岔的花园

豪尔赫·路易斯·博尔赫斯

名句

> 时间有无数系列，背离的、汇合的和平行的时间织成一张不断增长、错综复杂的网。由互相靠拢、分歧、交错，或者永远互不干扰的时间织成的网络包含了所有的可能性。在大部分时间里，我们并不存在；在某些时间，有你而没有我；在另一些时间，有我而没有你；再有一些时间，你我都存在。

导读

　　表面上，这是一篇侦探小说，讲述的是第一次世界大战期间在英国为德国当间谍的中国人余准通过杀死汉学家艾伯特的方式将情报准确传递出去的故事。作品中，你能够看到一桩罪行的实施过程和全部准备工作，感受侦探故事的魅力。但作者真正的意图却在于阐述自己关于时间的哲学思考。作品完美地融入了余准的祖先、艾伯特的研究对象，一个叫彭㝉的中国古代的云南总督创作出了一部迷宫式小说的故事。彭㝉小说的隐喻、艾伯特的研究、余准的行为，三者本不相干，却交织一起，传递着博尔赫斯关于时间的思考，即"时间有无数系列，背离的、汇合的和平行的时间织成一张不断增长、错综复杂的网。由互相靠拢、分歧、交错，或者永远互不干扰的时间织成的网络包含了所有的可能性。""小径分岔的花园"成为作家对时间和人生的隐喻。当然，作品值得赞叹的还包括卓越的叙事技巧。博尔赫斯吸收科幻和侦探小说的元素,将史诗和民间故事的传奇性融入小说中,杂糅了不同文体以及不同的美学风格探索了小说创作的新形式。

作者简介

豪尔赫·路易斯·博尔赫斯(1899—1986),阿根廷诗人、小说家、散文家兼翻译家。他出身于阿根廷首都布宜诺斯艾利斯的书香门第,自幼热爱读书写作,精通西班牙文、英语、法语、德语、拉丁文等多种语言,学贯东西。晚年因眼疾双目几近失明,仍能靠口授写作。博尔赫斯一生坚定反对法西斯主义和独裁统治,是著名的"反庇隆主义者"。1946至1955年,庇隆执政期间,他因在反对庇隆的宣言上签名,被革去市立图书馆馆长职务,并被侮辱性地勒令去当市场家禽检查员。他拒绝任职并发文抗议,得到知识界的一致声援。1950年,当选为阿根廷作家协会主席。庇隆下台后,1955年10月17日,他被任命为阿根廷国立图书馆馆长;同时,还兼任布宜诺斯艾利斯大学哲学文学系英国文学教授。博尔赫斯的创作涵盖小说、诗歌、散文、文学评论、随笔小品、翻译文学等多个领域。尤其是在小说、诗歌和散文创作方面,实现了三种文体的融会贯通,形成了独一无二的特殊风格。有人评价说:"他的散文读起来像小说;他的小说是诗;他的诗歌又往往使人觉得像散文。沟通三者的桥梁是他的思想。"博尔赫斯的成就得到了世界的公认,他身上也被贴上了后现代主义、超现实主义、神秘主义、玄学派等标签,但是,"作家们的作家",无疑是人们对其的至高评价。

◎胡安·庇隆(1895—1974),阿根廷民粹主义政治家,先后三次出任阿根廷总统。

◎博尔赫斯的争议:他在反所谓"庇隆极权"的同时却和另一些极权者合作,因此虽然连续十几年获得诺贝尔文学奖提名,但没有一次最终获奖。

课文

献给维多利亚·奥坎波

利德尔·哈特写的《欧洲战争史》第二百四十二页有段记载,说是十三个英国师(有一千四百门大炮支援)对塞尔-蒙托邦防线的进攻原定于1916年7月24日发动,后来推迟到29日上午。利德尔·哈特上尉解释说延期的原因是滂沱大雨,当然并无出奇之处。青岛大学前英语教师余准博士的证言,经过记录、复述、由本人签名核实,却对这一事件提供了始料不及的说明。证言记录缺了前两页。

◎维多利亚·奥坎波(1891—1979),阿根廷散文作家、文学评论家。

◎元小说：20世纪中后期兴起的小说形式。与传统小说叙事的不同在于作品更关注作者本人是怎样创作小说的。作品中往往喜欢声明作者是在虚构作品，喜欢告诉读者作者是在用什么手法虚构作品，更喜欢交代作者创作小说的一切相关过程。

◎杂糅性特点：作品把不同类型的小说模式组合嫁接在一起，在文本中综合了不同的因素，这些因素既有不同的小说问题，也有不同的小说类型，同时也有不同的叙述方式和主题模式。

……我挂上电话听筒。我随即辨出那个用德语接电话的声音。是理查德·马登的声音。马登在维克托·鲁纳伯格的住处，这意味着我们的全部辛劳付诸东流，我们的生命也到了尽头——但是这一点是次要的，至少在我看来如此。这就是说，鲁纳伯格已经被捕，或者被杀。在那天日落之前，我也会遭到同样的命运。马登毫不留情。说得更确切一些，他非心狠手辣不可。作为一个听命于英国的爱尔兰人，他有办事不热心甚至叛卖的嫌疑，如今有机会挖出日耳曼帝国的两名间谍，拘捕或者打死他们，他怎么会不抓住这个天赐良机，感激不尽呢？我上楼进了自己的房间，可笑地锁上门，仰面躺在小铁床上。窗外还是惯常的房顶和下午六点钟被云遮掩的太阳。这一天既无预感又无朕兆，成了我大劫难逃的死日，简直难以置信。虽然我父亲已经去世，虽然我小时候在海丰一个对称的花园里待过，难道我现在也得死去？随后我想，所有的事情不早不晚偏偏在目前都落到我头上了。多少年来平平静静，现在却出了事；天空、陆地和海洋人数千千万万，真出事的时候出在我头上……马登那张叫人难以容忍的马脸在我眼前浮现，驱散了我的胡思乱想。我又恨又怕（我已经骗过了理查德·马登，只等上绞刑架，承认自己害怕也无所谓了），心想那个把事情搞得一团糟、自鸣得意的武夫肯定知道我掌握秘密。准备轰击昂克莱的英国炮队所在地的名字。一只鸟掠过窗外灰色的天空，我在想象中把它化为一架飞机，再把这架飞机化成许多架，在法国的天空精确地投下炸弹，摧毁了炮队。我的嘴巴在被一颗枪弹打烂之前能喊出那个地名，让德国那边听到就好了……我血肉之躯所能发的声音太微弱了。怎么才能让它传到头头的耳朵？那个病恹恹的讨厌的人，只知道鲁纳伯格和我在斯塔福德郡，在柏林闭塞的办公室里望眼欲穿等我们的消息，没完没了地翻阅报纸……我得逃跑，我大声说。我毫无必要地悄悄起来，仿佛马登已经在窥探我。我不由自主地检查一下口袋里的物品，也许仅仅是为了证实自己毫无办法。

我找到的都是意料之中的东西。那只美国挂表，镍制表链和那枚四角形的硬币，拴着鲁纳伯格住所钥匙的链子，现在已经没有用处但是能构成证据，一个笔记本，一封我看后决定立即销毁但是没有销毁的信，假护照，一枚五先令的硬币，两个先令和几个便士，一枝红蓝铅笔，一块手帕和装有一颗子弹的左轮手枪。我可笑地拿起枪，在手里掂掂，替自己壮胆。我模糊地想，枪声可以传得很远。不出十分钟，我的计划已考虑成熟。电话号码簿给了我一个人的名字，唯有他才能替我把情报传出去：他住在芬顿郊区，不到半小时的火车路程。

　　我是个怯懦的人。我现在不妨说出来，因为我已经实现了一个谁都不会说是冒险的计划。我知道实施过程很可怕。不，我不是为德国干的。我才不关心一个使我堕落成为间谍的野蛮的国家呢。此外，我认识一个英国人——一个谦逊的人——对我来说并不低于歌德。我同他谈话的时间不到一小时，但是在那一小时中间他就像是歌德……我之所以这么做，是因为我觉得头头瞧不起我这个种族的人——瞧不起在我身上汇集的无数先辈。我要向他证明一个黄种人能够拯救他的军队。此外，我要逃出上尉的掌心。他随时都可能敲我的门，叫我的名字。我悄悄地穿好衣服，对着镜子里的我说了再见，下了楼，打量一下静寂的街道，出去了。火车站离此不远，但我认为还是坐马车妥当。理由是减少被人认出的危险；事实是在阒无一人的街上，我觉得特别显眼，特别不安全。我记得我吩咐马车夫不到车站入口处就停下来。我磨磨蹭蹭下了车，我要去的地点是阿什格罗夫村，但买了一张再过一站下的车票。这趟车马上就开：八点五十分。我得赶紧，下一趟九点半开车。月台上几乎没有人。我在几个车厢看看：有几个农民，一个服丧的妇女，一个专心致志在看塔西佗的《编年史》的青年，一个显得很高兴的士兵。列车终于开动。我认识的一个男人匆匆跑来，一直追到月台尽头，可是晚了一步。是理查德·马登上尉。我垂头丧气、忐忑不安，躲开可怕的窗口，缩在座位角落里。我从垂头丧气变成自我解嘲的得意。心想我的决斗已经开始，即使全凭侥幸抢先了四十分钟，躲过了对手的攻击，我也赢得了第一个回合。我想这一小小的胜利预先展示了彻底成功。我想胜利不能算小，如果没有火车时刻表给我的宝贵的抢先一着，我早就给关进监狱或者给打死了。我不无诡辩地想，我怯懦的顺利证明我能完成冒险事业。我从怯懦中汲取了在关键时刻没有抛弃我的力量。我预料人们越来越屈从于穷凶极恶的事情；要不了多久世界上全是清一色的武夫和强盗了；我要奉劝他们的是：做穷凶极恶的事情的人应当假想那件事情已经完成，应当把将来当成过去那样无法挽回。我就是那样做的，我把自己当成已经死去的人，冷眼观看那一天，也许是最后一天的逝去和夜晚的降临。列车在两旁的梣树中徐徐行驶。在荒凉得像是旷野的地方停下。没有人报站名。是阿什格罗夫吗？我问月台上几个小孩。阿什格罗夫，他们回答说。我便下了车。

月台上有一盏灯光照明，但是小孩们的脸在阴影中。有一个小孩问我：您是不是要去斯蒂芬·艾伯特博士家？另一个小孩也不等我回答，说道：他家离这儿很远，不过您走左边那条路，每逢交叉路口就往左拐，不会找不到的。我给了他们一枚钱币（我身上最后的一枚），下了几级石阶，走上那条僻静的路。路缓缓下坡。是一条泥土路，两旁都是树，枝桠在上空相接，低而圆的月亮仿佛在陪伴我走。

有一阵子我想理查德·马登用某种办法已经了解到我铤而走险的计划。但我立即又明白那是不可能的。小孩叫我老是往左拐，使我想起那就是找到某些迷宫的中心院子的惯常做法。我对迷宫有所了解：我不愧是彭㝡的曾孙，彭㝡是云南总督，他辞去了高官厚禄，一心想写一部比《红楼梦》人物更多的小说，建造一个谁都走不出来的迷宫。他在这些庞杂的工作上花了十三年工夫，但是一个外来的人刺杀了他，他的小说像部天书，他的迷宫也无人发现。我在英国的树下思索着那个失落的迷宫:我想象它在一个秘密的山峰上原封未动,被稻田埋没或者淹在水下,我想象它广阔无比,不仅是一些八角凉亭和通幽曲径,而是由河川、省份和王国组成……我想象出一个由迷宫组成的迷宫,一个错综复杂、生生不息的迷宫,包罗过去和将来,在某种意义上甚至牵涉到别的星球。我沉浸在这种虚幻的想象中,忘掉了自己被追捕的处境。在一段不明确的时间里,我觉得自己抽象地领悟了这个世界。模糊而生机勃勃的田野、月亮、傍晚的时光,以及轻松的下坡路,这一切使我百感丛生。傍晚显得亲切、无限。道路继续下倾,在模糊的草地里岔开两支。一阵清悦的乐声抑扬顿挫,随风飘荡,或近或远,穿透叶丛和距离。我心想,一个人可以成为别人的仇敌,成为别人一个时期的仇敌,但不能成为一个地区、萤火虫、字句、花园、水流和风的仇敌。我这么想着,来到一扇生锈的大铁门前。从栏杆里,可以望见一条林荫道和一座凉亭似的建筑。我突然明白了两件事,第一件微不足道,第二件难以置信:乐声来自凉亭,是中国音乐。正因为如此,我并不用心倾听就全盘接受了。我不记得门上是不是有铃,还是我击掌叫门。像火花迸溅似的乐声没有停止。

然而,一盏灯笼从深处房屋出来,逐渐走近:一盏月白色的鼓形灯笼,有时被树干挡住。提灯笼的是个高个子。由于光线耀眼,我看不清他的脸。他打开铁门,慢条斯理地用中文对我说:

"看来彭熙情意眷眷,不让我寂寞。您准也是想参观花园吧?"

我听出他说的是我们一个领事的姓名,我莫名其妙地接着说:

"花园?"

"小径分岔的花园。"

我心潮起伏,难以理解地肯定说:

"那是我曾祖彭㝡的花园。"

"您的曾祖?您德高望重的曾祖?请进,请进。"

潮湿的小径弯弯曲曲，同我儿时的记忆一样。我们来到一间藏着东方和西方书籍的书房。我认出几卷用黄绢装订的手抄本，那是从未付印的明朝第三个皇帝下诏编纂的《永乐大典》的佚卷。留声机上的唱片还在旋转，旁边有一只青铜凤凰。我记得有一只红瓷花瓶，还有一只早几百年的蓝瓷，那是我们的工匠模仿波斯陶器工人的作品……

斯蒂芬·艾伯特微笑着打量着我。我刚才说过，他身材很高，轮廓分明，灰眼睛，灰胡子。他的神情有点像神甫，又有点像水手；后来他告诉我，"在想当汉学家之前"，他在天津当过传教士。

我们落了座；我坐在一张低矮的长沙发上，他背朝着窗口和一个落地圆座钟。我估计一小时之内追捕我的理查德·马登到不了这里。我的不可挽回的决定可以等待。

"彭㝠的一生真令人惊异，"斯蒂芬·艾伯特说。"他当上家乡省份的总督，精通天文、星占、经典诠诂、棋艺，又是著名的诗人和书法家：他抛弃了这一切，去写书、盖迷宫。他抛弃了炙手可热的官爵地位、娇妻美妾、盛席琼筵，甚至抛弃了治学，在明虚斋闭户不出十三年。他死后，继承人只找到一些杂乱无章的手稿。您也许知道，他家里的人要把手稿烧掉；但是遗嘱执行人——一个道士或和尚——坚持要刊行。"

"彭㝠的后人，"我插嘴说，"至今还在责怪那个道士。刊行是毫无道理的。那本书是一堆自相矛盾的草稿的汇编。我看过一次：主人公在第三回里死了，第四回里又活了过来。至于彭㝠的另一项工作，那座迷宫……"

"那就是迷宫，"他指着一个高高的漆柜说。

"一个象牙雕刻的迷宫！"我失声喊道。"一座微雕迷宫……"

"一座象征的迷宫，"他纠正我说。"一座时间的无形迷宫。我这个英国蛮子有幸悟出了明显的奥秘。经过一百多年之后，细节已无从查考，但不难猜测当时的情景。彭㝠有一次说：我引退后要写一部小说。另一次说：

我引退后要盖一座迷宫。人们都以为是两件事;谁都没有想到书和迷宫是一件东西。明虚斋固然建在一个可以说是相当错综的花园的中央;这一事实使人们联想起一座实实在在的迷宫。彭㝡死了;在他广阔的地产中间,谁都没有找到迷宫。两个情况使我直截了当地解决了这个问题。一是关于彭㝡打算盖一座绝对无边无际的迷宫的奇怪的传说。二是我找到的一封信的片断。"

艾伯特站起来。他打开那个已经泛黑的金色柜子,背朝着我有几秒钟之久。他转身时手里拿着一张有方格的薄纸,原先的大红已经退成粉红色。彭㝡一手好字名不虚传。我热切然而不甚了了地看着我一个先辈用蝇头小楷写的字:我将小径分岔的花园留诸若干后世(并非所有后世)。我默默把那张纸还给艾伯特。他接着说:

"在发现这封信之前,我曾自问:在什么情况下一部书才能成为无限。我认为只有一种情况,那就是循环不已、周而复始。书的最后一页要和第一页雷同,才有可能没完没了地连续下去。我还想起一千零一夜正中间的那一夜,山鲁佐德王后(由于抄写员神秘的疏忽)开始一字不差地叙说一千零一夜的故事,这一来有可能又回到她讲述的那一夜,从而变得无休无止。我又想到口头文学作品,父子口授,代代相传,每一个新的说书人加上新的章回或者虔敬地修改先辈的章节。我潜心琢磨这些假设;但是同彭㝡自相矛盾的章回怎么也对不上号。正在我困惑的时候,牛津给我寄来您见到的手稿。很自然,我注意到这句话:我将小径分岔的花园留诸若干后世(并非所有后世)。我几乎当场就恍然大悟;小径分岔的花园就是那部杂乱无章的小说;若干后世(并非所有后世)这句话向我揭示的形象是时间而非空间的分岔。我把那部作品再浏览一遍,证实了这一理论。在所有的虚构小说中,每逢一个人面临几个不同的选择时,总是选择一种可能,排除其他;在彭㝡的错综复杂的小说中,主人公却选择了所有的可能性。这一来,就产生了许多不同的后世,许多不同的时间,衍生不已,枝叶纷披。小说的矛盾就由此而起。比如说,方君有个秘密；一个陌生人找上门来；方君决心杀掉他。很自然，有几个可能的结局：方君可能杀死不速之客，可能被他杀死，两人可能都安然无恙，也可能都死，等等。在彭㝡的作品里，各种结局都有；每一种结局是另一些分岔的起点。有时候，迷宫的小径汇合了：比如说，您来到这里，但是某一个可能的过去，您是我的敌人，在另一个过去的时期，您又是我的朋友。如果您能忍受我糟糕透顶的发音，咱们不妨念几页。"

在明快的灯光下，他的脸庞无疑是一张老人的脸，但有某种坚定不移的、甚至是不朽的神情。他缓慢而精确地朗读同一章的两种写法。其一，一支军队翻越荒山投入战斗；困苦万状的山地行军使他们不惜生命，因而轻而易举地打了胜仗；其二，同一支军队穿过一座正在欢宴的宫殿，兴高采烈的战斗像是宴会的继续，他们也夺得了胜利。我带着崇敬的心情听着这些古老的故事，更使我惊异的是想出故事的人是我的祖先，为我把故事恢复原状的是一个遥远帝国的人，时间在一场孤注一掷的冒险过程之中，地点是一个西方岛国。我还记得最后的语句，像神秘的戒律一样在每种写法中加以重复：英雄们就这样战斗，可敬的心胸无畏无惧，手中的铜剑凌厉无比，只求杀死对手或者沙场捐躯。

从那一刻开始，我觉得周围和我身体深处有一种看不见的、不可触摸的躁动。不是那些分道扬镳的、并行不悖的、最终汇合的军队的躁动，而是一种更难掌握、更隐秘的、已由那些军队预先展示的激动。斯蒂芬·艾伯特接着说：

"我不信您显赫的祖先会徒劳无益地玩弄不同的写法。我认为他不可能把十三年光阴用于无休无止的修辞实验。在您的国家，小说是次要的文学体裁；那时候被认为不登大雅。彭㝡是个天才的小说家，但也是一个文学家，他绝不会认为自己只是个写小说的。和他同时代的人公认他对玄学和神秘主义的偏爱，他的一生也充分证实了这一点。哲学探讨占据他小说的许多篇幅。我知道，深不可测的时间问题是他最关心、最专注的问题。可是《花园》手稿中唯独没有出现这个问题。甚至连时间这个词都没有用过。您对这种故意回避怎么解释呢？"

我提出几种看法；都不足以解答。我们争论不休；斯蒂芬·艾伯特最后说：

"设一个谜底是棋的谜语时，谜面唯一不准用的字是什么？"我想一会儿后说：

"'棋'字。"

"一点不错，"艾伯特说。"小径分岔的花园是一个庞大的谜语，或者是寓言故事，谜底是时间；这一隐秘的原因不允许手稿中出现'时间'这个词。自始至终删掉一个词，采用笨拙的隐喻、明显的迂回，也许是挑明谜语的最好办法。彭㝡在他孜孜不倦创作的小说里，每有转折就用迂回的手法。我核对了几百页手稿，勘正了抄写员的疏漏错误，猜出杂乱的用意，恢复、或者我认为恢复了原来的顺序，翻译了整个作品；但从未发现有什么地方用过时间这个词。显而易见，小径分岔的花园是彭㝡心目中宇宙的不完整然而绝非虚假的形象。您的祖先和牛顿、叔本华不同的地方是他认为时间没有同一性和绝对性。他认为时间有无数系列，背离的、汇合的和平行的时间织成一张不断增长、错综复杂的网。由互相靠拢、分歧、交错，或者永远互不干扰的时间织成的网络包含了所有的可能性。在大部分时间里，我们并不存在；在某些时间，有你而没有我；在另一些时间，有我而没有你；再有一些时间，你我都存在。目前这个时刻，偶然的机会使您光临舍间；在另一个时刻，您穿过花园，发现我已死去；再在另一个时刻，我说着目前所说的话，不过我是个错误，是个幽灵。"

"在所有的时刻，"我微微一震说，"我始终感谢并且钦佩你重新创造了彭㝡的花园。"

"不可能在所有的时刻，"他一笑说。"因为时间永远分岔，通向无数的将来。在将来的某个时刻，我可以成为您的敌人。"

我又感到刚才说过的躁动。我觉得房屋四周潮湿的花园充斥着无数看不见的人。那些人是艾伯特和我,隐蔽在时间的其他维度之中,忙忙碌碌,形形色色。我再抬起眼睛时,那层梦魇似的薄雾消散了。黄黑二色的花园里只有一个人,但是那个人像塑像似的强大,在小径上走来,他就是理查德·马登上尉。

"将来已经是眼前的事实,"我说。"不过我是您的朋友。我能再看看那封信吗?"

艾伯特站起身。他身材高大,打开了那个高高柜子的抽屉;有几秒钟工夫,他背朝着我。我已经握好手枪。我特别小心地扣下扳机:艾伯特当即倒了下去,哼都没有哼一声。我肯定他是立刻丧命的,是猝死。

其余的事情微不足道,仿佛一场梦。马登闯了进来,逮捕了我。我被判绞刑。我很糟糕地取得了胜利:我把那个应该攻击的城市的保密名字通知了柏林。昨天他们进行轰炸;我是在报上看到的。报上还有一条消息说著名汉学家斯蒂芬·艾伯特被一个名叫余准的陌生人暗杀身死,暗杀动机不明,给英国出了一个谜。柏林的头头破了这个谜。他知道在战火纷飞的时候我难以通报那个叫艾伯特的城市的名称,除了杀掉一个叫那名字的人之外,找不出别的办法。他不知道(谁都不可能知道)我的无限悔恨和厌倦。

(选自博尔赫斯《小径分岔的花园》,王永年译,杭州:浙江文艺出版社,2002年)

阅读文献
---

1. 〔美〕埃米尔·罗德里格斯·莫内加尔著,陈舒等译《博尔赫斯传》,上海:东方出版中心,1994年。
2. 申洁玲:《博尔赫斯是怎样读书写作的》,武汉:长江文艺出版社,2000年。

思考题
---

1. 作品的核心意象是什么,它是如何体现在这部作品中的?
2. 谈谈对"小径分岔的花园"的象征意蕴的理解。
3. 谈谈作品杂糅性特点及其对小说创作的影响。

(许文立 选编)

瓦尔登湖（节选）

亨利·戴维·梭罗

名句

> 让我们像大自然那样从容地度过每一天，在前行的途中，不要因一片果壳和蚊子的翅膀而改变了形迹；让我们早早起床，不要迟延，用或者不用早餐，都优雅从容而无丝毫不安；任熙熙攘攘，人往人来，由钟声鸣响，孩子哭喊，决意过好每一天。

导读

《瓦尔登湖》是梭罗于湖畔独居时所见、所闻、所思的记录。全书以四季轮回的方式布局成篇，共分为各自相对独立的十八个章节，分别是：简约地生活；我居于何处，又因何而生；阅读；声；远离尘嚣；访客；豆田；镇子；湖；柏克田庄；更高的原则；禽兽比邻；室内取暖；往日的居民和冬天的访客；冬日的动物；冬日的湖泊；春；结语。梭罗记录了在瓦尔登湖畔生活的点点滴滴，笔法细致入微，对自然生物具有广泛的认知与敏锐细腻的把握，他着力描写林中的四时晨昏景致，以及生活在林间湖畔的动植物，情趣毕现。但《瓦尔登湖》绝不是一般的写景散文，梭罗的角色不仅是自然的观察者和诗人，亦是社会现实的批判者、简单生活的实践者和道德家。他试图扭转人类对奢华、浮夸、虚荣的普遍价值取向，以及"人类中心主义"偏执，恳切地呈现一种清醒、忠实于自我、独立自主的生活方式与状态，探寻人与自然之间和谐、融洽的相处哲学。其文字也屡屡流露出对东方思想的向往和崇尚，传递出西方宗教所无法赋予的圆融与安详。

◎瓦尔登湖：瓦尔登湖位于康科德镇区南边大约1英里处，紧贴费奇堡铁路，但人迹罕至，十分清幽。1844年，梭罗的师友爱默生买下了瓦尔登湖边11英亩林地，次年梭罗独自在此搭建了一座10英尺宽、15英尺长的小木屋，仅花费28美金。并于7月4日，即美国独立纪念日入住。这种新的生活方式为其悼念亡兄约翰提供了一方净土，也逐渐拨开了其理想世界的迷雾。从某种意义上说，梭罗自身已与瓦尔登湖合而为一，他隐居于自我之中，寻求个人意志的完整性，体验一种"真正活过"的生活。在梭罗那里，瓦尔登湖已超越了作为自然的意义，而成为其感知自我、感知社会、感知文化的载体。

作者简介

亨利·戴维·梭罗（1817—1862），美国著名随笔作家、诗人。出身于美国马萨诸塞州康科德的一个小商人家庭，在康科德中学读书时对希腊罗马古典文学产生了浓厚的兴趣。1833年就读于哈佛大学，1837年完成学业后，在康科德镇中心学校当过教员，后在康科德学院任古典学教师。1841年成为大作家和思想家爱默生的门徒和助手，并开始尝试写作。1845年向《小妇人》的作者阿尔柯特借了把斧头，只身一人进入无人居住的瓦尔登湖边的山林中，在湖畔建造了一个小木屋，并居住了两年两个月零两天，过着自然而清苦的生活。1847年回到康城，帮助父亲从事铅笔制作和销售。1848年再次住进爱默生家，帮助赴海外讲学的师友爱默生主持家务，后与之共同致力于废奴运动。1854年，他七易其稿而写成的《瓦尔登湖》问世。1860年罹患肺结核，此后整理日记手稿，并发表了一些文章。两年后病逝。他终身未娶，被同时代人视为魂向山林的"怪人"；他倡导朴素、真实、清醒、自然的生活方式，却在有生之年备受冷遇，直至世纪之交其作品的价值才被充分肯定。他的思想对托尔斯泰、罗曼·罗兰、甘地、马丁·路德·金、海明威、杰克·凯鲁亚克、艾伦·金斯堡等产生了深刻的影响。1969年，梭罗塑像被正式安放于纽约"名人馆"。

课文

时间和空间都不同往昔，我栖息在宇宙永恒不变的角隅，那里距我心驰神往的历史时代更近，它飘忽渺杳，天文学家只能在暗夜看到。我们倾向于拟想一个充满快乐的去处，它万里之遥，纤尘不染，在浩渺天穹的某一个角落，比仙后座更益遥远，远离扰攘和喧嚣。我发现，我的小屋就坐落在天地间这样一个幽僻之处，它永远不染尘垢，新鲜如初。如果与昴宿星、毕宿星、天鹰星或牵牛星比邻而居确有意义，那么我真的就会去那儿，要不就会居于同样遥远的地方，远离我置于身后的那种生活，对我最近的邻人，放射出悦目的光线，只能让他们在没有月色的夜间获得一睹。这就是我在造化之中的一

◎隐居与独居：梭罗并未穷其一生居于瓦尔登湖，只是暂居2年有余。他隐于瓦尔登湖畔独自生活，但并不是个隐士，也无意于"隐"。与中国士子仕途失意之后，绝尘而去，隐逸山林田园，处江湖之远不同，梭罗既不像旅人蜻蜓点水掠过，也不似土著只缘身在此山中般随意，他观察、理解、热爱这一个湖。他始终在积极地主导一种真实的、更高质量的生活。他当然有隐者一般的清心超凡，方可以用隽永浪漫空灵的文字令瓦尔登湖尽显万千气象，美得无与伦比；他更以科学和诗意同时观照自然与生活，勘测土地水文，记录物种，探寻自然的奥秘，并低吟浅唱；他虽离群索居，却心系现实社会，以对一种完整生活的体验和躬行，不断进行个人省思，孜孜以求地探寻人类的过去、现在与未来。

笔记

席之地——

　　从前，世上有位牧人
　　他思虑超拔高远
　　像时时养着他的羊群
　　点缀撒布的高山

　　如果他的羊群一直攀爬，总是移动在比他思想更高的草场，那这位牧人的生活我们会如何想象？

　　每个清晨都是对我欣悦的召唤，让我像它那样真朴简约地生活，或许，会像大自然本身那样圣洁。我像希腊人那样，也虔诚地膜拜着黎明女神。我很早就起身，在湖中沐浴，这成了一桩有宗教意味的修身早课，也是我人生所为中最富价值的举动之一。人们说成汤的浴盆所铸文字有这样的意思："苟日新，日日新，又日新。"我能领会其中的意蕴。清晨再现了英雄时代，当拂晓尚早，我开启屋门和窗户，在屋内端坐之际，有一只蚊子便前来造访，那隐约难查不可思议的游历伴着微微的嗡嗡声，我为之深深触动，恰似聆听献给英名的永恒号角。它唱着一曲荷马的挽歌，它是空中的《伊利亚特》和《奥德赛》，吟咏着各自的愤怒和游浪，其中大有宇宙本体之感，这是对弥漫于天地之间永恒活力和滋养的宣告，一种垂之永久的告示。在一天之中，清晨最值得怀恋和纪念，是一段让万物醒悟的光阴，其时，我们身上略无睡意，至少，不管是白昼还是黑夜，一个钟头之内，我们身上其他时候沉睡的东西此时苏醒了。如果清晨时分，唤醒我们的不是自己的性灵，而是仆从那种机械刻板的推搡，这样的日子有什么盼头？这也能称做日子？如果唤醒我们的，不是我们自己新生的力量和灵感，它伴随着圣乐的悠扬，而非工厂的响铃；它让空气中弥漫着一股馨香，指向一种更高的境界，而非我们沉入酣睡的状态，这种时候，连黑夜都会结出丰腴的果实，美不胜收，跟光明毫无二致。如果有人不相信每天之中，有那么一

○梭罗的"东方思想"：《瓦尔登湖》中数度出现孔孟语录。"苟日新，日日新，又日新"出自《大学》，下文又引《吠陀经》中"所有的慧性都会在清晨苏醒"之经文，可谓恰到好处。梭罗将清晨湖中沐浴视作精神洗礼，借此以彰自我完善的意图。受其导师爱默生的影响，梭罗对中国先秦圣哲经典非常钟爱。而居于瓦尔登湖，是梭罗效法印度先哲亲证宇宙的一种方式。梭罗意识到西方文化的弊端，并深深忧虑人与自然、与上帝的关系时，在东方文化中找到了灵感。梭罗认为，东方哲学追求超验，以静止形式与宇宙同在，所探讨的是关乎人的行动与沉思的更为崇高的命题。他希望借鉴东方思想中的灵性来为西方世界中的危机和困境找到理想的出路。

------------ 笔记 ------------

个钟头，比他依旧糟蹋的光阴更早，更神圣，更富光彩的话，那么他的生活就已经陷入了绝望，过着一种日渐沉沦走向黑暗的生活。在单纯的感官生活片刻停止之后，人的灵魂，乃至官能，会重获生机，其性灵也会重新尝试就其所能的卓越生活。我可以说，人生中所有值得纪念的转折，都出现在清晨时光，都会在清晨的氛围之中发生。《吠陀经》中说："所有的慧性都会在清晨苏醒。"诗歌和艺术，以及人类最纯洁、最富纪念意义的举措，都植根于这样一个钟点之中。所有的诗人和英豪，像门农那样，都是黎明女神的宠儿，都在旭日冉冉之际奏出美妙的乐声。那些敏锐活跃，奔腾昂扬的灵魂永远跟太阳并驾齐驱，对他们，每一天都灌注着黎明的气息，这跟钟铃的鸣叫没有关系，也与世人的观念及劳作毫不相干。对我而言，只要清醒，只要醒悟，就是黎明。精神的重塑就是鄙弃沉睡的努力。如果人们不在浑浑噩噩中度日，那么，为什么他们会对自己的时光给予如此可怜的说明？他们并非拙于计算，如果没有被睡意征服，他们已经做过一些事情。数百万人会为了体力劳作彻底苏醒，而百万之中只有一人会为有效的心智劳作彻底苏醒，而对于诗意和神性的生活，一亿人中只有一人会因此彻底苏醒。保持清醒就是保持活力，我从来就没有遇到非常清醒的人，又怎会注视那张面孔？

我们一定记住，要让自己重新觉醒并保持清醒，不要采用机械手段，而要心怀一种对黎明的无限向往，即便我们沉入酣睡，这种黎明的光彩也不会弃我们而去。就我所知，在诸种让人振奋的行为里面，没有什么能够跟一个人明确地付出努力，为了让自己的生命升华的那种确凿无疑的作为相比。能精确地绘画和雕刻，因此能创作些许精致优美的作品是不错，但是，更卓越壮丽的则是，雕琢出一种氛围，描摹出一种方式，可以让我们审视，让我们能够进行精神的实践，切实地升华每天的价值，这才是最高境界的艺术。每个人都身负使命，让自己的生活，乃至其细节富有价值，值得我们花生命中

◎梭罗的"个人主义"及世界意识：在政治和社会语境中，个人主义（individualism）是相对于集体主义的概念，可谓以美国为代表的西方社会的一种文化特质，强调人的个体价值、独立意识以及平等与自由的权力。在《瓦尔登湖》中，梭罗不止一次地表述出"独自走我的路""不服从"的思想和主张。虽然表现出了极强的个体意识，但梭罗的世界观却极为豁达宽广。首先，他欣赏并接纳世界文化的多样性，作品对东方文化、印第安文化、黑人文化均颇有见地；再者，他对本民族文化持扬弃的态度，试图借鉴他者文化构建更为理想化的美国图景；最后，他站在全人类的高度，对人类价值体系进行反省、批判，以自然之子和人类社会公民的身份付出道德努力。

------笔记------

最崇高、最重要的时光去沉思品味。如果我们对既有的那些琐碎见识加以抛弃，或者说已经厌倦，那么，神使就会无比清楚地给我们启示，让我们如何有效地行动。

我走近丛林，是因为我想带着明确的目的去生活，只是直面生命的本质，以验证我是否无法领会它给予的启示，以免在我弥留之际，发现自己没有真正地生活过。我无意过那种缺乏意义的生活，生活何其美妙！我也无意顺从天命，除非十分必要。我想深切地活着，吸纳生命所有的精髓，活得像斯巴达人那样刚劲强毅，以彻底革除并非生命本质的一切，披荆斩棘，斩草除根似地开拓出一条道路，将生命逼入死角，滤去其他，只剩下最基本的要素。如果生命注定卑琐，那么，如何将其中所有的劣根清除殆尽，然后将它公之于世；如果生命是崇高的，那么用自己的经历去给予验证，能够让它在我下次的游历中得以显现。因为在我看来，绝大多数人对此生疏无知，将信将疑，不问它是恶魔的地狱，还是上帝的天国，他们程度不同，得出草率的结论："永远彰显主的荣耀，永远享受他的赐予"是人类此生的要务。

我们依然生活得像蝼蚁一样卑贱，尽管那寓言告诉我们，好久以前我们早已变成了人类；我们是跟仙鹤打斗的俾格米人，这真是错误上加错误，补丁上落补丁，那么，我们的至上美德就会滔滔而至，然而可以避免的顽劣秉性留下了空隙，生活也被鸡零狗碎的一切弄得支离破碎。一个诚朴的人很少用超过十个手指去数数，如果实在不得已，他或许会加上十个脚趾，其余则会笼统视之。简朴，再简朴，还是简朴！告诉你，让事情剩下三件两件，而非成百上千，何须操心百万，半打足矣，将账目记在拇指盖上便可。在文明生活波涛汹涌的中心，一个人得领受阴云、风暴、流沙的洗礼，考虑一千零一项事务，如果他尚未溺水沉入海底，而完全通过航位推测法觅得港湾而获得了成功，便绝对够得上一个杰出的计算能手。简单一点，再简单一点，依然简单一点！为什么要一日三餐，如果可能的话就只吃一顿；为什么要杯盘碟盏放满桌子，五个就够了；其他事情也可以相应地简化。

装腔作势和过眼云烟被奉为圭臬，而事实却难获信任。如果人们只恪守真实，而拒绝蛊惑，那么，较之我们已知的诸般事相，生命就会像《天方夜谭》那样充满奇幻的魅力；如果我们只是对所有不言而喻、天经地义的一切心怀敬意，那么，诗歌和音乐会弥漫在大街小巷；当我们不再匆忙，不再诡诈，我们就会深知只有伟大卓越的一切才会万古不废，永不改易，而卑琐的恐惧和乐趣不过是真相的一重幻影而已。这才是永恒的快乐和崇高的壮丽。人们常常会在双眼紧闭、陷于昏睡之际，甘心被幻影所迷，而选定了他们的生活之路，并且垂为习惯，谨守奉行，而这一切，依然是建立在十足泡沫之上的空中楼阁。游耍的孩童，他们对真实的生活之道与关系看得比成人清楚；而成人，则生活得一无价值，他们反倒认为自己阅世较深，因此智慧丰足，而那些阅历，说白了，就是一塌糊涂。

我曾读过的一本印度古书谈道："从前，有个国王的儿子，他在幼年时被逐出了父母之邦，而被一位林中人抚养长大。在这种环境中成年之后，他自认为自己就是与之相处的野蛮人的苗裔。父亲的一位朝臣发现他之后，告诉了他的身份，因此驱除了他对自己性情认识的假象，明白了自己是个王子。"这位印度哲人接着说，"因为他置身其中的环境，灵魂也迷失了自我，直至一位仙师道出真相，方始明白了自己应该成为婆罗门。"我发现，我们这些居住在新英格兰的人们之所以活得如此猥琐，主要是我们没有透过表象进行透视，我们认为，凡事看上去就是那样。但凡有人肯穿过镇子去查看唯一靠得住的东西，那么，试想，"磨坊水池"将会被置于何处？如果他给我们讲述一番自己外出探得的真实，我们会发现他所描述的地方对我们何其生疏。先查看一番会议室、法庭、监狱、商铺或是民居，然后说说，在一双锐利的眼

◎文明与荒原：梭罗在瓦尔登湖过着原始人一样的生活，以文明人的素质和积淀蛰伏于蛮荒。他不似远古先人般惶惑，而是以生命灵性与自然对话。梭罗坚信，人与万物皆为生命共同体中的有机构成，人之生存最完美的境界即荒原的野性与文明滋养的有机结合。因此，他用全部的生命拥抱和感受荒原，歌颂荒原，试图追寻文明人在文明社会中失落的东西。他并非抵制文明，而是要探寻人类更为理想、和谐的精神家园。他不断呼号，简单一点，再简单一点，依然简单一点！剔除生活之赘负之后，方知生活的真谛和生命的本质。当人类对自然生命充满敬畏，才能对自我保持清醒理智；当文明与荒原之间实现一种平衡，才能体悟人之于世的意义。这种意识正是梭罗生态思想的核心。

———笔记———

睛前面，它们到底是些什么东西：它们都会分崩离析，经不起你的描述。人们尊奉遥远的真理，它们在宇宙之外，隐匿在最远星辰之后，在亚当出生之前，也在世间最后一个人死去之后，只有到来世，才会有一些崇高卓越可置信任的东西。但是，所有这些时段和地方就在此刻和此地，上帝只有在此刻才最伟大，流逝的时光永远不能让他更加高大，我们只有像春雨润物那样永远浸润在身边的真实之中，才能够彻底领会崇高伟大，把握卓越高贵。上天永远会忠顺地给我们的观念以回应，不管我们快步疾走，还是漫步而行，前方的路已经筑就。就让我们用毕生之力去感悟它吧。诗人和艺匠的构思并不会永远那么和谐高贵，但是，至少还有他的某些子孙会让事业臻于极致。

让我们像大自然那样从容地度过每一天，在前行的途中，不要因一片果壳和蚊子的翅膀而改变了形迹；让我们早早起床，不要迟延，用或者不用早餐，都优雅从容而无丝毫不安；任熙熙攘攘，人往人来，由钟声鸣响，孩子哭喊，决意过好每一天。我们为什么要随波逐流，让步屈从？我们切勿栖身在日中的滩涂之上，为一种名之正餐的可怕漩涡和激流弄得栖迟彷徨，颓然崩溃，历经这些艰险之后，你就会安然无恙，因为前面都是康庄坦途。不要松弛了你的胆气，要充满清晨的朝气，去远航，去寻找另一条道路，像尤利西斯那样将自己缚在桅杆之上。如果火车的汽笛响了，就让它响吧，直到声嘶力竭；如果车站的铃声响了，我们为什么要跑起来？我们该作出判断那到底是什么音乐。让我们镇定下来，行动起来，将双脚坚实地踩入那片观念、偏见、传统、幻觉和表象的泥淖之中，它泛滥于整个世界，穿过巴黎和伦敦，穿过纽约、波士顿和康科德，从教堂到政府，从诗歌到哲学再到宗教，无处不在，无所不有，直到我们发现了一块地方，那里有岩石和坚实的底部，那就是我们可以称之为真实的所在，然后就可以说，没错，就是这里；有了这样一个基点，我们就可以居于洪流、寒冰和烈火的下方，在这里建一处墙垣或一个邦国，或稳妥地放置一个灯柱，树立一个标杆，并非尼罗河上的标尺，而是真实世界的标尺，如此，后世就能知道，屡屡泛起的虚假和幻象的浊流到底有多深。如果你端庄正立，直面逼真的事实，你就会看到太阳的两面都在放光，像一柄月形的东方短刀，在它将你从心脏到髓脑分做两半的时候，感受它那华美的锋刃，此时，你就会欣然地结束尘世的旅程。不管是生是死，我们只求真实，如果我们正处在弥留之际，就让我们谛听喉头急促的喘息，感受大限来临的幽冷；如果我们活着，好，继续我们的事业吧。

（选自亨利·戴维·梭罗《瓦尔登湖》，仲泽译，成都：四川文艺出版社，2010年）

阅读文献

1. 〔美〕梭罗著，付瑞娟等译《带自己回家：让疲惫的心灵重获新生》，南京：江苏凤凰文艺出版社，2015年。
2. 〔美〕罗伯特·米尔德著，马会娟等译《重塑梭罗》，北京：东方出版社，2002年。
3. 〔美〕罗伯特·塞尔著，陈凯等译《梭罗集》，北京：生活·读书·新知三联书店，1996年。

思考题

1. 梭罗的《瓦尔登湖》中是否体现出禅意？试举例一二。
2. 当梭罗在瓦尔登湖畔反思美国社会与文明时，尝试借鉴东方文明来弥补西方社会的某些不足。在你看来，东西方社会在当下面临着哪些共同问题？当如何应对？
3. 从文学的角度看，瓦尔登湖远离人世喧嚣纷扰，充满空灵静谧之美，它是否可以视为中国文化语境所谓之"世外桃源"？

（蔡晶　选编）

第二讲 潜思奇述

追忆似水年华（节选）

马塞尔·普鲁斯特

名句

生命只是一连串孤立的片刻，靠着回忆和幻想，许多意义浮现了，然后消失，消失之后又浮现。如一连串在海中跳跃的浪花。

导读

长篇小说《追忆似水年华》共7部15卷，是作者因病长期困居斗室，通过对青少年时期生活的回忆而创作的自传体小说。如果说巴尔扎克的《人间喜剧》把外部世界作为自己的领地，《追忆似水年华》则把人类的精神世界安置在天地的中心。作者认为真正的生命是回忆中的生活，它比现实生活更真实，人的生活只有在回忆中才能显现。因此，作品突出表现两个主题，一是时间，二是回忆。在作家的个人生活中，物理的时间已经没有了意义，他的时间指的是生命的延续，而实现生命延续的方式就是回忆。这种回忆与日常通过理性方式实现的回忆不同，常常是感觉与记忆之间的偶合，是不由自主的回忆，就像由一块"小玛德莱娜"点心的味道诱发的对往事的追忆那样，没有来由却自然发生。小说以追忆的手段，借助超越时空概念的潜在意识，不时交叉地重现逝去的岁月，从中抒发对故人、往事的无限怀念和难以排遣的惆怅。作品没有中心情节，实现了在艺术形式上的革新，成为意识流小说的代表作。小说文笔流畅、

◎意识流：心理学术语，最早由19世纪美国实用主义哲学创始人、心理学家威廉·詹姆斯提出。他在1884年发表的《论内省心理学所忽略的几个问题》一文中，认为人类的思维活动是一股切不开、斩不断的"流水"。他说："意识并不是片断的连接，而是不断流动着的。用一条'河'或者一股'流水'的比喻来表达它是最自然的了。此后，我们再说起它的时候，就把它叫做思想流、意识流或者主观生活之流吧。""意识流"的概念强调了思维的不间断性，也强调其超时间性和超空间性，即不受时间和空间的束缚。后来被引用至文学领域，引发"意识流"文学的产生。

笔记

节奏舒缓、语言细腻，似一条缓缓流淌而又风光优美的河流，给人以无限的审美享受。

作者简介

马塞尔·普鲁斯特（1871—1922），20世纪法国最伟大的小说家之一，意识流文学的先驱与大师。他出生于巴黎上流社会的富裕家庭，从小养尊处优，生活富贵安闲，青少年时期经常出入上流社会的交际场合，是沙龙中的宠儿。他聪敏俊秀、生性敏感、富于幻想，颇具文学禀赋，二十岁左右就产生终生从事文学创作的意愿。但自幼体弱多病，由于患有严重的哮喘病，怕光、怕风、怕巨大的声响。因此，三十五岁起到五十一岁去世，普鲁斯特终年生活在一间门窗经常不打开的相对安静密闭的房间中，几乎足不出户十五年之久。在这十五年期间，他自知痼疾难愈，外在的生活已与自己绝缘。但是他却利用回忆这种特殊的形式，通过文学创作，在特殊的生活方式中展示显现了自我独特的生命形态，可谓穷毕生之力，创作了《追忆似水年华》这一200多万字的浩繁巨著。

课文

我觉得凯尔特人的信仰很合情理。他们相信，我们的亲人死去之后，灵魂会被拘禁在一些下等物种的躯壳内；例如一头野兽，一株草木，或者一件无生物，将成为他们灵魂的归宿，我们确实以为他们已死，直到有一天——不少人碰不到这一天——我们赶巧经过某一棵树，而树里偏偏拘禁着他们的灵魂。于是灵魂颤动起来，呼唤我们，我们倘若听出他们的叫唤，禁术也就随之破解。他们的灵魂得以解脱，他们战胜了死亡，又回来同我们一起生活。

往事也一样。我们想方设法追忆，总是枉费心机，绞尽脑汁都无济于事。它藏在脑海之外，非智力所能及；它隐蔽在某件我们意想不到的物体之中（藏匿在那件物体所给予我们的感觉之中），而那件东西我们在死亡之前能否遇到，则全凭偶然，说不定我们到死都碰不到。

◎潜意识：关于意识层次的划分，是弗洛伊德精神分析学说的重要内容之一。弗洛伊德认为，人的心理包括意识和无意识现象，无意识现象又可以划分为前意识和潜意识。前意识是指能够进入意识中的经验；潜意识则是指不能进入或很难进入意识中的经验，它包括原始的本能冲动和欲望，特别是性的欲望。意识、前意识和潜意识的关系是：意识只是前意识的一部分，二者虽有界限，但不是不可逾越的；前意识位于意识和潜意识之间，扮演着"稽查者"的角色，严防潜意识中的本能欲望闯入意识中；潜意识则始终在积极活动着，当"稽查者"放松警惕时，就通过伪装伺机进入意识中。潜意识的心理虽然不为人们所觉察，但却在人的活动中起着支配作用。弗洛伊德关于潜意识的认知，极大地影响了20世纪的文学创作。

这已经是很多很多年前的事了,除了同我上床睡觉有关的一些情节和环境外,贡布雷的其他往事对我来说早已化为乌有。可是有一年冬天,我回到家里,母亲见我冷成那样,便劝我喝点茶暖暖身子。而我平时是不喝茶的,所以我先说不喝,后来不知怎么又改变了主意。母亲差人拿来一块点心,是那种又矮又胖名叫"小玛德莱娜"的点心,看来像是用扇贝壳那样的点心模子做的。那天天色阴沉,而且第二天也不见得会晴朗,我的心情很压抑,无意中舀了一勺茶送到嘴边。起先我已掰了一块"小玛德莱娜"放进茶水准备泡软后食用。带着点心渣的那一勺茶碰到我的上腭,顿时使我浑身一震,我注意到我身上发生了非同小可的变化。一种舒坦的快感传遍全身,我感到超尘脱俗,却不知出自何因。我只觉得人生一世,荣辱得失都清淡如水,背时遭劫亦无甚大碍,所谓人生短促,不过是一时幻觉;那情形好比恋爱发生的作用,它以一种可贵的精神充实了我。也许,这感觉并非来自外界,它本来就是我自己。我不再感到平庸、猥琐、凡俗。这股强烈的快感是从哪里涌出来的?我感到它同茶水和点心的滋味有关,但它又远远超出滋味,肯定同味觉的性质不一样。那么,它从何而来?又意味着什么?哪里才能领受到它?我喝第二口时感觉比第一口要淡薄,第三口比第二口更微乎其微。该到此为止了,饮茶的功效看来每况愈下。显然我所追求的真实并不在于茶水之中,而在于我的内心。茶味唤醒了我心中的真实,但并不认识它,所以只能泛泛地重复几次,而且其力道一次比一次减弱。我无法说清这种感觉究竟证明什么,但是我只求能够让它再次出现,原封不动地供我受用,使我最终彻悟。我放下茶杯,转向我的内心。只有我的心才能发现事实真相。可是如何寻找?我毫无把握,总觉得心力不逮;这颗心既是探索者,又是它应该探索的场地,而它使尽全身解数都将无济于事。探索吗?又不仅仅是探索:还得创造。这颗心灵面临着某些还不存在的东西,只有它才能使这些东西成为现实,并把它们

◎**意识流小说**:是20世纪20年代形成的一种现代主义文学流派或文体形式,盛行于欧美各国。意识流小说家们认为,只有人的精神和意识才是真正的真实,作家的任务就是要着力表现人的意识活动和内心奥秘。他们以心理时间结构作品,将时序颠倒,过去、现在和将来交叉重叠,形成多层次、多线索的立体交错结构。他们采用内心独白、自由联想、象征暗示、旁白等手法,来展现人物意识流动的过程。代表作家有法国的普鲁斯特、英国的弗吉尼亚·伍尔夫、爱尔兰的詹姆士·乔伊斯和美国的威廉·福克纳等。

引进光明中来。

我又回过头来苦思冥想：那种陌生的情境究竟是什么？它那样令人心醉，又那样实实在在，然而却没有任何合乎逻辑的证据，只有明白无误的感受，其它感受同它相比都失去了明显的迹象。我要设法让它再现风姿，我通过思索又追忆喝第一口茶时的感觉。我又体会到同样的感觉，但没有进一步领悟它的真相。我要思想再作努力，召回逝去的感受。为了不让要捕捉的感受在折返时受到破坏，我排除了一切障碍，一切与此无关的杂念。我闭目塞听，不让自己的感官受附近声音的影响而分散注意。可是我的思想却枉费力气，毫无收获。我于是强迫它暂作我本来不许它作的松弛，逼它想点别的事情，让它在作最后一次拚搏前休养生息。尔后，我先给它腾出场地，再把第一口茶的滋味送到它的跟前。这时我感到内心深处有什么东西在颤抖，而且有所活动，像是要浮上来，好似有人从深深的海底打捞起什么东西，我不知道那是什么，只觉得它在慢慢升起；我感到它遇到阻力，我听到它浮升时一路发出汩汩的声响。

不用说，在我的内心深处搏动着的，一定是形象，一定是视觉的回忆，它同味觉联系在一起，试图随味觉而来到我的面前。只是它太遥远、太模糊，我勉强才看到一点不阴不阳的反光，其中混杂着一股杂色斑驳、捉摸不定的漩涡；但是我无法分辨它的形状，我无法像询问唯一能作出解释的知情人那样，求它阐明它的同龄伙伴、亲密朋友——味觉——所表示的含义，我无法请它告诉我这一感觉同哪种特殊场合有关，与从前的哪一个时期相连。

这渺茫的回忆，这由同样的瞬间的吸引力从遥遥远方来到我的内心深处，触动、震撼和撩拨起来的往昔的瞬间，最终能不能浮升到我清醒的意识的表面？我不知道。现在我什么感觉都没有了，它不再往上升，也许又沉下去了；谁知道它还会不会再从混沌的黑暗中飘浮起来？我得十次、八次地再作努力，我得俯身寻问。懦怯

◎《追忆似水年华》的出版情况：全书共7部，15卷，从1905年开始创作，至作者逝世前全部完成。第一部《在斯万家的那边》于1913年问世，但反应冷淡，作者只好自费印行。后来《在斯万家的那边》逐渐获得文艺界的赞赏。不久，第一次世界大战爆发，出版工作被搁置下来。战争结束后，第二部《在少女们身旁》于1919年出版，并获得龚古尔文学奖，普鲁斯特名声大振。此后，第三部《盖尔芒特家那边》和第四部《索多姆和戈摩尔》相继于1921和1922年出版，最后三部《女囚》（1923）、《逃亡者》（1925）和《重现的时光》（1927）则是普鲁斯特逝世后才出版的。

笔纪

总是让我们知难而退，避开丰功伟业的建树，如今它又劝我半途而废，劝我喝茶时干脆只想想今天的烦恼，只想想不难消受的明天的期望。

然而，回忆却突然出现了：那点心的滋味就是我在贡布雷时某一个星期天早晨吃到过的"小玛德莱娜"的滋味（因为那天我在做弥撒前没有出门），我到莱奥妮姨妈的房内去请安，她把一块"小玛德莱娜"放到不知是茶叶泡的还是椴花泡的茶水中去浸过之后送给我吃。见到那种点心，我还想不起这件往事，等我尝到味道，往事才浮上心头；也许因为那种点心我常在点心盘中见过，并没有拿来尝尝，它们的形象早已与贡布雷的日日夜夜脱离，倒是与眼下的日子更关系密切；也许因为贡布雷的往事被抛却在记忆之外太久，已经陈迹依稀，影消形散；凡形状，一旦消褪或者一旦黯然，便失去足以与意识会合的扩张能力，连扇贝形的小点心也不例外，虽然它的模样丰满肥腴、令人垂涎，虽然点心的四周还有那么规整、那么一丝不苟的绉褶。但是气味和滋味却会在形销之后长期存在，即使人亡物毁，久远的往事了无陈迹，唯独气味和滋味虽说更脆弱却更有生命力；虽说更虚幻却更经久不散，更忠贞不矢，它们仍然对依稀往事寄托着回忆、期待和希望，它们以几乎无从辨认的蛛丝马迹，坚强不屈地支撑起整座回忆的巨厦。

虽然我当时并不知道——得等到以后才发现——为什么那件往事竟使我那么高兴，但是我一旦品出那点心的滋味同我的姨妈给我吃过的点心的滋味一样，她住过的那幢面临大街的灰楼便像舞台布景一样呈现在我的眼前，而且同另一幢面对花园的小楼贴在一起，那小楼是专为我的父母盖的，位于灰楼的后面（在这以前，我历历在目的只有父母的小楼）；随着灰楼而来的是城里的景象，从早到晚每时每刻的情状，午饭前他们让我去玩的那个广场，我奔走过的街巷以及晴天我们散步经过的地方。就像日本人爱玩的那种游戏一样：他们抓一把起先没有明显区别的碎纸片，扔进一只盛满清水的大碗里，碎纸片着水之后便伸展开来，出现不同的轮廓，泛起不同的颜色，千姿百态，变成花，变成楼阁，变成人物，而且人物都五官可辨，须眉毕现；同样，那时我们家花园里的各色鲜花，还有斯万先生家花园里的姹紫嫣红，还有维福纳河塘里飘浮的睡莲，还有善良的村民和他们的小屋，还有教堂，还有贡布雷的一切和市镇周围的景物，全都显出形迹，并且逼真而实在，大街小巷和花园都从我的茶杯中脱颖而出。

（选自马塞尔·普鲁斯特《追忆似水年华》，李恒基、徐继曾等译，南京：译林出版社，1989年）

阅读文献

1. 〔法〕莫洛亚著，袁树仁译《从普鲁斯特到萨特》，桂林：漓江出版社，1987年。
2. 〔法〕莫里亚克著，许崇山、钟燕萍译《普鲁斯特》，北京：中国社会科学出版社，1989年。
3. 瞿世镜选编《意识流小说理论》，成都：四川文艺出版社，1989年。
4. 〔英〕弗吉尼亚·伍尔夫著，孙梁、苏美译《达洛卫夫人》，上海：上海译文出版社，2007年。

思考题

1. 在作品中，作者再现往昔的主要方式是回忆。你发现了哪些回忆的方式，这些方式是否也在你的现实生活中有所表现？
2. 作为一个几乎与世隔绝的作家，普鲁斯特在作品中通过回忆再现了自己的生命形态，这种对生命的体验方式对你有何启示，你如何理解作品中所表现的生命时间？
3. 结合伍尔夫、乔伊斯等作家的作品，谈谈你对意识流小说的理解。

（许文立　选编）

纳尼亚传奇（节选）

克莱夫·斯坦普尔斯·刘易斯

名句

> 这是——这是一个有魔法的衣柜。里面有片树林，那儿在下雪。还有一只羊怪和一个女巫，那地方叫纳尼亚。来看看吧。

导读

《纳尼亚传奇》是一部以儿童游历冒险为主题的系列奇幻小说，共分7个部分，分别是《狮子、女巫与魔衣橱》（1950）、《凯斯宾王子：重返纳尼亚》（1951）、《黎明踏浪号》（1952）、《银椅》（1953）、《能言马与男孩》（1954）、《魔法师的外甥》（1955）和《最后一战》（1956）。故事的中心线索是四个孩子从现实世界进入纳尼亚王国之后进行的一系列惊心动魄的冒险活动。在《狮子、女巫和魔衣橱》中，由于受到战争威胁，彼得、苏珊、埃德蒙和露茜四兄妹被父母暂时安置于乡间一位老教授家中。某天孩子们玩捉迷藏的游戏时，无意间发现一个大衣橱的尽头通向一个银白色的未知国度，这里有森林、雪地，点着和伦敦街头一样的街灯，但居民并非人类。原来，这是由雄狮阿斯兰统治的纳尼亚王国。但当时阿斯兰被邪恶的白女巫的魔法禁锢，整个王国由白女巫支配，被冰雪封冻，所有对白女巫不敬的人都被化作石像。最终，大家齐心协力击败了白女巫，自由与正义重回纳尼亚。后来在一次狩猎中，孩子们又发现了那个魔衣橱，得以回到现实世界。作者在一个虚构的地理空间建构庞大的第二世界，借助想象在时间和新的空间中进行新的叙事构建，表达作者对人类基本问题的深切关注与思考，以及对理想社会的期冀和追求。他按照儿童体验事物的方式对人类情感和疑难问题进行外化

◎奇幻文学：一种能够引发读者产生惊异感并包含了超自然、非理性因素的文类。其结构通常是魔法世界＋恶魔威胁＋征服邪恶势力的英雄。虽然充满幻想情节，但幻想始终发生于现实生活之中，主人公通常来自现实世界，经历冒险，战胜邪恶，凸显出英雄品质。

和投射。当人们对现实世界的竞争和厮杀感到无助而恐慌时,替换性想象叙事出现于魔幻世界。在纳尼亚王国,四个起初有着这样或那样缺陷的孩子成为传说中命定的解救者,肩负着为被压迫者找回家园的使命。他们注定要在冒险中审视和发现自己,凭借天性里的智慧、勇气与信念,战胜自己,也战胜对手。

作者简介

克莱夫·斯坦普尔斯·刘易斯(1898—1963),20世纪著名文学家、学者、批评家。他生于北爱尔兰贝尔法斯特的一个律师之家,生而为骄子,家中藏书颇丰,他自幼便酷爱躲在小阁楼上阅读。他一生传奇,9岁丧母,异乡求学;第一次世界大战期间,入伍赴法作战;伤病回国后入牛津完成学业;1925年登牛津大学马格达伦学院教席,被后人誉为"最伟大的牛津人";1954年,以文学教授身份进入剑桥大学。他是位学者型作家,毕生研究文学、哲学、神学,在中古和文艺复兴时期英国文学研究方面造诣颇深。他气质内向,不善社交,但与英国另一位奇幻小说作家、《魔戒》三部曲作者约翰·罗纳德·瑞尔·托尔金(1892—1973)过从甚密,经常进行文学研究和创作方面的交流对话。离世前,便为十年后才去世的托尔金写好讣文,不负那份了解和懂得。刘易斯一生著述50余部,有小说、长诗、散文、文学史、文学评论等,代表作有《地狱来鸿》《太空三部曲》《裸颜》等。最负盛名的当属《纳尼亚传奇》系列。其中《最后一战》使其荣膺英国儿童文学的最高荣誉——卡内基文学奖。

课文

"那儿没什么!"彼得说,他们就又匆匆走了出来——除了露茜。她待在后面是因为她心里想,打开衣柜门来看看也好,尽管她觉得柜门准保是锁着的。没想到柜门竟一下子打开了,还有两个樟脑球滚了出来。

她往衣柜里看看,只见里面挂着几件大衣——大部分都是长皮大衣。露茜最喜欢闻皮大衣的味儿和触摸皮大衣的感觉了。她马上走进衣柜,钻到大衣中间,脸蛋在皮大衣上摩几下,当然,她让柜门大开着,因为她知道把自己关在大衣柜里是非常愚蠢的。不久她就朝里走了,发现第一排大衣后面还挂着第二排大衣。衣柜里好

◎羊人等作品中的非人类形象:纳尼亚的居民——羊人、海狸夫妇、老鼠将军等非人类形象均被进行了拟人化处理,会说人类语言,且具有灵性和心智。这些角色有善有恶,具有人的品性和道德追求。通过多元的非人类形象表现现实世界中的伦理诉求以及人类自身的特质,在很大程度上具有文学创作的象征性。但在这些非人类形象的眼中,对于人类应归属于动物、植物还是矿物感到疑惑,后来人类成了大莴苣,并成为笑柄。这是对人主体性地位的质疑。曾经,天赋人权的思想推动了资本主义工业文明的发展,但20世纪以降,人类应在自然和社会中以何种姿态自居?刘易斯的思考延续了西方文学中对人类自我认知的反思。

笔记

黑,她向前伸出两臂,免得一头撞到柜子的背板上。她往里走了一步,又走了两三步,老以为手指尖就会摸到木板,但摸来摸去摸不到。

"这口衣柜一定大得要命。"露茜想着,一面还在往里走,一面推开层层叠叠软绵绵的大衣,好空出点地方。后来她注意到脚下有东西在咯吱咯吱响。"不知那是不是樟脑球?"她想,一面弯下身子用手摸。但她没摸到柜底那又硬又光的木板,却摸到软乎乎、冷冰冰、像粉末似的东西。"这可真怪。"她说着又往里走了两步。

过了一会儿,她发现擦在她脸上和手上的不再是软软的毛皮,而是又硬又粗甚至有点刺人的东西了。"咦,这简直像树枝了!"露茜叫道。说罢她看见前面有一点亮光,这光竟不是从几英寸以外原该是那衣柜后背的地方来的,却是从很远的地方来的。有什么凉飕飕、软绵绵的东西不停地落在她身上。又过了一会儿,她才发现自己站在一片树林中间,这儿是晚上,脚下全是雪,雪花在空中飞舞。

露茜感到有点害怕,但她同时也觉得好奇和激动。她回头看看,在黑咕隆咚的树干中间,她仍然看得见衣柜开着的门,甚至还看见她刚才走进来的那间空房间。(当然,她让衣柜门大开着,因为她知道把自己关在一口衣柜里是件蠢事。)屋子里看来还是白天。"要是出了什么事,我总可以回去的。"露茜心想。她开始朝前走了,咯吱咯吱地踩在雪地上,穿过树林,往那点亮光走去。

大约走了十分钟,才走到那儿,一看,这亮光原来是一根路灯柱。她站在那儿瞧着路灯柱,不知道树林中间为什么有根路灯柱,也不知道下一步该怎么办。她听见一阵噼里啪嗒的脚步声朝她走来。不久她就看见一个十分奇怪的人从树丛中出来,走进路灯光下。

这人只比露茜高一点儿,撑着一把伞,伞上全是雪。他上半身样子像个男人,但他的腿却像山羊腿(腿上还有油光光的黑毛),脚上竟是山羊蹄子。他也有条尾巴,

◎魔衣柜和纳尼亚世界:置于阁楼上、时开时闭的大衣橱是作者设置的通向纳尼亚王国的通道。它大有来历:一个小男孩和一个女孩曾偶然进入一个异世界,称为纳尼亚,他们在那里经历了一系列冒险。之后,小男孩带回一颗种子埋在花园。种子长成大树后,被飓风刮倒,被用来做成了衣橱,又引领了四个孩子进入这个神奇国度。纳尼亚王国白雪皑皑,女巫与精灵遍地,是一个魔幻世界,处于与现实世界不一样的时空。孩子们进入纳尼亚,历经各种冒险,甚至在纳尼亚长大,但当他们回到现实世界时,时间几乎没有流逝。这是一种虚拟时间。对于孩子们来说,进入纳尼亚是心理成长的过程。纳尼亚是一个充满魔法的地方,是儿童心灵的栖息之地;同时纳尼亚也充满着各种危机,与外部社会现实形成对照。

不过露茜开头倒没注意,因为尾巴整整齐齐提起来搭在撑伞的那条胳膊上,免得拖在雪地里。他脖子上围了条红围巾,皮肤也红通通的。他那张小脸长得怪怪的,但很愉快,留着一部又短又尖的胡子,鬈发里蹿出两只角,长在前额上,一边一只。我刚才说过,他一只手打着伞,另一条胳膊下夹着几个棕色纸包。从纸包和雪看来,仿佛他刚刚是在为圣诞节采购东西。他是一只羊怪。当他看见露茜时,他奇怪得不得了,连手里的纸包都掉在地上了。"我的天哪!"羊怪叫道。

"晚上好。"露茜说。不过羊怪忙着捡他的纸包,开头并没有回答。等他捡完了,才对她稍稍鞠了一躬。

"晚上好,晚上好,"羊怪说,"对不起——我不想刨根问底——不过要是我没弄错,你就是一个夏娃的女儿吧?"

"我叫露茜。"她弄不大懂他的意思。

"但你是——请原谅——你是所谓的小姑娘吧?"羊怪问道。

"我当然是个小姑娘。"露茜说。

"你真的是人?"

"我当然是人。"露茜说,她还是有点弄不明白。

"一点不错,一点不错,"羊怪说,"我多笨啊!不过我以前从来没见过亚当的儿子和夏娃的女儿。我很高兴。换句话说——"话到嘴边又住口了,仿佛他刚才要说什么原来不打算说的话,而及时想起来了似的。"很高兴,很高兴,"他接着说下去,"允许我自我介绍一下。我叫图姆纳斯。"

"很高兴认识你,图姆纳斯先生。"露茜说。

"哦,露茜,夏娃的女儿,"图姆纳斯先生说,"请问你是怎么到纳尼亚来的?"

"纳尼亚?纳尼亚是什么呀?"露茜说。

"我们现在就在纳尼亚的国土上,"羊怪说,"从路灯柱起直到东海的凯尔帕拉维尔大城堡,当中所有的土地都是纳尼亚的土地。而你——你是从西面那片野林子里来的吧?"

"我——我是从空房间里穿过大衣柜进来的。"露茜说。

"啊!"图姆纳斯先生的声音相当忧郁,"我小的时候要是能多在地理上用点工夫就好了,那样我就能知道所有那些奇怪的国家。现在已经太晚啦。"

"可那根本不是国家,"露茜说着几乎要笑出来了,"只不过是在后面那儿——至少——我不太确定。那儿正是夏天。"

图姆纳斯先生说,"纳尼亚现在是冬天,而且进入冬天已经很久了,要是我们只顾站在雪地里说话,我们俩都会着凉的。夏娃的女儿啊,你来自远方的空房间国,永恒的夏天统治着明亮的大衣柜城,你愿意来跟我一起喝杯茶吗?"

"非常感谢,图姆纳斯先生,"露茜说,"不过我不知道是否应该回去了。"

"就在拐角上,"羊怪说,"我屋里有旺旺的炉火——还有烤面包——还有沙丁鱼——还有蛋糕。"

"好吧,你真客气,"露茜说,"可我不能待得太久。"

"夏娃的女儿,要是你拉着我的胳膊,"图姆纳斯先生说,"一把伞就能遮住我们两个人。就是那条路。好了——我们走吧。"

就这样,露茜不知不觉地跟这个奇怪的动物手挽手穿过树林走去,仿佛他们已经相识了一辈子。

他们没走多远就来到一个地势高低不平,到处都是岩石,山峦起伏的地方。在一个小山谷谷底,图姆纳斯先生突然拐到边上,好像他要笔直冲进一块大得出奇的岩石里去,最后露茜才发现原来他正领着她走进一个石窟口。他们一进去,露茜就发现自己被柴火光照得睁不开眼。这时图姆纳斯先生弯下腰,拿了一把小巧的火钳,从火堆里夹起一块木柴把灯点上。"好了,用不了多久。"他说着立刻放上一把茶壶。

露茜心想,自己从来也没到过比这更好的地方了。

◎刘易斯的儿童文学观：刘易斯认为，真正卓越的儿童文学创作不应是从表层迎合儿童的心理和爱好，而应以创作者独立的身份讲述儿童内心渴望听到的故事，把广博多样的世界和丰富的人生阅历通过生动感人的语言和巧妙的艺术形式呈现给纯真的孩童。刘易斯认为儿童故事是表达思想的最好方式。他认为，通过艺术手段将现实理想化的作品并不少见，但读完这些作品，作者又被遗弃在充满纷争的现实世界。而儿童幻想小说却把现实生活和幻想世界一起描写，二者形成一种奇妙的对比或参照，不仅能在很大程度上拓展故事容量，使其富有意味，亦能使人们获得现实世界中无法实现的满足和愉悦。

这是个又干燥又干净的红石头凿的小石窟，地上铺着条地毯，两把小椅子（"一把给我坐，还有一把给朋友坐。"图姆纳斯先生说），还有一张桌子，一个食具柜，火堆上面有个壁炉台，那上头是一幅有白胡子的老羊怪画像。石窟的一个角落里有一扇门，露茜想那一定是图姆纳斯先生卧室的门，一面墙上还有个放满了书的书架。羊怪在摆茶具的时候，露茜就看着这些书。书名有《塞利努斯传记和书信集》、《宁芙和她们的手段》、《人、僧侣和猎场看守人》、《民间传说研究》和《人是神话吗？》。

"来吧，夏娃的女儿！"羊怪说。

这的确是一顿美味可口的茶点。每人一个煎得嫩嫩的、焦黄的蛋，沙丁鱼加烤面包片，接着是抹黄油的烤面包，抹蜂蜜的烤面包，然后是一只糖面蛋糕。等露茜吃不下了，羊怪就开始聊天。他肚子里有好多森林生活的奇妙故事。他谈起半夜里的舞会，住在泉水里的宁芙和住在树上的树精出来跟羊怪一起跳舞的趣事；谈起长长的打猪队追逐着那头奶白色牡鹿，如果你能抓住那头鹿，它就能让你实现愿望；谈起跟野蛮的红矮人在深深的矿井里和森林地下深处的大山洞里一起尽情吃喝和觅宝的事；后来又说到了夏天，树林都绿油油的，老塞利努斯骑着他的肥驴来探望他们，有时候酒神也来，到那时小溪里流的就都是酒，不是水了，整个森林会连续几个星期沉浸在欢乐中。"这并非说现在不是终年都是冬天。"他阴郁地加了一句。接着为了让自己高兴起来，他从食具柜上的笛盒里拿出一支奇怪的小笛子吹了起来，这笛子看上去像稻草秆做的。他吹的调子使露茜听了一时又想哭又想笑，又想跳舞又想睡觉。约莫过了几个小时，她才打起精神说：

"哦，图姆纳斯先生——真对不起，打断你一下，我真喜欢那支曲子——不过说真的，我必须回家去了。我本来只打算待几分钟的。"

"要知道，现在可不行了。"羊怪说着放下笛子，一面十分伤心地对她摇摇头。

"不行?"露茜说着跳了起来,感到有点儿害怕了。"你这是什么意思?我得马上回家去。别人还以为我出了什么事呢。"过了一会儿她又问道,"图姆纳斯先生,到底是怎么回事啊?"因为羊怪棕色的眼睛里已经饱含泪水,随后,眼泪一滴滴淌在脸上,不久就从鼻尖上顺流而下,最后他竟双手掩面,嚎啕大哭起来。

"图姆纳斯先生!图姆纳斯先生!"露茜十分苦恼地说,"别哭呀!别哭呀!怎么回事?你不舒服了吗?亲爱的图姆纳斯先生,千万告诉我出了什么事。"但羊怪继续抽抽搭搭,仿佛心都碎了似的。甚至露茜走过去,双臂搂着他,还把自己的手绢借给他,他也止不住。他只是接过手绢一直擦啊擦的,手绢太湿没法用了,他就双手把它拧干,弄得露茜眼下站的那一小块地方都湿了。

"图姆纳斯先生!"露茜在他耳边大声叫道,还摇摇他,"别哭了。马上停止!像你这么大的羊怪,真该为自己害臊。你到底为什么哭呀?"

"呜——呜——呜!"图姆纳斯先生呜咽道,"我哭的是自己是一只很坏很坏的羊怪。"

"我一点也不认为你是只坏羊怪,"露茜说,"我认为你是只很好的羊怪。你是我看见过的最好的羊怪。"

"呜——呜,如果你知道了真相,你就不会那么说了。"图姆纳斯先生边哭边说,"不,我是一只坏羊怪。我看,开天辟地以来,没有比我更坏的了。"

"可是你干了什么呢?"露茜问。

"瞧,我的老爹,"图姆纳斯先生说,"壁炉台上面就是他的画像。他就永远也干不出这种事来。"

"哪种事啊?"露茜问。

"像我干过的事呗。"羊怪说,"在白女巫手下干活。我就是这种人。我是受白女巫雇用的。"

"白女巫?她是什么人?"

"咦,把整个纳尼亚抓在手心里的就是她呀。使这儿

◎狮子、女巫:在西方传统文化中,狮子是力量、王者等的代表,甚至在英国人眼中,狮子就是国家的象征。小说中狮王阿斯兰是纳尼亚的统治者和守护者。只要纳尼亚出现危机,它总会在关键时刻出现,而当一切都恢复平静后,它又会消失。女巫代表邪恶的势力,但她却在纳尼亚王国中自封为女王。她极其残忍凶狠,又对权力具有强烈的欲望。这二者构成了西方基督教的文化传统。狮王阿斯兰对应的是耶稣,是纳尼亚居民眼中的"救世主"。女巫对应的是撒旦。二者之间的较量亦使作品极具戏剧性。

笔记

一年到头都是冬天的也是她。老是冬天，还从来不过圣诞节，你想想看！"

"多可恶！"露茜说，"可她雇用你干什么呢？"

"糟就糟在这儿，"图姆纳斯先生长叹了一声说，"我是她的一个拐子，那就是我的真面目。瞧瞧我，夏娃的女儿。我在树林里碰到一个可怜无辜的孩子，这孩子从来没伤害过我，我假装对她很友好，请她上我的山洞来，就为了哄她睡着，然后把她交给白女巫，你相信我就是那号羊怪吗？"

"不，"露茜说，"我肯定你不会做那种事的。"

"可我已经干了。"羊怪说。

"这个嘛，"露茜慢慢地说（因为她既想说真话，又不想对他太凶），"这个嘛，就很不好了。不过你为这事这么难过，我相信你决不会再干这种事了。"

"夏娃的女儿，难道你还不明白？"羊怪说，"这不是我干过的事。这是我眼前正在干的事，就在此时此刻。"

"你这话是什么意思？"露茜叫道，脸也发白了。

"你就是那孩子，"图姆纳斯先生说，"我奉白女巫的命令，如果在树林里看见一个亚当的儿子或夏娃的女儿，我就要把他们抓起来交给她。而你就是我第一个遇到的。我装成你的朋友，请你来吃茶点，可这段时间我一直有意在等你睡着，然后去报告她。"

"哦，可你不会去的，图姆纳斯先生。"露茜说，"你不会去的吧？真的，真的，你千万不能去。"

"我如果不去的话，"他说着又哭了起来，"她准会查出来的。那她就会割掉我的尾巴，锯掉我的角，她会在我漂亮的偶蹄上挥动魔杖，把它们变成那种难看的奇蹄，就跟倒霉的马蹄一样。还有，要是她特别生气，她会把我变成石头，我就将成为她那阴森森房子里的一个羊怪塑像，直到凯尔帕拉维尔的四个宝座都坐满了的时候——天知道要等到哪年哪月，也不知到底会不会有这种事。"

"我很抱歉,图姆纳斯先生,"露茜说,"不过请你让我回家去吧。"

"我当然会让你回家去,"羊怪说,"我当然得让你回去。现在我明白这一点了。认识你之前我从来不知道人是什么样子。我当然不能把你交给女巫;既然现在我认识你了,就不能把你交出去。不过我们得马上动身。我会送你回到路灯柱那儿。我想你到了那儿,就能找到回空房间和大衣柜的路了吧?"

"我准能找到。"露茜说。

"我们一定要尽可能悄悄地去,"图姆纳斯先生说,"整个树林都布满了她的探子。甚至有些树也站在她一边。"

他俩站起来,把茶具留在桌上,图姆纳斯先生又一次撑起了伞,让露茜挽住他的胳膊,他们就走出山涧到雪地里去了。回去的路完全不像到羊怪石窟去的那条路;他们一句话也不说,偷偷摸摸赶快走着,图姆纳斯先生还一直挑那些最暗的地方走。他们走到路灯柱那里,露茜才松了口气。

"夏娃的女儿,从这儿走你认得路吗?"图姆纳斯先生问。

露茜拼命在树缝间张望,只见远处有一小块亮光,像是白天的光。"认得,"她说,"我看得见大衣柜的门了。"

"那么你尽快回家去,"羊怪说,"还有——你——能原谅我本来打算干的事吗?"

"哦,我当然能原谅啦。"露茜说着热情地跟羊怪握手,"我真希望你别为了我惹出什么可怕的麻烦才好。"

"永别了,夏娃的女儿,"他说,"也许我能留下这块手绢吧?"

"当然!"露茜说,接着她撒腿拼命向远处那片白天的光奔去。不一会儿她就感觉到掠过她身边的不是粗糙的树枝,而是大衣,脚下不是咯吱咯吱的雪而是木板。突然间她不知不觉就跳出了大衣柜,回到原来那个空房间——整个探险就是从这儿开始的。她把身后的衣柜门牢牢关好,气喘吁吁,四下张望。天还在下雨,她听得见过道上其他人的声音。

"我来了,"她嚷道,"我来了。我回来了。我没事儿。"

(选自〔英〕C. S. 刘易斯,《狮子、女巫和魔衣柜》,陈良廷、刘文澜译,南京:译林出版社,2014年)

阅读文献

1. 〔英〕C. S. 刘易斯著,余冲译《关于〈纳尼亚传奇〉的那些事:给孩子们的信》,上海:华东师范大学出版社,2009年。
2. 〔英〕E. J. 柯尔克著,李桂德译《纳尼亚传奇:魔衣橱奥秘大观》,桂林:漓江出版社,2006年。
3. 〔英〕C. S. 刘易斯著,丁骏译《惊悦:C. S. 刘易斯自传》,上海:上海文艺出版社,2016年。

思考题

1. 如何看待艺术创作中的魔幻和穿越主题?
2. "异次元"概念当下被广泛应用,如何看待这种空间概念?
3. 请观看电影《狮子、女巫与魔衣柜》,并分析文本和影视之间表现手法和审美效果的差异。

(蔡晶 选编)

第三讲 幽赜戏文

俄狄浦斯王（节选）

索福克勒斯

名句

偶然控制着我们，未来的事又看不清楚，我们为什么惧怕呢？

导读

《俄狄浦斯王》取材于希腊神话中忒拜王室的故事，以人与命运的冲突为基本主题，是古希腊悲剧中最具影响力的一部。作品创作于公元前430年前后，讲述的是俄狄浦斯王的悲剧命运，通过理想化的英雄人物与曲折多难的命运之间的冲突来反映当时社会日益复杂的阶级矛盾和社会冲突，以及雅典奴隶主民主派英雄末路的历史悲剧。俄狄浦斯王正直善良、刚毅勇敢、勤政爱民、敢于承担责任，但这样的英雄和领袖，竟最终刺瞎双目而自我放逐，这淋漓尽致地反映了英雄意志逃不脱命运窠臼的痛苦、惶惑。剧中，索福克勒斯质疑了命运的合理性，并表达了古希腊人对人的意志和命运的思考。作为具有先进思想意识的民主派领袖，索福克勒斯赞扬了人的自主精神、坚强意志和英雄行为的可贵。他强调：不可抗拒的命运留白更赋予俄狄浦斯王古典时代的高贵精神，使得本剧极富情感张力。

作者简介

索福克勒斯（约前496—前406），古希腊三大悲剧作家之一，出生于雅典近郊克罗诺斯，早年曾受良好的教育。在公元

◎杀父与乱伦：这是该剧两大核心情节，或者说是俄狄浦斯的两大"罪行"。但必须强调的是，此两大事件均发生于俄狄浦斯"不明真相"的前提之下，因此并不能判定他是有罪的。相反，他正是为了逃避弑父娶母的命运才陷入了命运的窠臼。但他必须为这一切承担责任。刺瞎双眼自我放逐，便是其承担责任的方式。从历史角度看，在先民社会，为争夺族长的地位和权力，血亲相残并不罕见，其中子弑父并取而代之的情况亦不在少数，那么拥有父亲的一切财产，包括其妻子也不难理解。只是在人类社会发展进程中，伦理禁忌逐渐形成，俄狄浦斯便不得不被问责。面对神谕中弑父的威胁，俄狄浦斯生父的选择是杀子，刺穿儿子的双脚，弃之于悬崖。一为无心之过，一为有意而为，结局都是悲剧性的。这表明文明进程不可逆，亦不容破坏。

笔记

前468年的戏剧比赛中，他胜过当时伟大的悲剧作家、被雅典人奉为"悲剧之父"的埃斯库罗斯而获大奖。在戏剧比赛中，他共赢得过24次头奖和次奖。索福克勒斯一生创作了123部剧本，但流传至今的只有7部完整的悲剧，分别是《埃阿斯》《俄狄浦斯王》《安提戈涅》《厄勒克特拉》《特拉喀斯少女》《菲罗克忒忒斯》和《俄狄浦斯在科罗诺斯》。其中《俄狄浦斯王》和《安提戈涅》最能反映诗人的创作才华。索福克勒斯具有多方面的才能，擅长音乐、体育及舞蹈。除创作悲剧外，还参加过多方面的社会活动。少年时他曾被选为庆贺萨拉米斯海战胜利歌诵队的领队，中年时曾参加政治、军事工作，出任过外交使节等，很受民主派执政官伯里克利的尊重。他生活和创作于雅典奴隶主民主政治和社会均盛极而衰的时代，但其悲剧主要反映的是雅典极盛时期的思想意识。他的剧作结构比较复杂，布局非常精妙，语言简明有力，且善于刻画人物，人物个性尤其鲜明，很受人们欢迎，被誉为"戏剧艺术中的荷马"。

课文

第三场

伊俄卡斯忒偕侍女自宫中上。

伊俄卡斯忒 我邦的长老们啊，我想起了拿着这缠羊毛的树枝和香料到神的庙上；因为俄狄浦斯由于各种忧虑，心里很紧张，他不像一个清醒的人，不会凭旧事推断新事；只要有人说出恐怖的话，他就随他摆布。

我既然劝不了他，只好带着这些象征祈求的礼物来求你，吕刻俄斯·阿波罗啊——因为你离我最近——请给我们一个避免污染的方法。我们看见他受惊，像乘客看见船上舵工受惊一样，大家都害怕。

报信人自观众左方上。

报信人 啊！客人们，我可以向你们打听俄狄浦斯王的宫殿在哪里吗？最好告诉我他本人在哪里，要是你们知道的话。

歌队 啊，客人，这就是他的家，他本人在里面；这位夫人是他女儿的母亲。

报信人　愿他在幸福的家里永远幸福,既然她是他的全福的妻子!

伊俄卡斯忒　啊,客人,愿你也幸福;你说了吉祥话,应当受我回敬。请你告诉我,你来求什么,或者有什么消息见告。

报信人　夫人,对你家和你丈夫是好消息。

伊俄卡斯忒　什么消息?你是从什么人那里来的?

报信人　从科任托斯来的。你听了我要报告的消息一定高兴,怎么会不高兴呢?但也许还会发愁呢。

伊俄卡斯忒　到底是什么消息?怎么会使我高兴又使我发愁?

报信人　人民要立俄狄浦斯为伊斯特摩斯地方的王,那里是这样说的。

伊俄卡斯忒　怎么?老波吕玻斯不是还在掌权吗?

报信人　不掌权了;因为死神已把他关进坟墓了。

伊俄卡斯忒　你说什么?老人家,波吕玻斯死了吗?

报信人　倘若我撒谎,我愿意死。

伊俄卡斯忒　侍女呀,还不快去告诉主人!

侍女进宫。

啊,天神的预言,你成了什么东西了?俄狄浦斯多年来所害怕,所要躲避的正是这人,他害怕把他杀了;现在他已寿终而死,不是死在俄狄浦斯手中的。

俄狄浦斯偕众侍从自宫中上。

俄狄浦斯　啊,伊俄卡斯忒,最亲爱的夫人,为什么把我从屋里叫来?

伊俄卡斯忒　请听这人说话,你一边听,一边想天神的可怕的预言成了什么东西了。

俄狄浦斯　他是谁?有什么消息见告?

伊俄卡斯忒　他是从科任托斯来的,来讣告你父亲波吕玻斯不在了,去世了。

俄狄浦斯　你说什么,客人?亲自告诉我吧。

报信人　如果我得先把事情讲明白,我就让你知道,他死了,去世了。

◎俄狄浦斯情结:20世纪初,奥地利心理学家弗洛伊德从精神分析学的角度阐释《俄狄浦斯王》,并提出"俄狄浦斯情结"这一心理学术语。他认为,如果人在早期的性发展阶段受到压抑就会产生一种无意识的恋母情结,即"俄狄浦斯情结"。在弗洛伊德看来,压抑仇父恋母的心结是人类文明发展过程中极为重要的事件,对父亲的最终归顺,导致了文化和社会(父权制社会)的起源,人类因此出现了各种法律与道德。俄狄浦斯是在不知情的情况下杀父娶母,但根据弗洛伊德的理论,这种恋母情结是与生俱来的,存在于潜意识中的对母亲的占有欲是不受理性控制的。文明在向前发展,但原始冲动依然潜藏于人的潜意识中。因此,俄狄浦斯杀父娶母虽被归咎于神谕,看似命运的操纵,实则是完成了人内心对冲破禁忌的渴求。

俄狄浦斯　他是死于阴谋，还是死于疾病？

报信人　天平稍微倾斜，一个老年人便长眠不醒。

俄狄浦斯　那不幸的人好像是害病死的。

报信人　并且因为他年高寿尽了。

俄狄浦斯　啊！夫人呀，我们为什么要重视皮托的颁布预言的庙宇，或空中啼叫的鸟儿呢？它们曾指出过我命中注定要杀我父亲。但是他已经死了，埋进了泥土；我却还在这里，没有动过刀枪。除非说他是因为思念我而死的，那么倒是我害死了他。这似灵不灵的神示已被波吕玻斯随身带着，和他一起躺在冥府里，不值半文钱了。

伊俄卡斯忒　我不是早就这样告诉了你吗？

俄狄浦斯　你倒是这样说过，可是，我因为害怕，迷失了方向。

伊俄卡斯忒　现在别再把这件事放在心上了。

俄狄浦斯　难道我不该害怕玷污我母亲的床榻吗？

伊俄卡斯忒　偶然控制着我们，未来的事又看不清楚，我们为什么惧怕呢？最好尽可能随随便便地生活。别害怕你会玷污你母亲的婚姻；许多人曾在梦中娶过母亲；是那些不以为意的人却安乐地生活。

俄狄浦斯　要不是我母亲还活着，你这话倒也对；可是她既然健在，即使你说得对，我也应当害怕啊！

伊俄卡斯忒　可是你父亲的死总是个很大的安慰。

俄狄浦斯　我知道是个很大的安慰，可是我害怕那活着的妇人。

报信人　你害怕的妇人是谁呀？

俄狄浦斯　老人家，是波吕玻斯的妻子墨洛珀。

报信人　她哪一点使你害怕？

俄狄浦斯　啊，客人，是因为神送来的可怕的预言。

报信人　说得说不得？是不是不可以让人知道？

俄狄浦斯　当然可以。罗克西阿斯曾说我命中注定要娶自己的母亲，亲手杀死自己的父亲。因此多年来我远离着科任托斯。我在此虽然幸福，可是看见父母的容

◎命运悲剧：《俄狄浦斯王》是索福克勒斯"命运悲剧"的典型代表。所谓命运悲剧，即主人公凭借自由意志与命运进行对抗，而结局是人类无法逃脱命运的罗网而归于毁灭。古希腊人把其所不能认识和理解的一切遭遇皆归之于命运。俄狄浦斯始终在以人的独立意志同命运顽强抗争。一出生，他便被预言了"杀父娶母"的命运。为了逃避这个可怕的谶语，他付出了一系列艰辛的努力，最终却归于失败。然而值得注意的是，剧中阿波罗仅以神谕的方式预言这场悲剧的发生，却没有任何行为的干预。这场灾难恰是在俄狄浦斯理性的指导下一步步酿成的。这也强调了古希腊人"认识你自己"的自觉意识。

颜是件很大的乐事啊。

报信人　你真的因为害怕这件事，离开了那里？

俄狄浦斯　啊，老人家，还因为我不想成为杀父的凶手。

报信人　主上啊，我怀着好意前来，怎么不能解除你的恐惧呢？

俄狄浦斯　你依然可以从我手里得到很大的应得报酬。

报信人　我是特别为此而来的，等你回去的时候，我可以得到一些好处呢。

俄狄浦斯　但是我决不肯回到我父母家里。

报信人　年轻人！显然你不知道你在做什么。

俄狄浦斯　怎么不知道呢，老人家？看在天神面上，告诉我吧。

报信人　如果你是为了这个缘故不敢回家。

俄狄浦斯　我害怕福玻斯的预言在我身上应验。

报信人　是不是害怕因为杀父娶母而犯罪？

俄狄浦斯　是的，老人家，这件事一直在吓唬我。

报信人　你知道你没有理由害怕么？

俄狄浦斯　怎么没有呢，如果我是他们的儿子？

报信人　因为你和波吕玻斯没有血统关系。

俄狄浦斯　你说什么？难道波吕玻斯不是我的父亲？

报信人　正像我不是你的父亲，他也同样不是。

俄狄浦斯　我的父亲怎能和你这个同我没关系的人同样不是？

报信人　你不是他生的，也不是我生的。

俄狄浦斯　那么他为什么称呼我作他的儿子呢？

报信人　告诉你吧，是因为他从我手中把你当一件礼物接受了下来。

俄狄浦斯　但是他为什么十分爱别人送的孩子呢？

报信人　他从前没有儿子，所以才这样爱你。

俄狄浦斯　是你把我买来，还是把我捡来送给他的？

报信人　是我从喀泰戎峡谷里把你捡来送给他的。

俄狄浦斯　你为什么到那一带去呢？

◎戏剧冲突：戏剧是综合性舞台艺术，戏剧的灵魂和最核心要素是戏剧冲突。但戏剧冲突的概念并没有统一、固定的内涵，比如黑格尔"性格冲突论"、布伦退尔"意志冲突论"、劳逊"社会性冲突论"等。《俄狄浦斯王》一剧的冲突主要表现为人与命运的冲突。尽管俄狄浦斯具有解开斯芬克斯之谜的智慧，但他对自己的身世和命运却无从把握；他既是科任托斯的王子，同时也是令忒拜王恐惧和憎恶的弃婴；他虽出于自我防卫杀人，却陷入弑父的罪过；他作为新任忒拜王迎娶先王王后本无可厚非，却玷污了母亲的床榻；他鞠躬尽瘁治理城邦，为城邦安宁追查凶手，却令自己万劫不复。其行动与结局的悖谬隐喻了人无法抗争不可测之命运的悲剧性，并昭示了人类发现自我、高扬自我、寻求自由的艰辛与百折不挠的意志。

○发现与突转：亚里士多德在其《诗学》中提出了这一对概念。这是对古希腊戏剧家结构布局、情节推进方面的叙事技巧的总结。发现是指从不知到知的转变，使那些处于顺境或逆境的人物发现他们和对方有亲属关系或仇敌关系。突转指行动转向相反的方面。最好的发现和突转是情节本身产生的、通过合乎可然律的事件而引起观众惊奇的发现和突转。在俄狄浦斯与牧人的对话中，真相逐渐被发现，剧情也发生了突转。原本是忒拜城救星的俄狄浦斯，竟同时也是灾难的始作俑者。整部戏剧充满了悬念，引人入胜。

报信人　我在那里放牧山上的羊。
俄狄浦斯　你是个牧人，还是个到处漂泊的佣工。
报信人　年轻人，那时候我是你的救命恩人。
俄狄浦斯　你把我抱在怀里的时候，我有没有什么痛苦？
报信人　你的脚跟可以证实你的痛苦。
俄狄浦斯　哎呀，你为什么提起这个老毛病？
报信人　那时候你的左右脚跟是钉在一起的，我给你解开了。
俄狄浦斯　那是我襁褓时期遭受的莫大的耻辱。
报信人　是呀，你是由这不幸而得到你现在的名字的。
俄狄浦斯　看在天神面上，告诉我，这件事是我父亲还是我母亲做的？你说。
报信人　我不知道；那把你送给我的人比我知道得清楚。
俄狄浦斯　怎么？你是从别人那里把我接过来的，不是自己捡来的吗？
报信人　不是自己捡来的，是另一个牧人把你送给我的。
俄狄浦斯　他是谁？你指得出来吗？
报信人　他被称为拉伊俄斯的仆人。
俄狄浦斯　是这地方从前的国王的仆人吗？
报信人　是的，是国王的牧人。
俄狄浦斯　他还活着吗？我可以看见他吗？
报信人　（向歌队）你们这些本地人应当知道得最清楚。
俄狄浦斯　你们这些站在我面前的人里面，有谁在乡下或城里见过他所说的牧人，认识他？赶快说吧！这是水落石出的时机。
歌队长　我认为他所说的不是别人，正是你刚才要找的乡下人；这件事伊俄卡斯忒最能够说明。
俄狄浦斯　夫人，你还记得我们刚才想召见的人吗？这人所说的是不是他？
伊俄卡斯忒　为什么问他所说的是谁？不必理会这事。不要记住他的话。

俄狄浦斯　我得到了这样的线索，还不能发现我的血缘，这可不行。

伊俄卡斯忒　看在天神面上，如果你关心自己的性命，就不要再追问了；我自己的苦闷已经够了。

俄狄浦斯　你放心，即使发现我母亲三世为奴，我有三重奴隶身份，你出身也不卑贱。

伊俄卡斯忒　我求你听我的话，不要这样。

俄狄浦斯　我不听你的话，我要把事情弄清楚。

伊俄卡斯忒　我愿你好，好心好意劝你。

俄狄浦斯　你这片好心好意一直在使我苦恼。

伊俄卡斯忒　啊，不幸的人，愿你不知道你的身世。

俄狄浦斯　谁去把牧人带来？让这个女人去赏玩她的高贵门第吧！

伊俄卡斯忒　哎呀，哎呀，不幸的人呀！我只有这句话对你说，从此再没有别的话可说了！

　　　　　　伊俄卡斯忒冲进宫。

歌队长　俄狄浦斯，王后为什么在这样忧伤的心情下冲了进去？我害怕她这样闭着嘴，会有祸事发生。

俄狄浦斯　要发生就发生吧！即使我的出身卑贱，我也要弄清楚。那女人——女人总是很高傲的——她也许因为我出身卑贱感觉羞耻。但是我认为我是仁慈的幸运的宠儿，不至于受辱。幸运是我的母亲；十二个月份是我的弟兄，他们能划出我什么时候渺小什么时候伟大。这就是我的身世，我决不会被证明是另一个人；因此我一定要追问我的血统。

············

第四场

俄狄浦斯　长老们，如果让我猜想，我以为我看见的是我们一直在寻找的牧人，虽然我没有见过他。他的年纪和这客人一般大；我并且认识那些带路的是自己的仆人。(向歌队长) 也许你比我认识得清楚，如果你见过这牧人。

歌队长　告诉你吧，我认识他；他是拉伊俄斯家里的人，作为一个牧人，他和其他的人一样可靠。

众仆人带领牧人自观众左方上。

俄狄浦斯　啊，科任托斯客人，我先问你，你指的是不是他？

报信人　我指的正是你看见的人。

俄狄浦斯　喂，老头儿，朝这边看，回答我问你的话。你是拉伊俄斯家里的人吗？

牧人　我是他家养大的奴隶，不是买来的。

俄狄浦斯　你干的什么工作，过的什么生活？

牧人　大半辈子牧羊。

俄狄浦斯　你通常在什么地方住羊棚？

牧人　有时候在喀泰戎山上，有时候在那附近。

俄狄浦斯　还记得你在那地方见过这人吗？

牧人　见过什么？你指的是哪个？

俄狄浦斯　我指的是眼前的人；你碰见过他没有？

牧人　我一下子想不起来，不敢说碰见过。

报信人　主上啊，一点也不奇怪。我能使他清清楚楚回想起那些已经忘记了的事。我相信他记得他带着两群羊，我带着一群羊，我们在喀泰戎山上从春天到阿耳克图洛斯初升的时候做过三个半年朋友。到了冬天，我赶着羊回我的羊圈，他赶着羊回拉伊俄斯的羊圈。（向牧人）我说的是不是真事？

牧人　你说的是真事，虽是老早的事了。

报信人　喂，告诉我，还记得那时候给了我一个婴儿，叫我当自己的儿子养着吗？

牧人　你是什么意思？干吗问这句话？

报信人　好朋友，这就是他，那时候是个婴儿。

牧人　该死的家伙！还不快住嘴！

俄狄浦斯　啊，老头儿，不要骂他，你说这话倒是更该挨骂！

牧人　好主上啊，我有什么错呢？

俄狄浦斯　因为你不回答他问你的关于那孩子的事。

牧人　他什么不晓得，却要多嘴，简直是白搭。

俄狄浦斯　你不痛痛快快回答，要挨了打哭着回答！
牧人　看在天神面上，不要拷打一个老头子。
俄狄浦斯　（向侍从）还不快把他的手反绑起来？
牧人　哎呀，为什么呢？你还要打听什么呢？
俄狄浦斯　你是不是把他所问的那孩子给了他？
牧人　我给了他；愿我在那一天就死了！
俄狄浦斯　你会死的，要是你不说真话。
牧人　我说了真话，更该死了。
俄狄浦斯　这家伙好像还想拖延时候。
牧人　我不想拖延时候，我刚才已经说过我给了他。
俄狄浦斯　哪里来的？是你自己的，还是从别人那里得来的？
牧人　这孩子不是我自己的，是别人给我的。
俄狄浦斯　哪个公民，哪家给你的？
牧人　看在天神面上，不要，主人啊，不要再问了！
俄狄浦斯　如果我再追问，你就活不成了。
牧人　他是拉伊俄斯家里的孩子。
俄狄浦斯　是个奴隶，还是个亲属？
牧人　哎呀，我要讲那怕人的事了！
俄狄浦斯　我要听那怕人的事了！也只好听下去。
牧人　人家说是他的儿子，但是里面的娘娘，主上家的，最能告诉你是怎么回事。
俄狄浦斯　是她交给你的吗？
牧人　是，主上。
俄狄浦斯　是什么用意呢？
牧人　叫我把他弄死。
俄狄浦斯　做母亲的这样狠心吗？
牧人　因为她害怕那不吉利的神示。
俄狄浦斯　什么神示？
牧人　人家说他会杀他父亲。
俄狄浦斯　你为什么又把他送给了这老人呢？
牧人　主上啊，我可怜他，我心想他会把他带到别的地方——他的家里去；哪知他救了他反而闯了大祸。如果你就是他所说的人,我说,你生来是个受苦的人啊!

俄狄浦斯　哎呀!哎呀!一切都应验了!天光呀,我现在向你看最后一眼!我成了不应当生我的父母的儿子,娶了不应当娶的母亲,杀了不应当杀的父亲。

俄狄浦斯冲进宫,众侍从随入,
报信人,牧人和众仆人自观众左方下。

(罗念生译,选自《罗念生全集》(第二卷),上海:上海人民出版社,2015年)

阅读文献

1. 〔奥〕弗洛伊德,文良文化译《图腾与禁忌》,北京:中央编译出版社,2005年。
2. 罗念生《论古希腊戏剧》,《罗念生全集》(第八卷),上海:上海人民出版社,2004年。
3. 杨俊杰《延异之链:俄狄浦斯王影响研究新论》,北京:北京大学出版社,2014年。

思考题

1. 古希腊人把"认识你自己"作为箴言镌刻在阿波罗神庙的大门上,俄狄浦斯王追查凶手的过程实际上也是揭开其"自我之谜"的过程。谈谈你对"自我"的认识,并尝试评价俄狄浦斯王的行为,思考当代大学生应当如何诉求自身的价值与尊严。

2. "不相识的父子之间自相残杀"是世界文学中较为常见的情节,如何理解这一情节?造成这种悲剧的原因是什么?

3. 如何看待命运在人的行动中所起的作用?如何评价俄狄浦斯王面对命运的思考和抉择?

(蔡晶　选编)

禁闭（节选）

让-保罗·萨特

名句

地狱原来就是这个样。我从来都没有想到……提起地狱，你们便会想到硫磺、火刑、烤架……啊，真是莫大的玩笑！何必用烤架呢，他人就是地狱。

导读

戏剧的三个主角是三个死去的恶人的灵魂：当逃兵被枪毙的懦夫加尔散，霸占了表哥的妻子并设计谋害了表哥的女同性恋者伊内丝，溺死偷情所生女儿并导致情夫自杀的女色情狂艾丝黛尔。戏剧的场景设置是地狱，此地狱只是一间客厅，三张躺椅和一盏永不熄灭的电灯。三个主角眼睑萎缩，无法眨眼，永不休息，时刻暴露于对方的目光注视之下。每个人都渴望在别人那里得到对自己的认可，但是三人陷入互相折磨、钩心斗角的循环，始终不能获得解脱和自由。萨特的存在主义思想里，人只有通过自我选择才能决定自我存在，只有通过自我选择才能获取自由。三个已死之人，生前所做的事情已盖棺定论，也就丧失了行动的能力和自由选择的机会，只能依靠别人的目光来认识自己。但是如果太依赖他人对自己的评价即他人的目光来生活，自己就不能为自己的存在而存在，他人的目光就成为对自我的伤害，他人就成为了自我的地狱。萨特通过"他人就是地狱"这一主题，强调的是自由选择的重要性，希望人们能严肃认识自己，勇于自由选择并承担责任，从而完成"自我塑造"。"自我奋斗、追求自由"作为存在主义的重要思想，在萨特的《禁闭》中得到完美体现。

◎存在主义：当代西方哲学的主要流派之一。它并不是一个统一的哲学派别，可以指任何把孤立个人的非理性意识活动当作最真实存在的人本主义学说，主要包括有神论的存在主义、无神论的存在主义和人道主义的存在主义三大类。起源于19世纪末，20世纪50年代达到巅峰。存在主义以人为中心、尊重人的个性和自由，注重独立个体的重要性，主张从个体出发去解释社会。主要目的在于解放人性，创造一种可以解释生活选择的哲学。萨特的存在主义哲学思想包含四个主题：存在先于本质；世界是荒谬的，人生是痛苦的；自由选择；以人为本，寻找生活的意义，反抗非人性的异化。

作者简介

让-保罗·萨特（1905—1980），法国20世纪最重要的哲学家、文学家、戏剧家、评论家和社会活动家，存在主义的主要代表人物。萨特的一生在精神文化领域勤耕不辍、著述等身。作为存在主义哲学家，他主张人道主义思想，肯定人的价值，努力探索人在荒诞世界里的出路与归宿；主要哲学著作《想象》《存在与虚无》《存在主义是一种人道主义》《辩证理性批判》已深刻影响了20世纪世界哲学思想的发展。作为一个文学家，他把深刻的哲理带进了小说和戏剧，主张"介入文学"，即作家要投身到改造社会的活动中去，文学作品要干预社会现实。其中篇小说《恶心》、短篇小说集《墙》和长篇小说《自由之路》已被公认为法国当代文学名著；其剧作《苍蝇》《禁闭》《死无葬身之地》《肮脏的手》《魔鬼与上帝》等至今仍上演不衰。作为一个社会活动家，在主动关注和介入社会活动的同时，他始终保持独立的思想品格，为此拒绝一切来自官方的荣誉，包括诺贝尔文学奖，被誉为"人类二十世纪的良心"。他与著名女权主义者波伏娃的不凡之恋成为文化界的传奇。可以说，他是20世纪世界思想文化发展史上里程碑式的人物。1955年，萨特和波伏娃访问中国，其哲学思想和文学创作深刻地影响了20世纪80年代以后中国思想文化与文学的发展。1980年4月15日，萨特病逝于巴黎，六万巴黎市民为他送葬，悼念这盏熄灭了的人类智慧的明灯。

◎存在主义文学：形成于20世纪30年代的法国，第二次世界大战后达到发展的巅峰。它是现代派文学中声势最大、随后风靡全球的一种文学潮流。存在主义文学与存在主义哲学关系密切，其特征是理性多于形象。作者往往用文学作品的形式来宣扬存在主义的哲学理论。作家笔下的人物往往放荡不羁，为所欲为，或将生存托付给宗教，以摆脱荒谬世界；或对荒谬世界做有限的斗争；或以荒唐的行为对抗荒谬的世界。因此，"荒谬"和"痛苦"是存在主义文学的基本主题。在艺术上，存在主义文学寓哲理于形象中，体现"文""哲"一体的特点；表现手法不拘一格，传统的和现代的互相融合。代表作家有萨特、加缪、波伏娃、梅勒等。

课文

艾丝黛尔　（轻声地）加尔散！

加尔散　你在这儿？好吧，你听着，帮我一个忙。不，别往后缩。我知道：求你帮忙似乎很可笑，你也没有帮助人的习惯。但只要你愿意，只要你用心一点，我们可能会真的相爱吧？你看，有成千的人在不断地说我是胆小鬼。可是千把人算得了什么？只有一个人，一个便行，全心全意地为我证实一下：我没有逃跑，我不可能逃跑，我是勇敢地，我是无辜的，我……我拿得稳能够得救。你愿意相信我吗？你对我来说，将比我本人更可贵。

艾丝黛尔　（笑）傻瓜！亲爱的傻瓜！你认为我会爱上

一个胆小鬼吗?

加尔散　可是,刚才你还就……

艾丝黛尔　我那是取笑你的。我就爱男人,加尔散,真正的男子汉,粗糙的皮肤,刚劲的双手。你没有胆小鬼的下巴,没有胆小鬼的嘴巴,你没有胆小鬼的声音,也没有胆小鬼的头发。就是为了你的嘴巴、你的声音、你的头发,我才爱你。

加尔散　真的吗?这是真的吗?

艾丝黛尔　要不要我向你发誓?

加尔散　那我就敢向所有的人挑战,世上的人和这里的人。艾丝黛尔,我们会从地狱里出去的。(伊内丝大笑,加尔散停止说话,看着她)怎么回事呀?

伊内丝　(笑)可是她对自己说的话连一个字都不相信,你怎么会这样天真?问什么"艾丝黛尔,我是不是胆小鬼?"你要知道,她根本不把你的话放在心上。

艾丝黛尔　伊内丝!(对加尔散)别听她的。你如果要我信任你,你先得信任我。

伊内丝　啊,是的,是的!你信任她吧。她需要男人,你可以相信这点,她需要男人的手臂搂着她的腰,需要男人的气味,需要男人的眼睛里流露着男人的欲望。至于别的东西……哈!如果能讨你欢心,她还会对你说,你是天神呢。

加尔散　艾丝黛尔!这是真的吗?回答呀,这是真的吗?

艾丝黛尔　你要我说什么呢?我真不明白她胡说些什么。(跺脚)这一切多么叫人气恼!即使你是胆小鬼,我也仍然爱你!这还不够吗?

　　[静场。]

加尔散　(对两个女人)你们叫我心烦!(向门口走去)

艾丝黛尔　你干什么?

加尔散　我要走了。

伊内丝　(很快接着说)你走不远,门是关着的。

加尔散　应当叫他们开门。(按电铃,电铃不响)

艾丝黛尔　加尔散!

◎世界是荒谬的,人生是痛苦的:存在主义认为,在这个"主观性林立"的社会里,人与人之间必然有冲突、抗争与残酷,充满了丑恶和罪行,一切都是荒谬的。而人只是这个荒谬、冷酷处境中一个痛苦的个体,世界给人的只能是无尽的苦闷、失望和悲观消极,所以,人生是痛苦的。因此,"荒诞体验"构成了存在主义文学对外在世界的一种具有代表性的体验和感受,也构成了存在主义文学的基本主题。萨特的长篇小说《恶心》中的主人公洛根丁面对周围一切人和事都有一种厌倦和恶心的感受,这就是荒诞体验的具体表现。存在主义的另一个代表人物加缪在他的哲学随笔《西西弗斯的神话》中把"荒谬"看成人类存在于世的具有本体性的处境。希腊神话中那个受诸神惩罚、周而复始推着石头上山的西西弗斯正是人类荒谬存在的一个寓言形象。从这个意义上说,存在主义把早在卡夫卡那里就已经集中表述过的荒诞体验进一步归结为文学思想的出发点。

------笔记------

伊内丝　（对艾丝黛尔）你放心，电铃坏了。

加尔散　我告诉你们，他们会来开门的（把门敲得咚咚响），我对你们再也无法容忍啦，我再也受不了啦。（艾丝黛尔扑向他，他把她推开）滚！你比她更叫我厌烦，我不愿意在你目光监视下过日子。你黏糊糊、软塌塌的！你是一条章鱼，你是一片沼泽。（敲门）你们开不开门？

艾丝黛尔　加尔散，我求求你，不要走，我再也不跟你说话了。我让你完全安静，但你不要走。伊内丝伸出了爪子，我再也不愿与她单独留在这儿了。

加尔散　你自己设法对付吧，我并没有求你来。

艾丝黛尔　胆小鬼！胆小鬼！噢，你真是个胆小鬼。

伊内丝　（走近艾丝黛尔）那么，我的百灵鸟，你不高兴吗？为了讨好他，你朝我脸上吐口水；为了他，我们两个闹翻了。但是，这个捣蛋鬼要走了，他把我们两个女人留下来。

艾丝黛尔　你得不到什么好处；这扇门只要一打开，我就跑。

伊内丝　去哪儿？

艾丝黛尔　随便哪儿都行，离你越远越好。

加尔散　（不停地使劲敲门）开门！开开门！我一切都接受了：夹腿棍、钳子、熔铅、夹子、绞具，所有的火刑，所有撕裂人体的酷刑，我真的愿意受这些苦。我宁可遍体鳞伤，宁可给鞭子抽，被硫酸浇，也不愿使脑袋受折磨。这痛苦的幽灵，它从你身边轻轻擦过，它抚摸你，可是从来不使你感到很痛。（抓住门环，摇）你们开不开？　（门突然打开，他差一点儿跌倒）啊！

［静场很久。］

伊内丝　怎么样，加尔散？走吧。

加尔散　（慢慢地）我在想，为什么这门打开了。

伊内丝　您还等什么？走呀，快走呀！

加尔散　我不走了。

伊内丝　那你呢？艾丝黛尔？（艾丝黛尔不动）怎么样？哪个要出去呢？三个人中间，究竟哪一个要出去？道路是畅通无阻的，谁在拖住我们？哈，这真好笑死了！我们是难分难舍的。

艾丝黛尔　（从背后扑到伊内丝身上）难分难舍吗？加尔散，来帮帮我，快来帮帮我！我们把她拖出去，把她关在门外。有她好看的！

伊内丝　（挣扎）艾丝黛尔！艾丝黛尔！我求求你，把我留下来吧，不要把我扔到走廊里！不要把我扔到走廊里！

加尔散　放开她。

艾丝黛尔　你疯了，她恨你呢！

加尔散　我是为了她才留下来的。

［艾丝黛尔放开伊内丝，惊愕地看着加尔散。］

伊内丝　为了我？（稍停）好，那么，把门关上吧，门打开后，这儿热了十倍。（加尔散走去关门）为了我？

加尔散　是的，你，你知道什么叫胆小鬼。

伊内丝　是的，我知道。

加尔散　你知道什么是痛苦、羞耻、恐惧？有些时候，你把自己看得很透，这使你十分泄气。而第二天，你又不知怎么想了，你再也搞不清楚头一夜得到什么启示了。是的，你知道痛苦的代价，你说我是胆小鬼，那一定有正当理由的，恩？

伊内丝　是的。

加尔散　我应当说服的正是你，你跟我是同一类型的人。你以为我真的要走？你脑子里装着这些想法，有关我的种种想法，我不能让你这么洋洋得意地留在这儿。

伊内丝　你真的想说服我吗？

加尔散　除此以外我没有别的办法。你知道，我已经听不见他们说话了。他们一定已经跟我一刀两断了。一切都已经结束，我的事已经成为定局。我在人间已经化为乌有，甚至连胆小鬼也不是了。伊内丝，我们现

◎ 自由选择：这是存在主义的精义。存在主义的核心是自由，即人在选择自己的行动时是绝对自由的。它认为，在这个世界上，每个人都有自由，面对各种环境，采取何种行动，如何采取行动，都可以作出"自由选择"。萨特认为，人在事物面前，如果不能按照个人意志作出"自由选择"，这种人就等于丢掉了个性，失去了自我，不能算是真正的存在。

在是孤零零的了，只有你们两人想到我，而艾丝黛尔呢，她这人等于没有。可你，你又恨我；只要你能相信我，你就救了我。

伊内丝　这可不容易。你看看我，我脑子不开窍。

加尔散　为了使你开窍，我花多少时间都可以。

伊内丝　噢，你有的是时间，所有时间都是你的。

加尔散　（搂着她的肩膀）听着，每个人都有自己的目标，是不是？我以前就不在乎金钱和爱情，我要的是做一个男子汉，一个硬汉子。我把所有赌注都押在同一匹赛马上。当一个人选择了最危险的道路时，他难道会是胆小鬼吗？难道能以某一个行动来判断人的一生吗？

伊内丝　为什么不能？三十年来你一直想象自己很有勇气，你对自己的无数小过错毫不在乎，因为对英雄来说，一切都是允许的。这太轻松便当了！可是后来，到了危急时刻，人家逼得你走投无路……于是你就乘上去墨西哥的火车……

加尔散　我可没有幻想过这种英雄主义，我只是选择了它。人总是做自己想做的人。

伊内丝　拿出证据来吧，证明你这不是幻想。只有行动才能判断人们的愿望。

加尔散　我死得太早，他们没有给我行动的时间。

伊内丝　人总是死得太早——或者太迟。然而，你的一生就是那个样，已经完结了；木已成舟，该结账了。你的生活就是你自己。

加尔散　毒蛇！你倒什么都答得上来。

伊内丝　得啦！得啦！不要泄气，你不难说服我。找一找论据吧，努力一下。（加尔散耸耸肩）怎么样？我早就说过你是个软骨头。啊！现在你可要付出代价了。你是个胆小鬼，加尔散，胆小鬼，因为我要这样叫你，我要这样叫你，你听好，我要这样叫你！然而，你看我是多么虚弱，我只不过是一口气罢了。我仅仅是一道盯着你的目光，一个想着你的平庸无奇的

◎境遇剧：萨特的存在主义戏剧区别于传统戏剧的最大特点就在于"境遇"二字。它们不是按传统戏剧的原则处理环境与人物的关系，而是让环境支配人物；给人物提供一定的环境，让人物在特定的环境中选择自己的行动，造就自己的本质，表现自己的性格和命运。也就是说，要在戏剧舞台上展现人物的境遇，以及在特定的境遇中，让剧中人进行"自由选择"。因此，萨特把自己的戏剧称为"境遇剧"，也有人称之为"自由剧"。萨特的"境遇剧"共有11部，其中著名的有《苍蝇》《禁闭》《死无葬身之地》等。

笔记

思想。(加尔散张开双手，逼近她)哈，这双男人的大手张开来了。可是你想要怎么样呢？用手是抓不住思想的。好了，你没有选择的余地了：你得说服我，我抓住你了。

艾丝黛尔　加尔散！

加尔散　什么？

艾丝黛尔　你报复呀！

加尔散　怎样报复？

艾丝黛尔　拥抱我，这样你就能听到她唱歌了。

加尔散　这倒是真的，伊内丝。我被你抓在手心里，但你也抓在我手心里。

［他向艾丝黛尔俯过身去，伊内丝大叫一声。］

伊内丝　哈，胆小鬼，胆小鬼，去叫女人来安慰你吧！

艾丝黛尔　唱吧，伊内丝，唱吧！

伊内丝　多好的一对！你要是看到他的大爪子放在你的背上，弄皱你的皮肤和衣服就好了。他双手黏糊糊的，他在出汗。他会在你的连衣裙上留下一个蓝色的手印。

艾丝黛尔　唱吧，唱吧，把我搂得更紧些，加尔散，这样她会气炸的。

伊内丝　对，把她搂得更紧一些，搂紧她！把你们的热气混合在一起。爱情真甜美，对不对，加尔散？它像睡眠一样暖融融、深沉沉的，可是我不会让你睡觉。

［加尔散打了个手势。］

艾丝黛尔　别听她的。吻我的嘴，我全部都是属于你的。

伊内丝　怎么，你还在等什么？依她说的做呀，胆小鬼加尔散把杀婴犯艾丝黛尔搂在怀里了。胆小鬼加尔散会吻她吗？我倒要瞧瞧。我看着你们，我看着你们；我一个人就抵得上一群人，加尔散，一群人，你听见吗？(嘀咕着)胆小鬼！胆小鬼！胆小鬼！你别想从我这儿溜走，我不会放走你的。你在她的嘴唇上想寻找什么？寻找遗忘吗？但是我呀，我不会忘记你！你应当说服的是我，是我。来吧，来吧！我等着你。你看见了，艾丝黛尔，他松开你了，他像条狗一样听话……你不会得到他的。

加尔散　难道永远没有黑夜了吗？

伊内丝　永远没有。

加尔散　你永远看得见我吗？

伊内丝　永远。

〔加尔散离开艾丝黛尔，在房间里走了几步，他走近青铜像。〕

加尔散　青铜像……（抚摩它）好吧，这正是时候。青铜像在这儿，我注视着它，我明白自己是在地狱里。我跟您讲，一切都是预先安排好了的。他们早就预料到我会站在这壁炉前，用手抚摩着青铜像，所有这些眼光都落到我身上，所有这些眼光全都在吞噬我……（突然转身）哈，你们只有两个人？我还以为你们人很多呢？（笑）那么，地狱原来就是这个样。我从来都没有想到……提起地狱，你们便会想到硫磺、火刑、烤架……啊，真是莫大的玩笑！何必用烤架呢，他人就是地狱。

艾丝黛尔　我心爱的！

加尔散　（推开她）放开我。她夹在我们中间。只要她看见我，我就不能爱你。

艾丝黛尔　哈！那好，她再也别想看见我们了。（从桌上拿起裁纸刀，奔向伊内丝，把她砍了几下）

伊内丝　（挣扎，笑）你干什么，你干什么，你疯了吗？你很清楚，我是个死人。

艾丝黛尔　死人？

〔她的刀子落地。稍停，伊内丝拾起刀子，疯狂地用刀子戳自己。〕

伊内丝　死人！死人！死人！刀子，毒药，绳子，都不中用了。这是安排好了的，你明白吗？我们这几个人永远在一起。（笑）

艾丝黛尔　（大笑）永远在一起，我的上帝，这多么滑稽！永远在一起！

加尔散　（看着她们俩笑）永远在一起！

［她们倒在各自的躺椅里，坐着。长时间静场。他们止住笑，面面相觑。加尔散站起来。］

加尔散　好吧，让我们继续下去吧。

——幕落——

（选自《萨特戏剧集》，冯汉津、张月楠译，北京：人民文学出版社，1985年）

-------- 阅读文献 --------

1. 〔法〕贝尔多勒著，龙云译《萨特传》，北京：人民文学出版社，2013年。
2. 〔法〕让-保罗·萨特著，施康强等译《萨特文集》，北京：人民文学出版社，2005年。
3. 江龙《解读存在——戏剧家萨特与萨特戏剧》，湖南：湖南大学出版社，2001年。
4. 〔英〕阿诺德·欣奇利夫著，刘国彬译《荒诞说——从存在主义到荒诞派》，北京：中国戏剧出版社，1992年。
5. 〔法〕阿尔贝·加缪著，闫正坤、赖丽薇译《西西弗斯的神话》，江苏：江苏文艺出版社，2012年。

-------- 思考题 --------

1. 结合作品，谈谈你对萨特境遇剧的认识。
2. 怎样理解"他人就是地狱"这一主题？在现实生活中，你是否面临着自我与他人关系的困扰？作品对你有何启示意义？
3. 你怎样理解和认识存在主义所认为的"世界是荒诞的，人生是痛苦的"这一观点，结合萨特的《墙》、加缪的《局外人》等作品谈谈你的看法。

（许文立　选编）

第五编　新韵华章

中国现当代文学概述

中国现当代文学是一个整体。它具有一以贯之的现代理性精神和人文精神，从思潮到观念到主题演变到创作方法到文体实验，都可以作为一个整体来观察。郭沫若、茅盾、巴金、老舍、曹禺等几十位著名作家的创作横跨现当代，为现当代文学的贯通奠定了生命基础。因此，从20世纪80年代开始，就不断有学者提出"20世纪中国文学""百年文学"等概念。但我们这里依然使用"中国现当代文学"的概念，一是因为这个沿用了五六十年的概念对现当代文学的划分有着深刻的基础与根源，二是因为使用这个有着明确时间段划分的概念也便于叙述的明晰。

一、中国现代文学

中国现代文学以1917年1月《新青年》第2卷第5号发表胡适《文学改良刍议》为开端，止于1949年7月第一次全国文学艺术工作者代表大会在北京的召开。根据其发展过程中呈现出的不同特点，现代文学的发展大概可以分成1917—1927、1927—1937、1937—1949这三个十年。

（一）现代文学第一个十年的创作

"五四"新文化运动和"文学革命"是现代文学第一个十年的重大事件，它们的发生成为中国古代文学与现代文学的分水岭。由胡适与陈独秀倡导的"文学革命"取得重大实绩：白话文取代文言文得到全面推广，外国文学思潮广泛涌入，新文学社团蜂拥而起，特别是文学理论建设与创作取得了丰硕成果。在新文学的各类创作中，新诗走在最前面。1920年，胡适的《尝试集》

出版，这是中国最早的白话诗集，胡适无疑也是中国第一"白话诗人"。郭沫若的诗集《女神》诞生了，成为"开一代诗风之作"。以闻一多、徐志摩为代表的前期新月派担负了使新诗走向规范化道路的历史使命。新月派提出了"理性节制情感"的美学原则，"和谐""均齐"的诗美追求，以及以"音乐美，绘画美，建筑美"为宗旨的新诗格律化的主张，以艺术的强大力量将"五四"时期已获得空前解放的诗歌置于规范化运作之中，增强了新诗的审美特质，巩固了新诗的地位。闻一多的《孤雁》《忆菊》《死水》《发现》，徐志摩的《雪花的快乐》《黄鹂》《为要寻一个明星》《消息》，朱湘的《采莲曲》《摇篮曲》等诗篇都是格律体新诗的佳作。同时，小说创作也获得了快速发展，类型多样。鲁迅是现代小说的奠基人，现代小说在他的手中开始，又在他的手中成熟。他于 1918 年 5 月在《新青年》第 4 卷第 5 号上发表的《狂人日记》是现代白话小说的开山之作。他的短篇小说集《呐喊》与《彷徨》是中国现代小说成熟的标志。"五四"时期散文创作数量之大、名家之多、品种之丰、风格之绚烂，都是其他时期难以比肩的。这一时期不仅产生了鲁迅、周作人等散文大家，而且产生了冰心、朱自清、郁达夫、林语堂等诸多不同风致的散文名家，《新青年》《每周评论》《新社会》等不少进步报刊开设"随感录""杂感""评坛""乱谈"等栏目，发表杂文。最引人注目的是《新青年》"随感录"作家群，他们大都是新文化运动的倡导者，有李大钊、陈独秀、刘半农、钱玄同等，其中，鲁迅的杂文最具代表性。他们奉献出《我之节烈观》《青春》《偶像破坏论》《作揖主义》等佳作。

（二）现代文学第二个十年的创作

由于政治形势的突变和时代环境的激烈动荡，现代文学的第二个十年出现了与第一个十年完全不同的特征。"五四"所开启的思想与创作相对自由的氛围消失了，文学主潮变得空前政治化。新的阶级斗争形势迫使作家队伍进行新的选择与组合。无产阶级作家、民主主义作家、自由主义作家成为文坛上的主要力量，他们丰富了第二个十年的创作。小说空前发展，出现了茅盾、巴金、老舍、沈从文等小说大家，他们把鲁迅开创的中国现代短篇小说向中长篇拉伸，加大了对社会表现的阔深度，为文学史留下了一批经典之作，如茅盾的《子夜》《春蚕》，巴金的《激流三部曲》（《家》《春》《秋》）、《爱情三部曲》（《雾》

《雨》《电》)、《寒夜》、《憩园》、《第四病室》,老舍的《骆驼祥子》《四世同堂》《断魂枪》等。

除了茅盾、巴金、老舍、沈从文等文学大师以他们各具特色的创作傲立于文坛以外,左联、京派、新感觉派等文学派别的作家们互相对峙又相互渗透,以各具特色的创作丰富着文坛的景观。"左联"是中国共产党在上海领导创建的文学组织,它并不是一个纯文学流派,而是文学与政治性质兼有的社团。"左联"作家以极大的热情,提倡并践行无产阶级文学,利用文学为无产阶级革命呐喊,创作了许多具有重大社会意义、表现复杂社会现实的作品,如蒋光慈的《咆哮了的土地》、胡也频的《光明在我们的前面》、柔石的《为奴隶的母亲》、张天翼的《包氏父子》、沙汀的《法律外的航线》、艾芜的《南行记》、叶紫的《丰收》等。

"京派"指的是20世纪30年代前后活跃在以北平为中心的北方城市的自由主义作家群。他们试图避开时代大潮面前的政治选择,又有意与商业化和流行文艺保持距离,强调文学的独立价值和"文章之美",以文化来观照乡土中国的普通人生,往往能够达到一种和谐、圆融、静美的境地。抒情体小说是他们擅长的体式。除了京派领袖沈从文以外,废名、师陀、凌叔华、萧乾、林徽因等都是著名的京派作家。《桥》《莫须有先生传》《无望村的馆主》《篱下》《梦之谷》《九十九度中》《陷阱》等都是京派作家的优秀小说。

新感觉派是20世纪30年代流行于上海的前卫文学流派,又被称为"海派"。他们既发展了早期海派热衷于都市与性爱题材,追求世俗化、商业化,重视小说形式的猎奇与创新等特征,又注重文体上的探索与实验,借鉴西方现代派的新异理论和创作方法,第一次用现代人的眼光打量上海,用新异的现代形式来表达这个东方大都会的城与人的神韵。海派早期那些主要满足市民阶层阅读趣味的通俗文学在新感觉派笔下进一步发展,并提高了档次,攀上了先锋文学的位置。刘呐鸥的《都市风景线》、穆时英的《上海的狐步舞》、施蛰存的《梅雨之夕》《春阳》等都是新感觉派的代表作品,受到上海大学生和写字间职员的青睐。

这一时期诗歌创作持续发展,出现了中国诗歌会、后期新月派、现代派等诗歌创作群体。散文创作与时代政治、社会生活紧密相连。左翼作家、自由主义作家、京派作家的散文都实现了一定程度的繁荣。作家的文体意识增强,不同派系朝着散文创作各个不同的路向探求，杂文、小品文和抒情性散文、报告文学都有长足的发展。这一时期的戏剧文学茁壮成长，1929年，沈端先（夏衍）、郑伯奇、冯乃超等共同发起了上海艺术剧社，旗帜鲜明地提出了发展"无产阶级戏剧"的口号。后来，上海艺术剧社又进一步充实扩展，发展为中国左翼剧团联盟、中国左翼戏剧家联盟。他们坚持戏剧为革命服务、与民众相结合的艺术主张，组织"移动剧社"，深入到工厂、学校、农村中演出，及时、直接地反映现实生活中的重大政治事件。初步突破了话剧只能在都市剧院演出的狭小圈子，对推动中国戏剧的大众化和向革命方向的迈进，跨出了重要的一步。田汉的《洪水》、袁殊的《工场夜景》、欧阳予倩的《同住的三家人》、尤兢的《江南三唱》等都是"无产阶级戏剧"运动中演出的佳作。30年代还确立了以职业化、营业性为特征的"剧场戏剧"。中国话剧的"大剧场"演出，不但培育了一大批优秀的剧作家、导演、演员、舞台美术艺术家，而且培养了自己的观众，使西方"舶来品"的话剧，终于在中国的大城市扎下根来。由"大剧场"培育的剧作家中，曹禺首屈一指，代表着我国话剧史上的最高峰。曹禺的代表作《雷雨》结构严谨、意蕴丰厚、情节曲折、冲突尖锐、人物性格特征鲜明，而且舞台、灯光、音响、道具等完美和谐，达到了文学性与舞台性的高度统一。《雷雨》既是精美的艺术品，又取得了商业性的演出效果；它的出现，标志着中国话剧艺术走向成熟。

（三）现代文学第三个十年的创作

第三个十年的文学的显著特征就是和战争与救亡密切相连。抗日战争时期，全国在地域上划分为解放区、国统区、沦陷区、上海"孤岛"四部分；解放战争时期，划分为解放区、国统区两部分。虽然在战争的制约下，不同政治地域的文学发展状况有所不同，但从整个新文学的发展情况来看，这个时期的文学，都是"五四"新文学的继承和发展，并直接联系和影响着中国的当代文学。1942年，毛泽东同志所作的《在延安文艺座谈会上的讲话》，对中国现代文学的发展具有重要的指导意义。赵树理是解放区最具代表性的小说家，他在当时被评价为最能体现毛泽东《在延安文艺座谈会上的讲话》所提出的文艺路线的典范。赵树理有着双重身份。首先是从事革命的实际工作者，直接参加革命与建设的实践活动，然后才是作家。他的创作是自己亲身经历的历史变革的文学记录，与农民有着最密切、最深刻的精神联系。

赵树理追求与农民的平等对话，通过作品忠实地反映农民的思想情感和审美要求，并真正地为农民所接受。针对工作中遇到的问题，他常写"问题小说"，去揭示和针砭社会变革中的偏差与弊端，直接配合现实工作，例如《小二黑结婚》《李有才板话》《李家庄的变迁》等。孙犁也是一个在小说上取得突出成就的解放区作家。与赵树理以现实主义精神着重表现农民思想改造的艰难历程不同，孙犁的小说着重挖掘农民特别是妇女的灵魂美和人情美。他的诗人气质使他在小说的抒情艺术和个人美学风格的创造上独树一帜，《荷花淀》《嘱咐》《芦花荡》《麦收》《丈夫》等小说均洋溢着浪漫主义的诗情画意，表现出一种具有古典色彩的"中和之美"。康濯的《我的两家房东》、孔厥的《受苦人》、刘白羽的《无敌三勇士》、韦君宜的《三个朋友》、丁玲的《在医院中》《太阳照在桑干河上》、周立波的《暴风骤雨》、欧阳山的《高干大》、柳青的《种谷记》等作品都是解放区小说的重要收获。

这一时期国统区的讽刺暴露小说和体验追忆小说最为突出。张天翼是中国现代文坛上著名的讽刺和幽默作家。1938年他发表的讽刺名作《华威先生》，塑造了一个"包而不办"的抗战文化官僚的典型形象，在国统区内引起关于抗日民族统一战线内部能否进行"讽刺与暴露"的争论，并促使40年代越来越多的暴露讽刺作品产生。沙汀的《在其香居茶馆里》、萧红的《马伯乐》、艾芜的《一个女人的悲剧》等都是这一时期著名的讽刺暴露小说。与以前的讽刺暴露小说相比，它们增强了社会批判的力度。钱锺书的《围城》是40年代讽刺小说中最出色的一个文本。钱锺书是一位中国文学史上不多见的学者型作家，他学贯中西，著作累累，被称为"文化昆仑"。

这一时期的诗歌发展也受到战争的直接影响。抗日战争的全面爆发使得民族的存亡成为首要问题。各大诗歌派别的对峙消失，沉湎于个人小天地的感伤抒情被战火"炸死"，几乎所有的诗人都唱起了民族解放的战歌。任钧的《为胜利而歌》、郭沫若的《战声集》、戴望舒的《元日祝福》、徐迟的《最强音》、何其芳的《成都，让我把你摇醒》等诗歌为民族、为时代而呐喊，呈现出力量之美。特别是诗人田间创作的《给战斗者》等诗歌，闪电似的感情突击，跳跃的、急驰的、强烈的节奏与慷慨激昂的时代氛围非常契合，田间因此被称为"时代鼓手"。抗战进入相持阶段后，诗人们对抗战初期注重表达时代情绪而忽视了诗歌审美特性的状况有了深刻的反思，许多诗人在表达现实关怀的同时，重拾自己的个性并回到自己熟悉的题材上来，创作出一批为时人传诵的佳作，如臧克家的诗集《泥土的歌》、戴望舒的《灾难的岁月》等。

第三个十年散文创作的数量之大，远远超过了前两个十年的总和，呈现出一派繁荣的景象。战争的影响使得散文的各种体式的发展不尽平衡。抗战初期，文学的社会功能被强化，人们希望文学能承担起迅速反映战况、传递战斗信息、记录抗战业绩的任务。因此，报告文学成为许多作家首选的文体。丘东平的《第七连》、骆宾基的《救护车里的血》、曹白的《这里，生命也在呼吸》、丁玲的《孩子们》、碧野的《北方的原野》、范长江的《台儿庄血战经过》、萧乾的《血肉筑成的滇缅路》、沙汀的《我所见之 H 将军》、周立波的《王震将军记》、陈荒煤的《陈赓将军印象记》等都是现实性与艺术性结合得很好的报告文学。而当战争转入相持阶段以后，以揭露社会矛盾、抨击黑暗现实为主要内容的杂文兴盛起来。

二、中国当代文学

中华人民共和国成立后，中国当代文学已经走过 60 余年的发展历程。从文学发展史的视角，可以将中国当代文学划分为 1949—1978 年和 1979—2010 年两个大的历史时期。

（一）1949—1978 年的文学创作

1. 诗歌创作。主要表现为两个方面。一是诗人多。中华人民共和国的成立，使来自不同地域、不同民族的诗人汇集在一起。他们有的来自解放区，在二、三十年代已经具有相当知名度和丰富创作经验的诗人，如柯仲平、艾青、何其芳、公木、光未然、田间、鲁藜、严辰等，也有在 40 年代开始活跃的青年诗人，如阮章竞、蔡其矫、李季、贺敬之、张志民、戈壁舟等；有的诗人来自国统区，有活跃在二、三十年代的诗人郭沫若、穆木天、冯至、臧克家、冯雪峰、李广田、卞之琳等，也有 40 年代开始进行诗歌创作的"七月诗派"和"九叶诗派"的诗人等。除上述两类诗人之外，还有中华人民共和国成立以后开始诗歌创作的两类诗人：一类是从解放区根据地、从战斗中走来，接受人民大解放时代的召唤，拿起笔开始写诗的，如郭小川、闻捷、魏钢焰、雁翼、韩笑等；另一类是国统区的知识青年，他们在中华人民共和国成立后受到时代的感召，自觉开始歌唱新时代、新生活，如公刘、白桦、李瑛、流沙河、邵燕祥、傅仇等。

二是流派多。（1）颂歌。诗人由衷地歌唱，歌唱新国家，歌唱新政权，歌唱新生活，歌唱领导人民当家做主的引路人，歌唱轰轰烈烈的社会主义建设事业，这使诗坛迎来了颂歌的时代，成为响彻神州的欢乐颂。代表诗人及其作品有：何其芳的《我们最伟大的节日》，胡风的《时间开始了》，臧克家的《毛泽东，你是一颗大星》《在毛主席那里做客》等。（2）政治抒情诗。诗人以饱满的政治热情，从时代的高度去观察和思索政治生活，把现实和历史结合起来，感情豪放，慷慨激昂，吟唱出盛行于50年代末至60年代初的政治抒情诗。代表诗人是郭小川和贺敬之，代表作品有郭小川的《致青年公民》《致大海》《望星空》，贺敬之的《放声歌唱》《十年颂歌》等诗作。（3）军旅诗歌。代表作品有公刘的《西盟的早晨》《边地短歌》，白桦的《金沙江的怀念》，顾工的《喜马拉雅山下》，李瑛的《静静的哨所》，张永枚的《骑马挂枪走天下》等。（4）时代建设抒情诗。有着石油诗人之称的李季写下《玉门诗抄》《致以石油工人的敬礼》等诗歌；军人出身的雁翼，深入到宝成铁路，写下《大巴山的早晨》《在云彩上面》等诗集，展现了中国铁路建设者不畏艰难、勇于开拓的豪迈激情；严辰的足迹遍布东北长白山林区，为伐木者写下了《鄂伦春瑶曲》《当稠李子开花的时候》等诗集。另外，傅仇、阮章竞、邵燕祥等诗人也是其中的代表。

2. 小说创作。由鲁迅开创的现代小说这一文体，历经现代文学30年的充分发展，在当代文坛已经成为较为成熟的创作形式。然而，中华人民共和国成立之后，现代小说赖以发展的社会、政治、文化语境发生了巨大变化，原有的创作体式、创作机制被彻底打破，致使中国当代小说的发展有异于现代小说的发展路径和发展趋向，也就是当代小说并没有沿着"五四"以来中国现代小说开创的路径前行，而是按照当代政治、社会的需要，选择了延安文艺座谈会以来解放区文学已经形成的文艺规范和文艺模式，推动当代小说的创作和发展。（1）农村题材小说的繁荣。中华人民共和国成立后，农村成为社会变革的核心。在社会主义建设时期，广大农村发生了翻天覆地的变化，关注农村变化的作家们敏感地从不同的视角捕捉到社会变革给农村带来的新变化、新风尚，创作出反映新时代气息的乡土作品，如赵树理的《登记》，马烽的《结婚》《一架弹花机》，康濯的《春种秋收》，刘绍棠的《青枝绿叶》，周立波的《山乡巨变》，柳青的《创业史》，孙犁的《铁木前传》等。（2）革命历史小说的辉煌。中华人民共和国成立后，革命历史小说的创作基本上延续了新民主主义革命时期的战争文化心理，以歌颂中国共产党领导的无产阶级革命斗争为主调，塑造新的英雄人物，展示中国革命取得胜利的艰苦卓绝。有的革命历史小说作家从革命战斗中走来，有着深切的革命体验和生命感，他们以回忆的形式再现革命历史的悲壮，如杜鹏程的《保卫延安》，柳青的《铜墙铁壁》，孙犁的《风云初记》，刘知侠的《铁道游击队》，刘流的《烈火金刚》，王愿坚的《党费》《七根火柴》，峻青的《黎明的河边》《党员登记表》等。有的革命历史小说注重历史事件与历史过程的记录，组成了一部人民革命斗争的编年史，如欧阳山的《三家巷》，梁斌的《红旗谱》，杨沫的《青春之歌》，冯德英的《苦菜花》，李英儒的《野火春风斗古城》，吴强的《红日》，罗广斌、杨益言的《红岩》，曲波的《林海雪原》等。（3）工业题材小说的兴起。中华人民共和国成立后，在工业百废待兴的形势下，党的工作重心由农村转向城市，提出建立独立工业体系的目标，以加快中华人民共和国工业建设，由落后的农业国变为先进的工业国。国家工作重心的转移，势必使作家的关注视角、创作取材和创作领域发生相应的变化，于是一批反映社会主义工业各条战线的作品竞相涌现，如草民的《火车头》《乘风破浪》，萧军的《五月的矿山》，雷加的《潜力》，周立波的《铁水奔流》，艾芜的《百炼成钢》，杜鹏程的《在和平的日子里》《夜走灵官峡》等。

  3. 散文创作。纵观中华人民共和国成立后十七年的散文创作，无不受着中华人民共和国成立以来"颂歌"这一主旋律的深刻影响，在各个时期各种样式又有所不同。中华人民共和国成立初期是通讯特写和报告文学蓬勃发展的时期，出现了一大批表现抗美援朝和经济建设的优秀报告文学作品，如巴金的《生活在英雄们中间》，魏巍的《谁是最可爱的人》，刘白羽的《朝鲜在战火中前进》，杨朔的《鸭绿江南北》《石油城》，柳青的《王家斌》，华山的《童话的时代》，臧克家的《毛主席向着黄河笑》，萧乾的《万里赶羊》等。这十七年期间，抒情散文获得了较快发展，如巴金亲切自然的《从镰仓带回的照片》，冰心真挚隽永的《樱花赞》，杨朔诗意盎然的《茶花赋》《荔枝蜜》，刘白羽激越高亢的

《日出》《长江三日》，秦牧谈天说地的《土地》《潮汐和船》，吴伯箫朴实淳厚的《记一辆纺车》《歌声》，徐迟奇丽空灵的《黄山记》，菡子委婉细腻的《黄山小记》，翦伯赞充实活泼的《内蒙访古》，曹靖华绘声绘色的《忆当年，穿着细事且莫等闲看!》等。1957—1966 年，当代散文进入活跃时期，这一时期的散文创作题材更为广泛，思想较为深刻，艺术较为精湛，出现了风格日臻成熟的作家和艺术趋于圆熟的作品，如杨朔的《海市》《东风第一枝》，秦牧的《花城》，刘白羽的《红玛瑙集》，巴金的《倾吐不尽的感情》，冰心的《樱花赞》，吴伯箫的《北极星》，碧野的《情满青山》，方纪的《挥手之间》，峻青的《秋色赋》等。杂文曾在 1956 年提出"双百"方针和 60 年代初文艺政策调整期间出现了短暂的繁荣。《北京晚报》开辟了以"燕山夜话"为题的杂文专栏，其后《前线》杂志、《人民日报》先后开设了"三家村札记"和"长短录"专栏，这些杂文针砭时弊、尖锐活泼、坚持真理、旗帜鲜明，敢于触及社会中的矛盾，与歌颂性的散文形成了鲜明的对照。

（二）1979—2010 年的文学创作

1979 年，第四次文代会在北京召开。在这次会议上，文艺民主的要求得到了热烈的表达，对生活事实与生活真实、生活本质与生活真实、生活真实与艺术真实、真实性与倾向性等问题进行了讨论，廓清了一直以来对现实主义一系列似是而非的观念，对以真实性为核心的现实主义有了重新认识，确立了新时期文艺复苏的方向。1980 年 1 月 26 日，《人民日报》社论提出"文艺为人民服务，为社会主义服务"的"二为"文艺方针，解除了广大文艺工作者精神上的创作压抑，为推动文艺的发展开辟了广阔的道路。

1. 诗歌创作。（1）归来诗派。一批历经时代沧桑的老诗人由于政治原因而沉寂多年，新时期又重返诗坛，被评论家称为"归来诗人"或"复出诗人"，包括艾青、公刘、流沙河、白桦、邵燕祥、胡风、绿原、曾卓、牛汉、罗洛、辛笛、陈敬容、郑敏、杭运鸑、穆旦等。这些诗人重返诗坛之后，纷纷把自己由生活道路的坎坷、曲折所获得的人生感受，以诗歌的形式表达出来。在艺术个性和艺术独创性的追求方面，他们的诗歌也发生了重要的转变，个人色彩加强，情感因素趋于复杂，诗歌风格也由单调明朗，转向深沉凝重。代表作品有艾青的《在浪尖上》《光的赞歌》，白桦的《春潮在望》，邵燕祥的《含笑向七十年代告别》，流沙河的《游踪》《故园别》，公刘的《白花·红花》《仙人掌》《骆驼》《大上海》《离离原上草》，绿原的《又一个哥伦布》《重读圣经》，曾卓的《悬崖边的树》《有赠》，牛汉的《鹰》《华南虎》，郑敏的《我听见什么声音》，陈敬容的《流向遗忘》等。（2）朦胧诗。代表作家及作品有食指的《这是四点零八分的北京》《相信未来》，北岛的《回答》《雨夜》《回答》《宣告》，舒婷的《祖国啊，我亲爱的祖国》《致橡树》《双桅船》，顾城的《生命幻想曲》《一代人》《远和近》《而行》，江河的《纪念碑》《葬礼》等。（3）新生代诗人群。新生代诗人创作的诗歌，通常被称为第三代探索诗。新生代诗人群大致崛起于1986年，主要创作倾向是后现代主义。这些"后崛起"的诗派，有的没有深刻的理论，也没有形成稳定的群体，有的群体有主张且有代表性的诗人，如非非主义、日常主义、大学生诗派、他们文学社、海上诗群、莽汉主义、圆明园诗群、星期五诗群等。代表诗人及作品有周伦佑的《自由方块》《想象大鸟》《第三代诗人》《带猫头鹰的男人》《狼谷》《头像》，韩东的《山民》《有关大雁塔》《你见过大海》，于坚的《尚义街六号》《对一只乌鸦的命名》《0档案》，李亚伟的《我是中国》《硬汉们》《中文系》《毕业分配》，西川的《隐秘的汇合》《虚构的家谱》等。

2. 小说创作。随着"文革"十年浩劫的结束，中国社会迎来了一个新的时代，社会生活发生了全面变化，也引发了人们心理上的变化，涌动起新的社会思潮，推动着文学风貌的演化与转变，新的文学理念不断生成，呈现出80年代中国小说创作的独特性发展脉络，不同的小说流派相继出现在新时期的中国文坛。（1）伤痕小说。以"文革"时期社会生活为题材的伤痕小说，主旨在于展示极左思潮对中国人身心所造成的摧残。这一小说现象因卢新华的短篇小说《伤痕》而命名，刘心武的《班主任》则是这一小说现象的开山之作。伤痕小说开启了现实主义复归的潮流。（2）反思小说。反映50年代中期以来共和国走过的艰辛历程，表达了对历史道路的反思，代表作家作品有茹志鹃的《剪辑错了的故事》，王蒙的《布礼》《蝴蝶》等。（3）改革小说。反映1978年以来中国社会所进行的政治经济改革的小说创作，其滥觞之作是蒋子龙发表于1979年的《乔厂长上任记》。此外，代表作家作品有柯云路的《三千万》《新星》，张洁的《沉重的翅膀》，李国文的《花园街五号》，贾平凹的《腊月·正月》《鸡窝洼的人家》，路遥的《人生》，何士光的《乡场上》等。(4) 文化寻根小说。一重是追寻中国传统文学的审美表现手法，一重是追寻中国传统文化之根。其中，阿城的《棋王》、韩少功的《爸爸爸》、王安忆的《小鲍庄》是代表作。(5) 新写实小说。指抽掉了启蒙意识和主流意识形态观念的写实手法，是对1949年以后中国人生存状态进行客观叙述的小说。方方的《风景》，池莉的《烦恼人生》，刘震云的《塔铺》《新兵连》《单位》《一地鸡毛》等是代表作。

3. 散文创作。80年代初期，在散文的表现对象上回到个人体验，表现日常事态和心绪，已经在一些作家的创作中得到初步体现。80年代中期以来，巴金、孙犁、杨绛等老作家和张洁、贾平凹、王英琦、唐敏等中青年作家，注重对自我经验的书写，从对社会问题的呼应转向对个人情绪、心境的表达。如巴金的《随想录》，杨绛的《干校六记》，孙犁的《晚华集》，丁玲的《牛棚小品》等。

90年代以来，散文创作的一个重要现象是出现了一种被称为"学者散文"或"文化散文"的创作形态。这些散文的作者大都是一些从事人文学科或社会科学研究的学者，他们在专业研究之外，创作了一些融会学者的理性思考和个人的情感表达的文章，写作比较自由，风格上大多较为节制。"学者散文"的出现，显示了知识分子关注现实问题和参与文化交流的新趋向。"学者散文"的作者大多有较为丰富的学术修养，往往将学术知识和理性思考融入散文的表达之中。他们也并不特别注重散文的文体"规范"，而将其视为专业研究之外的一种自我表达或关注现实的方式。对于许多类似的散文而言，引人注意的首先并不是叙述形式，而是所谈论的内容。90年代初期，从事艺术文化史和戏剧美学研究的余秋雨，出版散文集《文化苦旅》《文明的碎片》，引起极大反响。

（孙拥军　编撰）

第一讲 文情并茂

雪花的快乐

徐志摩

名句

> 假如我是一朵雪花,翩翩的在半空里潇洒,我一定认清我的方向——飞飏,飞飏,飞飏。

导读

《雪花的快乐》是现代诗人徐志摩所作的诗歌,这首诗写于1924年12月30日,发表于1925年1月17日《现代评论》第一卷第6期。这首诗歌展现了徐志摩对自由、理想和爱情的追求。在《雪花的快乐》中,诗人把对爱情的追求与改变现实社会的理想联系在一起,包含着反封建伦理道德、要求个体解放的积极因素,热烈而清新,真挚而自然,真切地表达了诗人对一切美好事物的执着追求。

作者简介

徐志摩(1897—1931),浙江海宁硖石人,现代诗人、散文家。原名章垿,字槱森,留学英国时改名志摩。曾经用过南湖、诗哲等笔名。徐志摩是新月派代表诗人,新月诗社成员。1923年成立新月社。1924年任北京大学教授。1926年任光华大学、大夏大学和南京中央大学教授。1930年辞去了上海和南京的职务,应胡适之邀,再度任北京大学教授,兼北京女子师范大学教授。1931年11月19日因飞机失事罹难。代表作品有《再别康桥》《翡冷翠的一夜》。

◎新月派:中国现代新诗史上一个重要的诗歌流派,形成于1926年,以北京的《晨报副刊·诗镌》为阵地,主要成员有闻一多、徐志摩、朱湘、饶孟侃、孙大雨、刘梦苇等。他们不满于"五四"以后"自由诗人"忽视诗艺的作风,提倡新格律诗,主张"理性节制情感",反对滥情主义和诗的散文化倾向,从理论到实践上对新诗的格律化都进行了认真的探索。闻一多在《诗的格律》中提出了著名的"三美"主张。因此新月派又被称为"新格律诗派"。新月派纠正了早期新诗创作过于散文化弱点,也使新诗进入了自觉创造的时期。

笔记

◎三美理论：新月派的新诗主张。闻一多提出了"三美"即"音乐美、绘画美、建筑美"，奠定了新格律诗派的理论基础。它在一定程度上克服并纠正了"五四"运动以来白话新诗过于松散、随意等不足，对中国现代新诗的健康发展做出了特有的贡献。具体而言，"音乐美"强调"有音尺，有平仄，有韵脚"；"绘画美"强调词藻的选择要秾丽、鲜明，有色彩感，每一句诗都可以形成一个独立存在的画面；"建筑美"强调"有节的匀称，有句的均齐"。其主要目的是在诗的内容和格式上都拥有美感。

课文

假如我是一朵雪花，
翩翩的在半空里潇洒，
　　我一定认清我的方向——
　　飞飏，飞飏，飞飏，——
这地面上有我的方向。

不去那冷寞的幽谷，
不去那凄清的山麓，
　　也不上荒街去惆怅——
　　飞飏，飞飏，飞飏，——
你看，我有我的方向！

在半空里娟娟的飞舞，
认明了那清幽的住处，
　　等着她来花园里探望——
　　飞飏，飞飏，飞飏，——
啊，她身上有朱砂梅的清香！

那时我凭藉我的身轻，
盈盈的，沾住了她的衣襟，
　　贴近她柔波似的心胸——
　　消溶，消溶，消溶——
溶入了她柔波似的心胸！

------------ 笔记 ------------

阅读文献

1. 陆耀东《徐志摩评传》，西安：陕西人民出版社，1986年。
2. 徐志摩《徐志摩全集》，北京：中央编译出版社，2013年。
3. 刘群《新月社研究》，复旦大学博士学位论文，2006年。

---- 思考题 ----

1. 诗中的"她"象征什么？
2. 文中为何反复出现"飞飏，飞飏，飞飏"？
3. 如何理解最后一句"溶入了她柔波似的心胸"？

（孙拥军　选编）

桨声灯影里的秦淮河

朱自清

名句

> 因为我有妻子，所以我爱一切的女人；因为我有子女，所以我爱一切的孩子。

导读

　　1923年的一个"仲夏之夜"，两位已在文坛上小有名气的青年作家朱自清和俞平伯，结伴来到古城南京泛舟秦淮，之后留下了两篇同题散文《桨声灯影里的秦淮河》，并同时发表于《东方杂志》上。较之俞平伯的偏重说理和哲思，朱自清的《桨声灯影里的秦淮河》更长于写景和抒情。作者以细致独到的观察，运用泼墨似的技法，采撷典雅、华美、明艳的词藻，运用比喻、拟人、通感等手法，精妙地勾画出盛夏夜里秦淮河绚丽变幻、极具魔力的风韵。足见作家对缜密观察、细腻描绘的擅长，以及所受中外艺术的影响。作家缘情赏景，触景生情，在风景的审美和历史现实的感兴中生成不断起伏的情感波澜。他因聆听秦淮河上妓女的歌声而产生的剧烈思想冲突，其实是自己灵魂深处"情欲与理性，本能和道德的斗争"。对它们的袒露和剖析，显示了作家以及"五四"新文学的至真、至情、至性之美。朱自清的散文被誉为具有中国民族风格和很高艺术价值的"白话美文的模范"。

◎美文：传统文学中的散文泛指与韵文（包括骈文）相对的所有散文体文章，文学散文与非文学的文字没有明确界限。1921年，周作人发表《美文》一文，将那种以抒情叙事为主的艺术性散文称为美文，摆到了与小说、诗歌、戏剧并列的位置，从理论上确认了文学性散文的地位。

作者简介

朱自清（1898—1948），字佩弦，号秋实，出生于江苏东海。现代著名散文家、诗人、学者、民主战士。1920年毕业于北京大学，后到清华大学任教。朱自清在"五四"运动后开始创作新诗，但1923年发表的《桨声灯影里的秦淮河》，却显示出他散文创作方面的才能。从此他致力于散文创作，成为负有盛名的散文家。他的著作包括诗歌、散文、文艺批评和学术研究，大多收入1953年出版的4卷《朱自清文集》中。他的散文作品主要结集有《踪迹》《你我》《欧游杂记》《伦敦杂记》等。文艺论著有《诗言志辨》《论雅俗共赏》等。

朱自清一身正气，是勇敢的民主战士。他拒领美国的"救济粮"，1948年8月12日，死于贫病交迫之中。毛泽东在《别了，司徒雷登》一文中称赞他的骨气："我们应当写闻一多颂，写朱自清颂，他们表现了我们民族的英雄气概。"

◎新文学：指"五四"以来的中国现代文学体系。新文学是以白话文写作，具备"五四"精神，并依赖于新媒介传播的文学样式。

课文

一九二三年八月的一晚，我和平伯同游秦淮河，平伯是初泛，我是重来了。我们雇了一只"七板子"，在夕阳已去，皎月方来的时候，便下了船。于是桨声汩——汩，我们开始领略那晃荡着蔷薇色的历史的秦淮河的滋味了。

秦淮河里的船，比北京万生园，颐和园的船好，比西湖的船好，比扬州瘦西湖的船也好。这几处的船不是觉着笨，就是觉着简陋，局促；都不能引起乘客们的情韵，如秦淮河的船一样。秦淮河的船约略可分为两种：一是大船；一是小船，就是所谓"七板子"。大船舱口阔大，可容二三十人。里面陈设着字画和光沽的红木家具，桌上一律嵌着冰凉的大理石面。窗格雕镂颇细，使人起柔腻之感。窗格里映着红色蓝色的玻璃；玻璃上有精致的花纹，也颇悦人目。"七板子"规模虽不及大船，但那淡蓝色的栏杆，空敞的舱，也足系人情思。而最出色处却在它的舱前。舱前是甲板上的一部，上面有弧形的顶，西边用疏疏的栏杆支着。里面通常放着两张藤的躺椅。

躺下，可以谈天，可以望远，可以顾盼两岸的河房。大船上也有这个，但在小船上更觉清隽罢了。舱前的顶下，一律悬着灯彩；灯的多少，阴暗，彩苏的精粗，艳晦，是不一的，但好歹总还你一个灯彩。这灯彩实在是最能勾人的东西。夜幕垂垂地下来时，大小船上都点起灯火。从两重玻璃里映出那辐射着的黄黄的散光，反晕出一片朦胧的烟霭；透过这烟霭，在黯黯的水波里，又逗起缕缕的明漪。在这薄霭和微漪里，听着那悠然的间歇的桨声，谁能不被引入他的美梦去呢？只愁梦太多了，这些大小船儿如何载得起呀？我们这时模模糊糊的谈着明末的秦淮河的艳迹，如《桃花扇》及《板桥杂记》里所载的。我们真神往了。我们仿佛亲见那时华灯映水，画舫凌波的光景了。于是我们的船便成了历史的重载了。我们终于恍然秦淮河的船所以雅丽过于他处，而又有奇异的吸引力的，实在是许多历史的影象使然了。

秦淮河的水是碧阴阴的；看起来厚而不腻，或者是六朝金粉所凝么？我们初上船的时候，天色还未断黑，那漾漾的柔波是这样恬静，委婉，使我们一面有水阔天空之想，一面又憧憬着纸醉金迷之境了。等到灯火明时，阴阴的变为沈沈了：黯淡的水光，像梦一般；那偶然闪烁着的光芒，就是梦的眼睛了。我们坐在舱前，因了那隆起的顶棚，仿佛总是昂着首向前走着似的；于是飘飘然如御风而行的我们，看着那些自在的湾泊着的船，船里走马灯般的人物，便像是下界一般，迢迢的远了，又像在雾里看花，尽朦朦胧胧的。这时我们已过了利涉桥，望见东关头了。沿路听见断续的歌声：有从沿河的妓楼飘来的，有从河上船里度来的。我们明知那些歌声，只是些因袭的言词，从生涩的歌喉里机械的发出来的；但它们经了夏夜的微风的吹漾和水波的摇拂，袅娜着到我们耳边的时候，已经不单是她们的歌声，而混着微风和河水的密语了。于是我们不得不被牵惹着，震撼着，相与浮沉于这歌声里了。从东关头转湾，不久就到大中桥。大中桥共有三个桥拱，都很阔大，俨然是三座门儿；使

◎《桃花扇》：中国清代著名的传奇剧本，作者孔尚任。这是一部表现亡国之痛的历史剧。作者将明末侯方域与秦淮艳姬李香君的悲欢离合同南明王朝的兴亡有机地结合在一起，悲剧性结局突破了才子佳人大团圆的传统模式，男女之情与兴亡之感都得到升华。

◎《板桥杂记》：明末清初文学家余怀所著。全书分上、中、下卷，记述了明朝末年南京秦淮河南岸的长板桥一带旧院诸名妓的情况及有关各方面的见闻。

◎六朝金粉："六朝"指三国时的孙吴，两晋时的东晋，南朝时的宋、齐、梁、陈六个朝代；"金粉"指旧时妇女妆饰用的铅粉，常用以形容繁华绮丽。亦形容六朝时期国都建康城（今南京）的靡丽繁华景象。

我们觉得我们的船和船里的我们，在桥下过去时，真是太无颜色了。桥砖是深褐色，表明它的历史的长久；但都完好无缺，令人太息于古昔工程的坚美。桥上两旁都是木壁的房子，中间应该有街路？这些房子都破旧了，多年烟熏的迹，遮没了当年的美丽。我想象秦淮河的极盛时，在这样宏阔的桥上，特地盖了房子，必然是髹漆得富富丽丽的；晚间必然是灯火通明的，现在却只剩下一片黑沈沈！但是桥上造着房子，毕竟使我们多少可以想见往日的繁华；这也慰情聊胜无了。过了大中桥，便到了灯月交辉，笙歌彻夜的秦淮河，这才是秦淮河的真面目哩。

　　大中桥外，顿然空阔，和桥内两岸排着密密的人家的景象大异了。一眼望去，疏疏的林，淡淡的月，衬着蓝蔚的天，颇像荒江野渡光景；那边呢，郁丛丛的，阴森森的，又似乎藏着无边的黑暗：令人几乎不信那是繁华的秦淮河了。但是河中眩晕着的灯光，纵横着的画舫，悠扬着的笛韵，夹着那吱吱的胡琴声，终于使我们认识绿如茵陈酒的秦淮水了。此地天裸露着的多些，故觉夜来的独迟些；从清清的水影里，我们感到的只是薄薄的夜——这正是秦淮河的夜。大中桥外，本来还有一座复成桥，是船夫口中的我们的游踪尽处，或也是秦淮河繁华的尽处了。我的脚曾踏过复成桥的脊，在十三四岁的时候。但是两次游秦淮河，却都不曾见着复成桥的面；明知总在前途的，却常觉得有些虚无缥缈似的。我想，不见倒也好。这时正是盛夏。我们下船后，借着新生的晚凉和河上的微风，暑气已渐渐消散；到了此地，豁然开朗，身子顿然轻了——习习的清风荏苒在面上，手上，衣上，这便又感到了一缕新凉了。南京的日光，大概没有杭州猛烈；西湖的夏夜老是热蓬蓬的，水像沸着一般，秦淮河的水却尽是这样冷冷地绿着。任你人影的憧憧，歌声的扰扰，总像隔着一层薄薄的绿纱面幂似的；它尽是这样静静的，冷冷的绿着。我们出了大中桥，走不上半里路，船夫便将船划到一旁，停了桨由它宕着。他以为那里正是繁华的极点，再过去就是荒凉了；所以让我们多多赏鉴一会儿。他自己却静静的蹲着。他是看惯这光景的了，大约只是一个无可无不可。这无可无不可，无论是升的沈的，总之，都比我们高了。

那时河里闹热极了；船大半泊着，小半在水上穿梭似的来往。停泊着的都在近市的那一边，我们的船自然也夹在其中。因为这边略略的挤，便觉得那边十分的疏了。在每一只船从那边过去时，我们能画出它的轻轻的影和曲曲的波，在我们的心上；这显着是空，且显着是静了。那时处处都是歌声和凄厉的胡琴声，圆润的喉咙，确乎是很少的。但那生涩的，尖脆的调子能使人有少年的，粗率不拘的感觉，也正可快我们的意。况且多少隔开些儿听着，因为想象与渴慕的做美，总觉更有滋味；而竞发的喧嚣，抑扬的不齐，远近的杂沓，和乐器的嘈嘈切切，合成另一意味的谐音，也使我们无所适从，如随着大风而走。这实在因为我们的心枯涩久了，变为脆弱；故偶然润泽一下，便疯狂似的不能自主了。但秦淮河确也腻人。即如船里的人面，无论是和我们一堆儿泊着的，无论是从我们眼前过去的，总是模模糊糊的，甚至渺渺茫茫的；任你张圆了眼睛，揩净了眦垢，也是枉然。这真够人想呢。在我们停泊的地方，灯光原是纷然的；不过这些灯光都是黄而有晕的。黄已经不能明了，再加上了晕，便更不成了。灯愈多，晕就愈甚：在繁星般的黄的交错里，秦淮河仿佛笼上了一团光雾。光芒与雾气腾腾的晕着，什么都只剩了轮廓了；所以人面的详细的曲线，便消失于我们的眼底了。但灯光究竟夺不了那边的月色；灯光是浑的，月色是清的。在混沌的灯光里，渗入一派清辉，却真是奇迹！那晚月儿已瘦削了两三分。她晚妆才罢，盈盈的上了柳梢头。天是蓝得可爱，仿佛一汪水似的；月儿便更出落得精神了。岸上原有三株两株的垂杨树，淡淡的影子，在水里摇曳着。它们那柔细的枝条浴着月光，就像一支支美人的臂膊，交互的缠着，挽着；又像是月儿披着的发。而月儿偶尔也从它们的交叉处偷偷窥看我们，大有小姑娘怕羞的样子。岸上另有几株不知名的老树，光光的立着；在月光里照起来，却又俨然是精神矍铄的老人。远处——快到天际线了，才有一两片白云，亮得现出异彩，像美丽的贝壳一般。白云下便是黑黑的一带轮廓；是一条随意画的不规则的曲线。这一段光景，和河中的风味大异了。但灯与月竟能并存着，交融着，使月成了缠绵的月，灯射着渺渺的灵辉，这正是天之所以厚秦淮河，也正是天之所以厚我们了。

这时却遇着了难解的纠纷。秦淮河上原有一种歌妓，是以歌为业的。从前都在茶舫上，唱些大曲之类。每日午后一时起；什么时候止，却忘记了。晚上照样也有一回，也在黄晕的灯光里。我从前过南京时，曾随着朋友去听过两次。因为茶舫里的人脸太多了，觉得不太适意，终于听不出所以然。前年听说歌妓被取缔了，不知怎的，颇涉想了几次——却想不出什么。这次到南京，先到茶舫上去看看，觉得颇是寂寥，令我无端的怅怅了。不料她们却仍在秦淮河里挣扎着，不料她们竟会纠缠到我们，我于是很张皇了，她们也乘着"七板子"，她们总是坐在舱前的。舱前点着石油汽灯，光亮眩人眼目；坐在下面的，自然是纤毫毕见了——引诱客人们的力量，也便在此了。舱里躲着乐工等人，映着汽灯的余辉蠕动着；他们是永远不被注意的。每船的歌妓大约都是二人；天色一黑，她们的船就在大中桥外往来不息的兜生意。无论行着的船，泊着的船，都要来兜揽的。这都是我后来推想出来的，那晚不知怎样，忽然轮着我们的船了。我们的船好好的停着，一只歌舫划向我们来了；渐渐和我们的船并着了。烁烁的灯光逼得我们皱起了眉头；我们的风尘色全给它托出来了，这使我踧踖不安了。那时一个伙计跨过船来，拿着摊开的歌折，就近塞向我的手里，说："点几出吧！"他跨过来的时候，我们船上似乎有许多眼光跟着。同时相近的别的船上也似乎有许多眼睛炯炯的向我们船上看着。我真窘了！我也装出大方的样子，向歌妓们瞥了一眼，但究竟是不成的！我勉强将那歌折翻了一翻，却不曾看清了几个字；便赶紧递还那伙计，一面不好意思地说,"不要。我们……不要。"他便塞给平伯,平伯掉转头去,摇手说,"不要!"那人还腻着不走。平伯又回过脸来,摇着头道,"不要!"于是那人重到我处。我窘着再拒绝了他。他这才有所不屑似的走了。我的心立刻放下,如释了重负一般。我们就开始自白了。

　　我说我受了道德律的压迫,拒绝了她们;心里似乎很抱歉的。这所谓抱歉,一面对于她们,一面对于我自己。她们于我们虽然没有很奢的希望;但总有些希望的。我们拒绝了她们,无论理由如何充足,却使她们的希望受了伤;这总有几分不做美了。这是我觉得很怅怅的。至于我自己,更有一种不足之感。我这时被四面的歌声诱惑了,降服了;但是远远的,远远的歌声总仿佛隔着重衣搔痒似的,越搔越搔不着痒处。我于是憧憬着贴耳的妙音了。在歌舫划来时,我的憧憬,变为盼望;我固执的盼望着,有如饥渴。虽然从浅薄的经验里,也能够推知,那贴耳的歌声,将剥去了一切的美妙;但一个平常的人像我的,谁愿凭了理性之力去丑化未来呢?我宁愿自己骗着了。不过我的社会感性是很敏锐的;我的思力能拆穿道德律的西洋镜,而我的感情却终于被它压服着。我于是有所顾忌了,尤其是在众目昭彰的时候。道德律的力,本来是民众赋予的;在民众的面前,自然更显出它的威严了。我这时一面盼望,一面却感到了两重的禁制:一,在通俗的意义上,接近妓者总算一种不正当的行为;二,妓是一种不健全的职业,我们对于她们,应有哀矜勿喜之心,不应赏玩的去听她们的歌。在众目睽睽之下,这两种思想在我心里最为旺盛。她们暂时压倒了我的听歌的盼望,这便成就了我的灰色的拒绝。那时的心实在异常状态中,觉得颇是昏乱。歌舫去了,暂时宁静之后,我的思绪又如潮涌了。两个相反的意思在我心头往复:卖歌和卖淫不同,听歌和狎妓不同,又干道德甚事?——但是,但是,她们既被逼的以歌为业,她们的歌必无艺术味的;况她们的身世,我们究竟该同情的。所以拒绝倒也是正办。但这些意思终于不曾撇开

◎周启明：指周作人，鲁迅（周树人）之弟。周作人原名櫆寿（后改为奎绶），字星杓，又名启明、启孟、起孟，笔名遐寿、仲密、岂明，号知堂、药堂、独应等。中国著名散文家、文学理论家、评论家、诗人，新文化运动的杰出代表。

我的听歌的盼望。它力量异常坚强；它总想将别的思绪踏在脚下。从这重重的争斗里，我感到了浓厚的不足之感。这不足之感使我的心盘旋不安，起坐都不安宁了。唉！我承认我是一个自私的人！平伯呢，却与我不同。他引周启明先生的诗，"因为我有妻子，所以我爱一切的女人；因为我有子女，所以我爱一切的孩子。"他的意思可以见了。他因为推及的同情，爱着那些歌妓，并且尊重着她们，所以拒绝了她们。在这种情形下，他自然以为听是对于她们的一种侮辱。但他也是想听歌的，虽然不和我一样。所以在他的心中，当然也有一番小小的争斗；争斗的结果，是同情胜了。至于道德律，在他是没有什么的；因为他很有蔑视一切的倾向，民众的力量在他是不大觉着的。这时他的心意的活动比较简单，又比较松弱，故事后还怡然自若；我却不能了。这里平伯又比我高了。

在我们谈话中间，又来了两只歌舫。伙计照前一样的请我们点戏，我们照前一样的拒绝了。我受了三次窘，心里的不安更甚了。清艳的夜景也为之减色。船夫大约因为要赶第二趟生意，催着我们回去；我们无可无不可的答应了。我们渐渐和那些晕黄的灯光远了，只有些月色冷清清的随着我们的归舟。我们的船竟没个伴儿，秦淮河的夜正长哩！到大中桥近处，才遇着一只来船。这是一只载妓的板船，黑漆漆的没有一点光。船头上坐着一个妓女；暗里看出，白地小花的衫子，黑的下衣。她手里拉着胡琴，口里唱着青衫的调子。她唱得响亮而圆转；当她的船箭一般驶过去时，余音还袅袅的在我们耳际，使我们倾听而向往。想不到在弩末的游踪里，还能领略到这样的清歌！这时船过大中桥了，森森的水影，如黑暗张着巨口，要将我们的船吞了下去。我们回顾那渺渺的黄光，不胜依恋之情；我们感到了寂寞了！这一段地方夜色甚浓，又有两头的灯火招邀着；桥外的灯火不用说了，过了桥另有东关头疏疏的灯火。我们忽然仰头看见依人的素月，不觉深悔归来之早了！走过东关头，有一两只大船湾泊着，又有几只船向我们来着。嚣嚣的一阵歌声人语，仿佛笑我们无伴的孤舟哩。东关头转湾，河上的夜色更浓了；临水的妓楼上，时时从帘缝里射出一线一线的灯光；仿佛黑暗从酣睡里眨了一眨眼。我们默然的对着，静听那汩——汩的桨声，几乎要入睡了；朦胧里却温寻着适才的繁华的余味。我那不安的心在静里愈显活跃了！这时我们都有了不足之感，而我的更其浓厚。我们却又不愿回去，于是只能由懊悔而怅惘了。船里便满载着怅惘了。直到利涉桥下，微微嘈杂的人声，才使我豁然一惊；那光景却又不同。右岸的河房里，都大开了窗户，里面亮着晃晃的电灯，电灯的光射到水上，蜿蜒曲折，闪闪不息，正如跳舞着的仙女的臂膊。我们的船已在她的臂膊里了；如睡在摇篮里一样，倦了的我们便又入梦了。那电灯下的人物，只觉得像蚂蚁一般，更不去萦念。这是最后的梦；可惜的是最短的梦！黑暗重复落在我们面前，我们看见傍岸的空船上一星两星的，枯燥无力又摇摇不定的灯光。我们的梦醒了，我们知道就要上岸了；我们心里充满了幻灭的情思。

1923年10月11日作完，于温州。

---------- 阅读文献 ----------

1. 朱乔森《朱自清》，北京：人民文学出版社，1985年。
2. 朱自清《朱自清精选集》，北京：北京燕山出版社，2006年。
3. 朱自清《朱自清讲国学》，北京：金城出版社，2008年。
4. 周作人《中国新文学的源流》，上海：华东师范大学出版社，1995年。

---------- 思考题 ----------

1. 简述《桨声灯影里的秦淮河》的艺术手法。
2. 简述《桨声灯影里的秦淮河》是怎样体现朱自清散文的"中和之美"的。
3. 比较朱自清和俞平伯的同题美文《桨声灯影里的秦淮河》。

（王欣　选编）

第二讲 经典常谈

风 波

鲁迅

名句

九斤老太："一代不如一代。"

导读

《风波》是鲁迅写于1920年8月的一篇小说，最初发表于1920年9月《新青年》杂志第8卷第1号，后收入短篇小说集《呐喊》。小说通过对江南某水乡发生的一场由辫子引起的风波的描写，反映了辛亥革命的不彻底性，揭示了当时封建帝制还在统治着农村，农民愚昧落后、缺乏民主和自由思想的状况，并由此说明今后的社会革命若不彻底改变民众的观念就难以成功。

作者简介

鲁迅（1881—1936），浙江绍兴人，原名周樟寿，后改名周树人，字豫才。著名文学家、思想家，"五四"新文化运动的重要参与者，中国现代文学的奠基人。毛泽东评价他是伟大的无产阶级的文学家、思想家、革命家，是中国文化革命的主将。被誉为"民族魂"。"鲁迅"是他1918年发表《狂人日记》时所用的笔名，也是其影响最为广泛的笔名。鲁迅作品以小说、杂文为主，代表作有小说集《呐喊》《彷徨》《故事新编》等，散文集《朝花夕拾》，散文诗集《野草》，杂文集《坟》《热风》《华盖集》《华盖集续编》《南腔北调集》《三闲集》《二心集》《而已

○ 辛亥革命：是指1911年（辛亥年）中国爆发的资产阶级民主革命。它是在清王朝日益腐朽、帝国主义侵略进一步加深、中国民族资本主义初步成长的基础上发生的，其目的是推翻清朝的专制统治，挽救民族危亡，争取国家的独立、民主和富强。这次革命结束了中国长达两千年之久的君主专制制度，是一次伟大的革命运动，在政治上、思想上给中国人民带来了不可低估的解放作用。革命使民主共和的观念深入人心，以辛亥革命为新的起点，反帝反封建斗争更加深入、更加大规模地开展起来。

集》《且介亭杂文》等。

课文

　　临河的土场上，太阳渐渐的收了他通黄的光线了。场边靠河的乌桕树叶，干巴巴的才喘过气来，几个花脚蚊子在下面哼着飞舞。面河的农家的烟突里，逐渐减少了炊烟，女人孩子们都在自己门口的土场上泼些水，放下小桌子和矮凳；人知道，这已经是晚饭的时候了。

　　老人男人坐在矮凳上，摇着大芭蕉扇闲谈，孩子飞也似的跑，或者蹲在乌桕树下赌玩石子。女人端出乌黑的蒸干菜和松花黄的米饭，热蓬蓬冒烟。河里驶过文人的酒船，文豪见了，大发诗兴，说，"无思无虑，这真是田家乐呵！"

　　但文豪的话有些不合事实，就因为他们没有听到九斤老太的话。这时候，九斤老太正在大怒，拿破芭蕉扇敲着凳脚说：

　　"我活到七十九岁了，活够了，不愿意眼见这些败家相，——还是死的好。立刻就要吃饭了，还吃炒豆子，吃穷了一家子！"

　　伊的曾孙女儿六斤捏着一把豆，正从对面跑来，见这情形，便直奔河边，藏在乌桕树后，伸出双丫角的小头，大声说，"这老不死的！"

　　九斤老太虽然高寿，耳朵却还不很聋，但也没有听到孩子的话，仍旧自己说，"这真是一代不如一代！"

　　这村庄的习惯有点特别，女人生下孩子，多喜欢用秤称了轻重，便用斤数当作小名。九斤老太自从庆祝了五十大寿以后，便渐渐的变了不平家，常说伊年青的时候，天气没有现在这般热，豆子也没有现在这般硬：总之现在的时世是不对了。何况六斤比伊的曾祖，少了三斤，比伊父亲七斤，又少了一斤，这真是一条颠扑不破的实例。所以伊又用劲说，"这真是一代不如一代！"

① 应为"孙媳"。

伊的儿媳①七斤嫂子正捧着饭篮走到桌边,便将饭篮在桌上一摔,愤愤的说,"你老人家又这么说了。六斤生下来的时候,不是六斤五两么?你家的秤又是私秤,加重称,十八两秤;用了准十六,我们的六斤该有七斤多哩。我想便是太公和公公,也不见得正是九斤八斤十足,用的秤也许是十四两……"

"一代不如一代!"

七斤嫂还没有答话,忽然看见七斤从小巷口转出,便移了方向,对他嚷道,"你这死尸怎么这时候才回来,死到那里去了!不管人家等着你开饭!"

七斤虽然住在农村,却早有些飞黄腾达的意思。从他的祖父到他,三代不捏锄头柄了;他也照例的帮人撑着航船,每日一回,早晨从鲁镇进城,傍晚又回到鲁镇,因此很知道些时事:例如什么地方,雷公劈死了蜈蚣精;什么地方,闺女生了一个夜叉之类。他在村人里面,的确已经是一名出场人物了。但夏天吃饭不点灯,却还守着农家习惯,所以回家太迟,是该骂的。

七斤一手捏着象牙嘴白铜斗六尺多长的湘妃竹烟管,低着头,慢慢地走来,坐在矮凳上。六斤也趁势溜出,坐在他身边,叫他爹爹。七斤没有应。

"一代不如一代!"九斤老太说。

七斤慢慢地抬起头来,叹一口气说,"皇帝坐了龙庭了。"

◎咸亨酒店:清光绪甲午年(1894),鲁迅堂叔周仲翔等在绍兴城内的都昌坊口开设一家小酒店,从《易经·坤卦》之《象传》"含弘广大,品物咸亨"句中,取"咸亨"两字为店名,寓意酒店生意兴隆,万事亨通。鲁迅在《孔乙己》《风波》和《明天》等小说中,把咸亨酒店作为重要背景,使咸亨酒店名扬海内外。

七斤嫂呆了一刻,忽而恍然大悟的道,"这可好了,这不是又要皇恩大赦了么!"

七斤又叹一口气,说,"我没有辫子。"

"皇帝要辫子么?"

"皇帝要辫子。"

"你怎么知道呢?"七斤嫂有些着急,赶忙的问。

"咸亨酒店里的人,都说要的。"

七斤嫂这时从直觉上觉得事情似乎有些不妙了,因为咸亨酒店是消息灵通的所在。伊一转眼瞥见七斤的光头,便忍不住动怒,怪他恨他怨他;忽然又绝望起来,

笔记

装好一碗饭,搡在七斤的面前道,"还是赶快吃你的饭罢!哭丧着脸,就会长出辫子来么?"

太阳收尽了他最末的光线了,水面暗暗地回复过凉气来;土场上一片碗筷声响,人人的脊梁上又都吐出汗粒。七斤嫂吃完三碗饭,偶然抬起头,心坎里便禁不住突突地发跳。伊透过乌桕叶,看见又矮又胖的赵七爷正从独木桥上走来,而且穿着宝蓝色竹布的长衫。

赵七爷是邻村茂源酒店的主人,又是这三十里方圆以内的唯一的出色人物兼学问家;因为有学问,所以又有些遗老的臭味。他有十多本金圣叹批评的《三国志》,时常坐着一个字一个字的读;他不但能说出五虎将姓名,甚而至于还知道黄忠表字汉升和马超表字孟起。革命以后,他便将辫子盘在顶上,像道士一般;常常叹息说,倘若赵子龙在世,天下便不会乱到这地步了。七斤嫂眼睛好,早望见今天的赵七爷已经不是道士,却变成光滑头皮,乌黑发顶;伊便知道这一定是皇帝坐了龙庭,而且一定须有辫子,而且七斤一定是非常危险。因为赵七爷的这件竹布长衫,轻易是不常穿的,三年以来,只穿过两次:一次是和他怄气的麻子阿四病了的时候,一次是曾经砸烂他酒店的鲁大爷死了的时候;现在是第三次了,这一定又是于他有庆,于他的仇家有殃了。

七斤嫂记得,两年前七斤喝醉了酒,曾经骂过赵七爷是"贱胎",所以这时便立刻直觉到七斤的危险,心坎里突突地发起跳来。

赵七爷一路走来,坐着吃饭的人都站起身,拿筷子点着自己的饭碗说,"七爷,请在我们这里用饭!"七爷也一路点头,说道"请请",却一径走到七斤家的桌旁。七斤们连忙招呼,七爷也微笑着说"请请",一面细细的研究他们的饭菜。

"好香的干菜,——听到了风声了么?"赵七爷站在七斤的后面七斤嫂的对面说。

◎金圣叹批评的《三国志》:金圣叹(1608—1661),明末清初文人,曾批注《水浒传》《西厢记》等书,把自己所加的序文、读法和评语等称为"圣叹外书"。《三国志》指小说《三国演义》。《三国演义》是元末明初罗贯中所著,后经清代毛宗岗改编,附加评语,卷首有假托为金圣叹所作的序,首回前也有"叹外书"字样,通常就认为这评语系金圣叹所作。

◎张勋复辟:指由张勋一手策划,于1917年(民国六年)7月拥护清朝废帝溥仪在北京复辟的政变,前后历时共十二天。1917年5月,黎元洪总统府与主战的段祺瑞国务院针对是否参加第一次世界大战发生"府院之争"。日本表示支持段祺瑞,英、美等国支持黎元洪、冯国璋。黎元洪将段祺瑞免职,段祺瑞则令属下各省督军宣布独立。黎元洪乃电召安徽督军张勋入京调停。1917年6月,张勋率五千辫子军北上,密谋复辟,段祺瑞则欲利用他对付黎元洪而支持他入京。7月1日,正式让溥仪登基。复辟招致全国反对,段祺瑞于是组成讨逆军讨伐,7月12日,这一复辟闹剧即宣告结束。

笔记

"皇帝坐了龙庭了。"七斤说。

七斤嫂看着七爷的脸,竭力陪笑道,"皇帝已经坐了龙庭,几时皇恩大赦呢?"

"皇恩大赦?——大赦是慢慢的总要大赦罢。"七爷说到这里,声色忽然严厉起来,"但是你家七斤的辫子呢,辫子?这倒是要紧的事。你们知道:长毛时候,留发不留头,留头不留发,……"

七斤和他的女人没有读过书,不很懂得这古典的奥妙,但觉得有学问的七爷这么说,事情自然非常重大,无可挽回,便仿佛受了死刑宣告似的,耳朵里嗡的一声,再也说不出一句话。

"一代不如一代,——"九斤老太正在不平,趁这机会,便对赵七爷说,"现在的长毛,只是剪人家的辫子,僧不僧,道不道的。从前的长毛,这样的么?我活到七十九岁了,活够了。从前的长毛是——整匹的红缎子裹头,拖下去,拖下去,一直拖到脚跟;王爷是黄缎子,拖下去,黄缎子;红缎子,黄缎子,——我活够了,七十九岁了。"

七斤嫂站起身,自言自语的说,"这怎么好呢?这样的一班老小,都靠他养活的人,……"

赵七爷摇头道,"那也没法。没有辫子,该当何罪,书上都一条一条明明白白写着的。不管他家里有些什么人。"

七斤嫂听到书上写着,可真是完全绝望了;自己急得没法,便忽然又恨到七斤。伊用筷子指着他的鼻尖说,"这死尸自作自受!造反的时候,我本来说,不要撑船了,不要上城了。他偏要死进城去,滚进城去,进城便被人剪去了辫子。从前是绢光乌黑的辫子,现在弄得僧不僧道不道的。这囚徒自作自受,带累了我们又怎么说呢?这活死尸的囚徒……"

村人看见赵七爷到村,都赶紧吃完饭,聚在七斤家饭桌的周围。七斤自己知道是出场人物,被女人当大众这样辱骂,很不雅观,便只得抬起头,慢慢地说道:

"你今天说现成话,那时你……"

"你这活死尸的囚徒……"

看客中间,八一嫂是心肠最好的人,抱着伊的两周岁的遗腹子,正在七斤嫂身边看热闹;这时过意不去,连忙解劝说,"七斤嫂,算了罢。人不是神仙,谁知道未来事呢?便是七斤嫂,那时不也说,没有辫子倒也没有什么丑么?况且衙门里的大老爷也还没有告示,……"

七斤嫂没有听完,两个耳朵早通红了;便将筷子转过向来,指着八一嫂的鼻子,说,"阿呀,这是什么话呵!八一嫂,我自己看来倒还是一个人,会说出这样昏诞胡涂话么?那时我是,整整哭了三天,谁都看见;连六斤这小鬼也都哭,……"六斤刚吃完一大碗饭,拿了空碗,伸手去嚷着要添。七斤嫂正没好气,便用筷子在伊的双丫角中间,直扎下去,大喝道,"谁要你来多嘴!你这偷汉的小寡妇!"

扑的一声,六斤手里的空碗落在地上了,恰巧又碰着一块砖角,立刻破成一个很大的缺口。七斤直跳起来,检起破碗,合上检查一回,也喝道,"入娘的!"一巴掌打倒了六斤。六斤躺着哭,九斤老太拉了伊的手,连说着"一代不如一代",一同走了。

八一嫂也发怒,大声说,"七斤嫂,你'恨棒打人'……"

赵七爷本来是笑着旁观的;但自从八一嫂说了"衙门里的大老爷没有告示"这话以后,却有些生气了。这时他已经绕出桌旁,接着说,"'恨棒打人',算什么呢。大兵是就要到的。你可知道,这回保驾的是张大帅。张大帅就是燕人张翼德的后代,他一支丈八蛇矛,就有万夫不当之勇,谁能抵挡他,"他两手同时捏起空拳,仿佛握着无形的蛇矛模样,向八一嫂抢进几步道,"你能抵挡他么!"

八一嫂正气得抱着孩子发抖,忽然见赵七爷满脸油汗,瞪着眼,准对伊冲过来,便十分害怕,不敢说完话,

◎辫子军:指张勋在民国成立后仍留着发辫的军队。张勋原是清朝的江南提督,统帅江防营驻扎南京。辛亥革命爆发后,革命军进攻南京,张勋负隅顽抗,战败后率溃兵据守徐州、兖州一带,继续与革命为敌。民国成立后,他和他的队伍顽固地留着发辫,表示仍然效忠于清廷,人们称这个怪模怪样的军阀为"辫帅",他的队伍被称为"辫子军"。

---笔记---

回身走了。赵七爷也跟着走去,众人一面怪八一嫂多事,一面让开路,几个剪过辫子重新留起的便赶快躲在人丛后面,怕他看见。赵七爷也不细心察访,通过人丛,忽然转入乌桕树后,说道"你能抵挡他么!"跨上独木桥,扬长去了。

村人们呆呆站着,心里计算,都觉得自己确乎抵不住张翼德,因此也决定七斤便要没有性命。七斤既然犯了皇法,想起他往常对人谈论城中的新闻的时候,就不该含着长烟管显出那般骄傲模样,所以对七斤的犯法,也觉得有些畅快。他们也仿佛想发些议论,却又觉得没有什么议论可发。嗡嗡的一阵乱嚷,蚊子都撞过赤膊身子,闯到乌桕树下去做市;他们也就慢慢地走散回家,关上门去睡觉。七斤嫂咕哝着,也收了家伙和桌子矮凳回家,关上门睡觉了。

七斤将破碗拿回家里,坐在门槛上吸烟;但非常忧愁,忘却了吸烟,象牙嘴六尺多长湘妃竹烟管的白铜斗里的火光,渐渐发黑了。他心里但觉得事情似乎十分危急,也想想些方法,想些计画,但总是非常模糊,贯穿不得:"辫子呢辫子?丈八蛇矛。一代不如一代!皇帝坐龙庭。破的碗须得上城去钉好。谁能抵挡他?书上一条一条写着。入娘的!……"

第二日清晨,七斤依旧从鲁镇撑航船进城,傍晚回到鲁镇,又拿着六尺多长的湘妃竹烟管和一个饭碗回村。他在晚饭席上,对九斤老太说,这碗是在城内钉合的,因为缺口大,所以要十六个铜钉,三文一个,一总用了四十八文小钱。

九斤老太很不高兴的说,"一代不如一代,我是活够了。三文钱一个钉;从前的钉,这样的么?从前的钉是……我活了七十九岁了,——"

此后七斤虽然是照例日日进城,但家景总有些黯淡,村人大抵回避着,不再来听他从城内得来的新闻。七斤嫂也没有好声气,还时常叫他"囚徒"。

过了十多日，七斤从城内回家，看见他的女人非常高兴，问他说，"你在城里可听到些什么？"

　　"没有听到些什么。"

　　"皇帝坐了龙庭没有呢？"

　　"他们没有说。"

　　"咸亨酒店里也没有人说么？"

　　"也没人说。"

　　"我想皇帝一定是不坐龙庭了。我今天走过赵七爷的店前，看见他又坐着念书了，辫子又盘在顶上了，也没有穿长衫。"

　　"…………"

　　"你想，不坐龙庭了罢？"

　　"我想，不坐了罢。"

　　现在的七斤，是七斤嫂和村人又都早给他相当的尊敬，相当的待遇了。到夏天，他们仍旧在自家门口的土场上吃饭；大家见了，都笑嘻嘻的招呼。九斤老太早已做过八十大寿，仍然不平而且健康。六斤的双丫角，已经变成一支大辫子了；伊虽然新近裹脚，却还能帮同七斤嫂做事，捧着十八个②铜钉的饭碗，在土场上一瘸一拐的往来。

② 应为"十六个"。

一九二〇年十月。

阅读文献
---

1. 王富仁《〈呐喊〉〈彷徨〉综论》，北京：中国人民大学出版社，2010年。
2. 钱理群《心灵的探寻》，石家庄：河北教育出版社，2005年。
3. 李长之《鲁迅批判》，北京：北京出版社，2003年。

思考题
---

1. 小说叙述了一场什么样的风波？
2. 七斤老太的口头禅说明了什么？
3. 小说结尾在深化主题方面有什么作用？

（孙拥军　选编）

围城（节选）

钱锺书

名句

法国有一句话，被围困的城堡，城外的人想冲进去，城里的人想逃出来。

导读

钱锺书的长篇小说《围城》由上海晨光出版公司于1947年出版。表面看来，《围城》的故事情节主要展现了一个男人和四个女人之间的爱情故事，其实，《围城》是一部有着多层深厚意蕴的小说。《围城》的象征源自书中人物在对话中引用的外国俗语："结婚仿佛金漆的鸟笼，笼子外面的鸟想住进去，笼内的鸟想飞出来；所以结而离，离而结，没有了局。"《围城》正是围绕这个俗语，淋漓尽致地书写了人与社会的困境。"围城"是小说的中心意象，它不只描述了人们的婚恋心理，还蕴含着对现实层面更深层的讽刺、对人生哲理的揭示等。

◎比喻：比喻是文学最常见的修辞手法。比喻的特点是利用甲事物与乙事物的相似性，化抽象为形象，化腐朽为神奇。而《围城》的比喻还将文学、哲学、历史、宗教、科学、艺术等知识融入其中，且比喻的形式不拘一格，内容富于变化，可见作者知识的渊博。

《围城》善用比喻。书中妙喻俯拾皆是，有700多条，形式变化多端，内容涉猎广泛，精巧得令人赞叹，如："夜仿佛纸浸了油，变成半透明体；它给太阳拥抱住了，分不出身来，也许是给太阳陶醉了，所以夕阳晚霞隐褪后的夜色也带着酡红。""这雨愈下愈老成，水点贯串作丝，河面上像出了痘，无数麻瘢似的水涡，随生随灭息息不停，到雨线更密，又仿佛光滑的水面上在长毛。"

作者简介

钱锺书（1910—1998），著名学者、作家、诗人。字默存，号槐聚，笔名中书君，江苏无锡人。长期致力于中国和西方文学的研究，著有散文集《写在人生边上》，诗集《槐聚诗存》，短篇小说集《人·兽·鬼》，长篇小说《围城》，选本《宋诗选注》，文论集《谈艺录》《七缀集》和《管锥编》等。

课文

红海早过了，船在印度洋面上开驶着，但是太阳依然不饶人地迟落早起，侵占去大部分的夜。夜仿佛纸浸了油，变成半透明体；它给太阳拥抱住了，分不出身来，也许是给太阳陶醉了，所以夕照晚霞隐褪后的夜色也带着酡红。到红消醉醒，船舱里的睡人也一身腻汗地醒来，洗了澡赶到甲板上吹海风，又是一天开始。这是七月下旬，合中国旧历的三伏，一年最热的时候。在中国热得更比常年利害，事后大家都说是兵戈之象，因为这就是民国二十六年〔一九三七年〕。

这条法国邮船白拉日隆子爵号（Vicomte de Brage-lonne）正向中国开来。早晨八点多钟，冲洗过的三等舱甲板湿意未干，但已坐立满了人，法国人、德国流亡出来的犹太人、印度人、安南人，不用说还有中国人。海风里早含着燥热，胖人身体给炎风吹干了，蒙上一层汗结的盐霜，仿佛刚在巴勒斯坦的死海里洗过澡。毕竟是清晨，人的兴致还没给太阳晒萎，烘懒，说话做事都很起劲。那几个新派到安南或中国租界当警察的法国人，正围了那年轻善撒娇的犹太女人在调情。俾斯麦曾说过，法国公使大使的特点，就是一句外国话不会讲；这几位警察并不懂德文，居然传情达意，引得犹太女人格格地笑，比他们的外交官强多了。这女人的漂亮丈夫，在旁顾而乐之，因为他几天来，香烟、啤酒、柠檬水沾光了不少。红海已过，不怕热极引火，所以等一会甲板上零星果皮、纸片、瓶塞之外，香烟头定又遍处皆是。法国人的思想是有名的清楚，他们的文章也明白干净，但是他们的做事，无不混乱、肮脏、喧哗，但看这船上的乱糟糟。这船，倚仗人的机巧，载满人的扰攘，寄满人的希望，热闹地行着，每分钟把沾污了人气的一小方水面，还给那无情、无尽、无际的大海。

　　照例每年夏天有一批中国留学生学成回国。这船上也有十来个人。大多数是职业尚无着落的青年，赶在暑假初回中国，可以从容找事。那些不愁没事的学生要到秋凉才慢慢地肯动身回国。船上这几位，有在法国留学的，有在英国、德国、比国等读书，到巴黎去增长夜生活经验，因此也坐法国船的。他们天涯相遇，一见如故，谈起外患内乱的祖国，都恨不得立刻就回去为它服务。船走得这样慢，大家一片乡心，正愁无处寄托，不知哪里忽来了两副麻将牌。麻将当然是国技，又听说在美国风行；打牌不但有故乡风味，并且适合世界潮流。妙得很，人数可凑成两桌而有余，所以除掉吃饭睡觉以外，他们成天赌钱消遣。早餐刚过，下面餐室里已忙着打第一圈牌，甲板上只看得见两个中国女人，一个算不得人的小孩子——至少船公司没当他是人，没要他父母为他补买船票。那个戴太阳眼镜、身上摊本小说的女人，衣服极斯文讲究。皮肤在东方人里，要算得白，可惜这白色不顶新鲜，带些干滞。她去掉了黑眼镜，眉清目秀，只是嘴唇嫌薄，擦了口红还不够丰厚。假使她从帆布躺椅上站起来，会见得身段瘦削，也许轮廓的线条太硬，像方头钢笔划成的。年龄看上去有二十五六，不过新派女人的年龄好比旧式女人合婚帖上的年庚，需要考订学家所谓外证据来断定真确性，本身是看不出的。那男孩子的母亲已有三十开外，穿件半旧的黑纱旗袍，满面劳碌困倦，加上天生的倒挂眉毛，愈觉愁苦可怜。孩子不足两岁，塌鼻子，眼睛两条斜缝，眉毛高高在上，跟眼睛远隔得彼此要害相思病，活像报上讽刺画里的中国人的脸。他刚会走路，一刻不停地要乱跑；母亲在他身上牵了一条皮带，他跑不上三四步就给拉回来。他母亲怕热，拉得手累心烦，又惦记着丈夫在下面的输赢，不住骂这孩子讨厌。这孩子跑不到哪里去，便改变宗旨，扑向看书的女人身上。那女人平日就有一种孤芳自赏、落落难合的神情——大宴会上没人敷衍的来宾或喜酒席上

◎小说："小说"一词最早出现于《庄子·外物》："饰小说以干县令，其于大达亦远矣。"小说就是以塑造人物形象为中心，通过故事情节与环境描写来反映现实生活与人生的一种文学体裁。小说的三要素是人物、情节与环境。

过时未嫁的少女所常有的神情——此刻更流露出嫌恶，黑眼镜也遮盖不了。孩子的母亲有些觉得，抱歉地拉皮带道："你这淘气的孩子，去跟苏小姐捣乱！快回来。——苏小姐，你真用功！学问那么好，还成天看书。孙先生常跟我说，女学生像苏小姐才算替中国争面子，人又美，又是博士，这样的人到哪里去找呢？像我们白来了外国一次，没读过半句书，一辈子做管家婆子，在国内念的书，生小孩儿全忘了——吓！死讨厌！我叫你别去，你不干好事，准弄脏了苏小姐的衣服。"

苏小姐一向瞧不起这位寒碜的孙太太，而且最不喜欢小孩子，可是听了这些话，心上高兴，倒和气地笑道："让他来，我最喜欢小孩子。"她脱下太阳眼镜，合上对着出神的书，小心翼翼地握住小孩子的手腕，免得在自己衣服上乱擦，问他道："爸爸呢？"小孩子不回答，睁大了眼，向苏小姐"波！波！"吹唾沫，学餐室里养的金鱼吹气泡。苏小姐慌得松了手，掏出手帕来自卫。母亲忙使劲拉他，嚷着要打他嘴巴，一面叹气道："他爸爸在下面赌钱，还用说么！我不懂为什么男人全爱赌，你看咱们同船的几位，没一个不赌得昏天黑地。赢几个钱回来，还说得过。像我们孙先生输了不少钱，还要赌，恨死我了！"

苏小姐听了最后几句小家子气的话，不由心里又对孙太太鄙夷，冷冷说道："方先生倒不赌。"

孙太太鼻孔朝天，出冷气道："方先生！他下船的时候也打过牌。现在他忙着追求鲍小姐，当然分不出工夫来。人家终身大事，比赌钱要紧得多呢。我就看不出鲍小姐又黑又粗，有什么美，会引得方先生好好二等客人不做，换到三等舱来受罪。我看他们俩要好得很，也许到香港，就会订婚。这真是'有缘千里来相会'了。"

苏小姐听了，心里直刺得痛，回答孙太太同时安慰自己道："那绝不可能！鲍小姐有未婚夫，她自己跟我讲过。她留学的钱还是她未婚夫出的。"

孙太太道："有未婚夫还那样浪漫么？我们是老古董

◎方鸿渐：方鸿渐的名字取自《易经》的渐卦，渐卦是《易经》六十四卦的第53卦，原文是："初六，鸿渐于干，小子厉；有言，无咎。六二，鸿渐于磐，饮食衎衎，吉。九三，鸿渐于陆，夫征不复，妇孕不育，凶；利御寇。六四，鸿渐于木，或得其桷，无咎。九五，鸿渐于陵，妇三岁不孕；终莫之胜，吉。上九，鸿渐于陆，其羽可用为仪，吉。"

了，总算这次学个新鲜。苏小姐，我告诉你句笑话，方先生跟你在中国是老同学，他是不是一向说话随便的？昨天孙先生跟他讲赌钱手运不好，他还笑呢。他说孙先生在法国这许多年，全不知道法国人的迷信：太太不忠实，偷人，丈夫做了乌龟，买彩票准中头奖，赌钱准赢。所以，他说，男人赌钱输了，该引以自慰。孙先生告诉我，我怪他当时没质问姓方的，这话什么意思。现在看来，鲍小姐那位未婚夫一定会中航空奖券头奖；假如她做了方太太，方先生赌钱的手气非好不可。"忠厚老实人的恶毒，像饭里的砂砾或者出骨鱼片里未净的刺，会给人一种不期待的伤痛。

苏小姐道："鲍小姐行为太不像女学生，打扮也够丢人——"

那小孩子忽然向她们椅子背后伸了双手，大笑大跳。两人回头看，正是鲍小姐走向这儿来，手里拿一块糖，远远地逗着那孩子。她只穿绯霞色抹胸，海蓝色贴肉短裤，漏空白皮鞋里露出涂红的指甲。在热带热天，也许这是最合理的妆束，船上有一两个外国女人就这样打扮。可是苏小姐觉得鲍小姐赤身露体，伤害及中国国体。那些男学生看得心头起火，口角流水，背着鲍小姐说笑个不了。有人叫她"熟食铺子"（charcuterie），因为只有熟食店会把那许多颜色暖热的肉公开陈列；又有人叫她"真理"，因为据说"真理是赤裸裸的"。鲍小姐并未一丝不挂，所以他们修正为"局部的真理"。

鲍小姐走来了，招呼她们俩说："你们起得真早呀，我大热天还喜欢懒在床上。今天苏小姐起身我都不知道，睡得像木头。"鲍小姐本想说"睡得像猪"，一转念想说"像死人"，终觉得死人比猪好不了多少，所以向英文里借来那个比喻。她忙解释一句道："这船走着真像个摇篮，人给它摆得迷迷糊糊只想睡。"

"那么，你就是摇篮里睡着的小宝贝了。瞧，多可爱！"苏小姐说。

鲍小姐打她一下道："你！苏东坡的妹妹，才女！"——

"苏小妹"是同船男学生为苏小姐起的外号。"东坡"两个字给鲍小姐南洋口音念得好像法国话里的"坟墓"(tombeau)。

苏小姐跟鲍小姐同舱,睡的是下铺,比鲍小姐方便得多,不必每天爬上爬下。可是这几天她嫌恶着鲍小姐,觉得她什么都妨害了自己:打鼾太响,闹得自己睡不熟,翻身太重,上铺像要塌下来。给鲍小组打了一下,她便说:"孙太太,你评评理。叫她'小宝贝',还要挨打!睡得着就是福气。我知道你爱睡,所以从来不声不响,免得吵醒你。你跟我讲怕发胖,可是你在船上这样爱睡,我想你又该添好几磅了。"

小孩吵着要糖,到手便咬,他母亲叫他谢鲍小姐,他不瞅睬,孙太太只好自己跟鲍小姐敷衍。苏小姐早看见这糖惠而不费,就是船上早餐喝咖啡时用的方糖。她鄙薄鲍小姐这种作风,不愿意跟她多讲,又打开书来,眼梢却瞟见鲍小姐把两张帆布椅子拉到距离较远的空处并放着,心里骂她无耻,同时自恨为什么去看她。那时候,方鸿渐也到甲板上来,在她们前面走过,停步应酬几句,问"小弟弟好"。孙太太爱理不理地应了一声。苏小姐笑道:"快去罢,不怕人等得心焦么?"方鸿渐红了脸傻笑,便撇下苏小姐走去。苏小姐明知留不住他,可是他真去了,倒怅然有失。书上一字没看进去,耳听得鲍小姐娇声说笑,她忍不住一看。方鸿渐正抽着烟,鲍小姐向他伸手,他掏出香烟匣来给她一支,鲍小姐衔在嘴里,他手指在打火匣上作势要为她点烟,她忽然嘴迎上去,把衔的烟头凑在他抽的烟头上一吸,那支烟点着了,鲍小姐得意地吐口烟出来。苏小姐气得身上发冷,想这两个人真不要脸,大庭广众竟借烟卷来接吻。再看不过了,站起来,说要下面去。其实她知道下面没有地方可去,餐室里有人打牌,卧舱里太闷。孙太太也想下去问问男人今天输了多少钱,但怕男人输急了,一问反在自己身上出气,回房舱又有半天吵嘴;因此不敢冒昧起身,只问小孩子要不要下去撒尿。

苏小姐骂方鸿渐无耻，实在是冤枉的。他那时候窘得似乎甲板上人都在注意他，心里怪鲍小姐太做得出，恨不能说她几句。他虽然现在二十七岁，早订过婚，却没有恋爱训练。父亲是前清举人，在本乡江南一个小县里做大绅士。他们那县里人侨居在大都市的，干三种行业的十居其九：打铁，磨豆腐，抬轿子。土产中艺术品以泥娃娃最出名；年轻人进大学，以学土木工程为最多。铁的硬，豆腐的淡而无味，轿子的容量狭小，还加上泥土气，这算他们的民风。就是发财做官的人，也欠大方。这县有个姓周的在上海开铁铺子发财，又跟同业的同乡组织一家小银行，名叫"点金银行"，自己荣任经理。他记起衣锦还乡那句成语，有一年乘清明节回县去祭祠扫墓，结识本地人士。方鸿渐的父亲是一乡之望，周经理少不得上门拜访，因此成了朋友，从朋友攀为亲家。鸿渐还在高中读书，随家里作主订了婚。未婚妻并没见面，只瞻仰过一张半身照相，也漠不关心。两年后到北平进大学，第一次经历男女同学的风味。看人家一对对谈情说爱，好不眼红。想起未婚妻高中读了一年书，便不进学校，在家实习家务，等嫁过来做能干媳妇，不由自主地对她厌恨。这样怨命，怨父亲，发了几天呆，忽然醒悟，壮着胆写信到家里要求解约。他国文曾得老子指授，在中学会考考过第二，所以这信文绉绉，没把之乎者也用错。信上说什么："迩来触绪善感，欢寡愁殷，怀抱剧有秋气。每揽镜自照，神寒形削，清癯非寿者相。窃恐我躬不阅，周女士或将贻误终身。尚望大人垂体下情，善为解铃，毋小不忍而成终天之恨。"他自以为这信措词凄婉，打得动铁石心肠。谁知道父亲快信来痛骂一顿："吾不惜重资，命汝千里负笈，汝埋头攻读之不暇，而有余闲照镜耶？汝非妇人女子，何须置镜？惟梨园子弟，身为丈夫而对镜顾影，为世所贱。吾不图汝甫离膝下，已濡染恶习，可叹可恨！且父母在，不言老，汝不善体高堂念远之情，以死相吓，丧心不孝，于斯而极！当是汝校男女同学，汝睹色起意，见异思迁；汝拖词悲秋，吾知汝实为怀春，难逃老夫洞鉴也。若执迷不悔，吾将停止寄款，命汝休学回家，明年与汝弟同时结婚。细思吾言，慎之切切！"方鸿渐吓矮了半截，想不到老头子竟这样精明。忙写回信讨饶和解释，说：镜子是同室学生的，他并没有买；这几天吃美国鱼肝油丸、德国维他命片，身体精神好转，脸也丰满起来，只可惜药价太贵，舍不得钱；至于结婚一节，务请到毕业后举行，一来妨碍学业，二来他还不能养家，添他父亲负担，于心不安。他父亲收到这封信，证明自己的威严远及于几千里外，得意非凡，兴头上汇给儿子一笔钱，让他买补药。方鸿渐从此死心不敢妄想，开始读叔本华，常聪明地对同学们说："世间哪有恋爱？压根儿是生殖冲动。"转眼已到大学第四年，只等明年毕业结婚。一天，父亲来封快信，上面说："顷得汝岳丈电报，骇悉淑英病伤寒，为西医所误，遂于本有十三日下午四时长逝，殊堪痛惜。过门在即，好事多磨，皆汝无福所致也。"信后又添几句道："塞翁失马，安知非福，使三年前结婚，则此番吾家破费不赀矣。然吾家积德之门，苟婚事早完，淑媳或可脱灾延寿。姻缘前定，勿必过悲。但汝岳父处应去一信唁之。"鸿渐看了有犯人蒙赦的快活，但对那短命的女孩子，也稍微怜悯。自己既享自由之乐，愿意旁人减去悲哀，于是向未过门丈人处真去了一封慰唁的长信。周经理收到信，觉得这孩子知礼，便分付银行里文书科王主任作复。文书科主任看见原信，向东家大大恭维这位未过门姑爷文理书法都好，并且对死者情词深挚，想见天性极厚，定是个远到之器。周经理听得开心，叫主任回信说：女儿虽没过门，翁婿名分不改，生平只有一个女儿，本想好好热闹一下，现在把陪嫁办喜事的那笔款子加上方家聘金为女儿做生意所得利息，一共两万块钱，折合外汇一千三百镑，给方鸿渐明年毕业了做留学费。方鸿渐做梦都没想到这样的好运气，对他死去的未婚妻十分感激。他是个无用之人，学不了土木工程，在大学里从社会学系转哲学系，最后转入中国文学系毕业。学国文的人出洋"深造",听来有些滑稽。事实上,惟有学中国文学的人非到外国留学不可。因为一切其他科目像数学、物理、哲学、心理、经济、法律等等都是从外国灌输进来的,早已洋气扑鼻;只有国文是国货土产,还需要外国招牌,方可维持地位,正好像中国官吏、商人在本国剥削来的钱要换外汇,才能保持国币的原来价值。

阅读文献

1. 周锦《〈围城〉研究》,台北:成文出版社,1980年。
2. 杨绛《记钱锺书与〈围城〉》,长沙:湖南人民出版社,1986年。
3. 陆文虎《钱锺书研究》(第一辑),北京:文化艺术出版社,1989年。
4. 爱默《钱锺书传稿》,天津:百花文艺出版社,1992年版。

思考题

1. 简析《围城》的多层意蕴。
2. 为什么称《围城》是新的《儒林外史》?

(冒建华　选编)

第三讲 玄圃积玉

写作概述

　　写作，是人类饱含创造性的社会实践活动之一，是人类有文字以来的一种特殊劳动，是一种通过运用文字而进行的创造性脑力劳动。写作，就过程而言，可以简单地理解为通过记写活动来制作文字产品；从形式上看，写作是人们运用语言文字记写思维成果的行为活动；从本质上说，写作不仅是个人情感的宣泄和抒发，也是为交流思想、传播信息而进行生产的创造性劳动过程。它随着文字符号的诞生而开始，又随着文字的演变而发展。作为一种能力，写作必将成为对现代人基本素质的要求之一。

　　文字历史悠久，写作源远流长。纵观古今中外，人类写作活动的成果大致可以分为两大类，一类是具有突出审美特征而非实用的文学写作，一类是追求实用价值而非审美的应用性写作。文学是语言的艺术，文学写作创造出的琳琅满目的文学作品是人类文化的瑰宝，世世代代滋养着人类的灵魂，构建了超越凡俗人生的美的世界。应用性写作则立足现实生活、公务的需要，从解决实际问题的角度出发，通过写作来更好地促进社会活动的高效完成。这是两种具有鲜明特征的写作活动。

　　人类的写作活动深受作者所生活的社会历史文化环境的影响，并且与当时的文学艺术形式、文章体式等有着密切的联系。

　　下面我们可以从中西方文学艺术发展的大致进程来了解这一点。从当前对文学的普遍性认识来看，文学作品被分为诗歌、散文、小说、戏剧四大类，这是当代文学研究者为了方便描述而采取的一种理论概括，但从历史发展的具体情形来考察，情况就会变得错综复杂、千头万绪。简单来说，西方文学艺术中最先成熟的是戏剧和诗歌，荷马史诗和古希腊戏剧堪称西方文学艺术的早期代表；中国文学艺术的源头却以诗歌和散文而著称，《诗经》和先秦诸子散文则可看作我国文学创作的滥觞。中西方的小说追根究底都渊源于神话传说和民间故事，但其发展和繁荣都相对滞后。西方近代意义的小说（novel）成熟于18世纪，而中世纪的小说（fiction）则是其先导。在中世纪流传于民间的各种故事，如骑士传奇故事、流浪汉故事等的基础上，发展出了简·奥斯汀的《傲慢与偏见》、雨果的《巴黎圣母院》、巴尔扎克的《人间喜剧》、托尔斯泰的《战争与和平》等这样优秀的小说巨著。中国的小说则是在早期街谈巷议、短小故事文字摘录的基础上发展出唐传奇，宋元话本小说，到明清时期，古典小说艺术达到了高峰。中国的戏剧不同于西方的戏剧，是具有独特艺术形式和表演体系的戏曲。元杂剧是中国古典戏剧的突出代表。

从应用写作的角度来看，由于人的社会生活纷繁复杂，为了应对各种各样的现实问题，人们创造出了不同文体来满足需要。三国时期曹丕在著名的《典论·论文》中就把当时的文体划分为四科：奏议、书论、铭诔、诗赋。这四科中，诗赋可以看作文学作品，而奏议、书论、铭诔则都可以归为应用性写作。其实，古代应用性写作的文体名称还有很多，如序跋、诏令、赠序、典志、碑志、箴铭等。"五四"运动之后，许多古代的应用性写作文体逐渐退出历史舞台，而现代中国人则根据现实生活的需要和各项事业的发展，在学习借鉴西方现代社会应用文书的基础上创造出了许多新的文体，如新闻文体：消息、通讯、社论、深度报道，财经文体：市场调查报告、市场预测、经济活动分析、合同、广告、说明书、专利申请书等，司法文体：刑事自诉状、民事起诉状、申诉状、答辩状、判决书，行政公文：命令（令）、决议、决定、公告、通告、通知、通报、报告、请示、批复、函等。

两类写作虽然各具特色，有着各自不同的思维规律和语言风格，但它们在写作的相关因素及完成过程方面却有明显的相似之处。文学写作常常被看作人类一种高级的、特殊的精神活动，这一活动是由世界、作家、作品、读者这四个要素组成的。美国当代文艺学家 M. H. 艾布拉姆斯在《镜与灯——浪漫主义文论及批评》一书中提出了这一"文学四要素"的观点，并对四要素之间的关系进行了系统的论述，高屋建瓴地阐明了"文学活动"的不同侧面及其相互联系。作家受到自己所生活的世界的影响，通过主观的努力创造出作品，而读者阅读作品后受到影响，读者又会因此而改变世界。四个要素不断相互作用，文学由此生生不息。从这个简单的说明我们也可以看出，作家创作出作品是文学活动中的关键环节。文学写作如此，应用性写作也不例外，只有写作者通过自己的精神活动写出了文章，写作过程才算告一段落。

现代写作学用"物⟵⟶感⟵⟶思⟵⟶文"的简明形式来探究写作的过程。

由"物"到"感"，是写作者将"外物"化为"内物"，也就是将外界的事物内化为大脑存储信息的过程。从"感"到"思"，先是写作者在写作意义上的定向思维的启动，围绕写作题目或范围，将内化了的信息"意化"为各种概念和意象；随后，思维的翅膀进一步张开，立意塑体，勾画轮廓，孕育精神的胎儿。由"思"到"文"，是通过文字符号的排列组合，将孕育成形的精神胎儿给以书面化、外观化的过程。值得注意的是，写作技法是渗入"物、感、思、文"四个方面的特殊因素，其地位和作用不可忽视。并且，"物、感、思、文"四个方面不是线性的推进过程，而是各个环节互逆、互动、互摄、互生的复杂过程。这个写作过程可以形象地类比为郑板桥对"画竹"过程的艺术概括："画竹"是从"眼中之竹"到"胸中之竹"再到"画中之竹"的过程。

作家是写作的主体，写作者要完成写作，无一例外要面对"写什么"（生活内容）和"如何写"（形式技巧）这两个基本问题。另外，"为什么要写"（创作动机）和"写得好不好"（鉴赏批评）也是影响写作的两个不可或缺的重要因素。

（朱智秀　编撰）

谈幽默

老舍

名句

一个会笑，而且能笑自己的人，决不会为件小事而急躁怀恨。

导读

在中国现代文学史上，作家老舍以其独特的幽默艺术为大家所熟知。他擅长用幽默的笔调创作小说，认为幽默是"人生最宝贵的东西，最能表现人情的东西"。老舍的幽默不同于鲁迅幽默中的尖刻辛辣，也不同于林语堂幽默中的闲适冲淡，他的幽默饱含着温情，充满着对善良人性的同情。他用幽默的态度对待着世间万物，并且善于用幽默的眼光来观察社会中林林总总的人和物。他首先认为幽默"是一种心态"，之后"由事事中看出可笑之点，而技巧的写出来"。他说"人寿百年，而企图无限，根本矛盾可笑"，显然，会幽默、懂幽默的人是充满着大智慧的，"于是笑里带着同情，而幽默乃通于深奥"。这里，老舍先生为我们详细区分了幽默与奇趣、反语、讽刺、机智、滑稽之间的细微差别，并用生动的实例指导我们在写作中应该如何使用幽默。朋友们，请多一点耐心，多一点细心，伴随着先生的文字，踏入写作之门吧！

作者简介

老舍（1899—1966），原名舒庆春，字舍予，曾用笔名絜青、鸿来、非我等，满族正红旗人。中国现代小说家，中华人民共和国第一位获得"人民艺术家"称号的作家。老舍出生于1899年2月3日的北京，这一天是农历立春，于是父母为他取名"庆春"。1921年，老舍在《海外新声》上发表白话文小说

◎幽默：该词最早出现于屈原《九章·怀沙》中的"煦兮杳杳，孔静幽默"，不过其释义是安静，而现在"幽默"一词则是英文humor的音译，最早由王国维译为"欧穆亚"，最后在1924年由林语堂译为"幽默"，并在其发表多篇文章提倡作"幽默"之文后，被大家接受，一直沿用至今。可对比阅读林语堂的散文《论幽默》。

《她的失败》，署名舍予，这是迄今发现的老舍最早的一篇作品，仅有700字。1926年，老舍在《小说月报》上开始连载小说《老张的哲学》，其后三年持续创作，共发表了《老张的哲学》《赵子曰》《二马》三部长篇小说，奠定了其在中国现代文学史上的地位。老舍一生极为多产，共创作了15部长篇小说，11部话剧，2部自传体小说，5部短篇小说集和19篇集外短篇小说，这其中有我们所熟知的《猫城记》《骆驼祥子》《四世同堂》《茶馆》《龙须沟》等作品。

课文

"幽默"这个字在字典上有十来个不同的定义。还是把字典放下，让咱们随便谈吧。据我看，它首要的是一种心态。我们知道，有许多人是神经过敏的，每每以过度的感情看事，而不肯容人。这样人假若是文艺作家，他的作品中必含着强烈的刺激性，或牢骚，或伤感；他老看别人不顺眼，而愿使大家都随着他自己走，或是对自己的遭遇不满，而伤感的自怜。反之，幽默的人便不这样，他既不呼号叫骂，看别人都不是东西，也不顾影自怜，看自己如一活宝贝。他是由事事中看出可笑之点，而技巧的写出来。他自己看出人间的缺欠，也愿使别人看到。不但仅是看到，他还承认人类的缺欠；于是人人有可笑之处，他自己也非例外，再往大处一想，人寿百年，而企图无限，根本矛盾可笑。于是笑里带着同情，而幽默乃通于深奥。所以 Thackeray（萨克莱）说："幽默的写家是要唤醒与指导你的爱心，怜悯，善意——你的恨恶不实在，假装，作伪——你的同情与弱者，穷者，被压迫者，不快乐者。"

Walpole（沃波尔）说："幽默者'看'事，悲剧家'觉'之。"这句话更能补证上面的一段。我们细心"看"事物，总可以发现些缺欠可笑之处；及至钉着坑儿去咂摸，便要悲观了。

我们应再进一步的问，除了上面这点说明，能不能再清楚一些的认识幽默呢？好吧，我们先拿出几个与它相近，而且往往与它相关的几个字，与它比一比，或者

◎萨克莱：今译为萨克雷（1811—1863），全名为威廉·梅克比斯·萨克雷，英国著名的幽默讽刺作家，出生于印度加尔各答，与狄更斯齐名，为维多利亚时代的代表小说家，代表作品是创作于1847年的《名利场》。

◎沃波尔：全名为霍勒斯·沃波尔（1717—1797），英国作家，出生于伦敦，身世显赫，代表作品为《英国绘画轶事》《英国王族和贵族作家名录》。他创作于1764年的《奥特朗托堡》是"哥特式小说"的鼻祖，之后这种新的小说题材在英国风行一时。

----- 笔记 -----

可以稍微使我们清楚一点。反语（irony），讽刺（satire），机智（wit），滑稽剧（farce），奇趣（whimsicality），这几个字都和幽默有相当的关系。我们先说那个最难讲的——奇趣。这个字在应用上是很松泛的，无论什么样子的打趣与奇想都可以用这个字来表示，《西游记》的奇事，《镜花缘》中的冒险，《庄子》的寓言，都可以叫作奇趣。可是，在分析文艺品类的时候，往往以奇趣与幽默放在一处，如《现代小说的研究》的著者 Marble（马布尔）便把 Whimsicality and humour（奇趣和幽默）作为一类。这大概是因为奇趣的范围很广，为方便起见，就把幽默也加了进去。一般地说，幻想的作品——即使是别有目的——不能不利用幽默，以便使文字生动有趣；所以这二者——奇趣与幽默——就往往成了一家人。这个，简直不但不能帮忙我们看明何为幽默，反倒使我更糊涂了。不过，有一点可是很清楚：就是文字要生动有趣，必须利用幽默。在这里，我们没弄清幽默是什么，可是明白幽默很重要的一个效用。假若干燥，晦涩，无趣，是文艺的致命伤；幽默便有了很大的重要；这就是它之所以成为文艺的因素之一的缘故吧。

　　至于反语，便和幽默有些不同了；虽然它俩还是可以联合在一处的东西。反语是暗示出一种冲突。这就是说，一句中有两个相反的意思，所要说的真意却不在话内，而是暗示出来的。《史记》上载着这么回事：秦始皇要修个大园子，优旃对他说："好哇，多多搜集飞禽走兽，等敌人从东方来的时候，就叫麋鹿去挡一阵，满好！"这个话，在表面上，是顺着始皇的意思说的。可是咱们和始皇都能听出其中的真意；不管咱们怎样吧，反正始皇就没再提造园的事。优旃的话便是反语。它比幽默要轻妙冷静一些。它也能引起我们的笑，可是得明白了它的真意以后才能笑。它在文艺中，特别是小品文中，是风格轻妙，引人微笑的助成者。据会古希腊语的说：这个字原意便是"说"，以别于"意"。因此，这个字还有个较实在的用处——在文艺中描写人生的矛盾与冲突，

◎《史记》上载着这么回事：这说的是《优旃反语谏秦皇》的故事，出自《史记·滑稽列传》。优旃是秦国的歌舞艺人，个子非常矮小，司马迁在《史记》中对他的评价是"善为笑言，然合于大道"。即，优旃擅长说笑话，但说的都是合乎大道理的。

---------- 笔记 ----------

直以此字的含意用之人生上，而不只在文字上声东击西。在悲剧中，或小说中，聪明的人每每落在自己的陷阱里，聪明反被聪明误；这个，和与此相类的矛盾，普遍被称为 Sophoclean irony（索福克里斯的反语）。不过，这与幽默是没什么关系的。

　　现在说讽刺。讽刺必须幽默，但它比幽默厉害。它必须用极锐利的口吻说出来，给人一种极强烈的冷嘲；它不使我们痛快的笑，而是使我们淡淡的一笑，笑完因反省而面红过耳。讽刺家故意的使我们不同情于他所描写的人或事。在它的领域里，反语的应用似乎较多于幽默，因为反语也是冷静的。讽刺家的心态好似是看透了这个世界，而去极巧妙的攻击人类的短处，如《海外轩渠录》，如《镜花缘》中的一部分，都是这种心态的表现。幽默者的心是热的，讽刺家的心是冷的；因此，讽刺多是破坏的。马克·吐温（Mark Twain）以被人形容作："粗壮，心宽，有天赋的用字之才，使我们一齐发笑。他以草原的野火与西方的泥土建设起他的真实的罗曼司，指示给我们，在一切重要之点上我们都是一样的。"这是个幽默者。让咱们来看看讽刺家是什么样子吧。好，看看 Swift（斯威夫特）这个家伙；当他赞美自己的作品时，他这么说："好上帝。我写那本书的时候，我是何等的一个天才呀！"在他廿六岁的时候，他希望他的诗能够："每一行会刺，会炸，像短刃与火。"是的，幽默与讽刺二者常常在一块儿露面，不易分划开；可是，幽默者与讽刺家的心态，大体上是有很清楚的区别的。幽默者有个热心肠儿，讽刺家则时常由婉刺而进为笑骂与嘲弄。在文艺的形式上也可以看出二者的区别来：作品可以整个的叫作讽刺，一出戏或一部小说都可以在书名下注明 a satire。幽默不能这样。"幽默的"至多不过是形容作品的可笑，并不足以说明内容的含意如何。"一个讽刺"——a satire——则分明是有计划的，整本大套的讥讽或嘲骂。一本讽刺的戏剧或小说，必有个道德的目的，以笑来矫正或诛伐。幽默的作品也能有道德的目

◎索福克里斯：今译为索福克勒斯（约前496—前406）。参见第三讲《俄狄浦斯王》作者简介。

◎马克·吐温（1835—1910）：美国作家、演说家，美国批判现实主义文学的奠基人，代表作品为《百万英镑》《哈克贝利·费恩历险记》《汤姆·索亚历险记》等，擅长幽默和辛辣的讽刺，一生中创作了大量作品，体裁涉及小说、剧本、散文、诗歌等各领域。

◎斯威夫特：全名为乔纳森·斯威夫特（1667—1745）：英国著名作家，政论家，讽刺文学大师，代表作品为《格列佛游记》和《一只桶的故事》等。斯威夫特思想开明，抨击一切形式的虚伪、腐败、战争、罪恶、剥削和压榨，同情劳动人民。其作品擅用讽刺，语言简洁明了。

◎"圣人不死,大盗不止":这是庄子的思想,他认为无拘无束、无知无欲的自然之情才是人的本性,而社会的经济、政治、法律、道德等一切人为制度和关系都是人性的桎梏。庄子主张"无为"之治,极力抨击"仁义"之说,认为社会上种种乱象的出现,都是圣法之过。所以,只有消除心计,节制一切欲望,摆脱一切社会关系,才能使人保持纯自然的状态;就像日月、星辰、禽兽、树木一样自然生活,让人彻底融化在自然之中,才是人性的实现。

◎切斯特顿:全名为吉尔伯特·基斯·切斯特顿(1874—1936),英国小说家,同时也是文学评论家、诗人、散文作家、剧作家、传记作家、新闻记者、插画家等,是位各方面都极为优秀的全才。他在描写爱尔兰人的诗歌中,经常有"因为他们所有的战争是欢乐的,他们所有的歌曲都是悲哀的"类似的句子,所以有"悖论王子""悖论大师"的称号。其代表作品是侦探推理小说《布朗神父探案》。

◎《瞎子逛灯》:清代乱弹剧目,作者不详,剧本收入《缀白裘》第十一集,标目为《看灯》《闹灯》《抢甥》《瞎混》,注明"梆子腔"。描写的是在元宵佳节的时候,一个和尚同一个瞎子一起去观灯。在这期间,和尚捉弄瞎子,刻意制造出许多笑话。属于调笑性质的垫戏。

的,但不必一定如此。讽刺因道德目的而必须毒辣不留情,幽默则宽泛一些,也就宽厚一些,它可以讽刺,也可以不讽刺,一高兴还可以什么也不为而只求和大家笑一场。

机智是什么呢?它是用极聪明的,极锐利的言语,来道出像格言似的东西,使人读了心跳。中国的老子庄子都有这种聪明。讽刺已经很厉害了,可到底要设法从旁面攻击;至于机智则是劈面一刀,登时见血。"圣人不死,大盗不止!"这才够味儿。不论这个道理如何,它的说法的锐敏就够使人跳起来的了。有机智的人大概是看出一条真理,便毫不含忽的写出来;幽默的人是看出可笑的事而技巧的写出来;前者纯用理智,后者则赖想象来帮忙。Chesterton(切斯特顿)说:"在事物中看出一贯的,是有机智的。在事物中看出不一贯的,是个幽默者。"这样,机智的应用,自然在讽刺中比在幽默中多,因为幽默者的心态较为温厚,而讽刺与机智则要显出个人思想的优越。

滑稽戏——farce——在中国的老话儿里应叫作"闹戏",如《瞎子逛灯》之类。这种东西没有多少意思,不过是充分的作出可笑的局面,引人发笑。在影戏的短片中,什么把一套碟子都摔在头上,什么把汽车开进墙里去,就是这种东西。这是幽默发了疯;它抓住幽默的一点原理与技巧而充分的去发展,不管别的,只管逗笑,假若机智是感诉理智的,闹戏则仗着身体的摔打乱闹。喜剧批评生命,闹戏是故意招笑。假若幽默也可以分等的话,这是最下级的幽默。因为它要摔打乱闹的行动,所以在舞台上较易表现;在小说与诗中几乎没有什么地位。不过,在近代幽默短篇小说里往往只为逗笑,而忽略了——或根本缺乏——那"笑的哲人"的态度。这种作品使我们笑得肚痛,但是除了对读者的身体也许有点益处——笑为化食糖呀——而外,恐怕任什么也没有了。

有上面这一点粗略的分析,我们现在或者清楚一些了：反语是似是而非，借此说彼；幽默有时候也有弦外之音，但不必老这个样子。讽刺是文艺的一格，诗，戏剧，小说，都可以整篇的被呼为 a satire；幽默在态度上没有讽刺这样厉害，在文体上也不这样严整。机智是将世事人心放在 X 光线下照透，幽默则不带这种超越的态度，而似乎把人都看成兄弟，大家都有短处。闹戏是幽默的一种，但不甚高明。

拿几句话作例子，也许就更能清楚一些：

今天贴了标语，明天中国就强起来——反语。

君子国的标语："之乎者也"——讽刺。

标语是弱者的广告——机智。

张三把"提倡国货"的标语贴在祖坟上——滑稽；再加上些贴标语时怎样摔跟头等等招笑的行动，就成了闹戏。

张三把"打倒帝国主义走狗"贴成"走狗打倒帝国主义"——幽默；这个张三贴一天的标语也许才挣三毛小洋，贴错了当然要受罚；我们笑这种贴法，可是很可怜张三。

这几个例子摆在纸面上也许能帮助我们分别的认清它们，但在事实上是不易这样分划开的。从性质上说，机智与讽刺不易分开，讽刺也有时候要利用闹戏；至于幽默，就更难独立。从一篇文章上说，一篇幽默的文字也许利用各种方法，很难纯粹。我们简直可以把这些都包括在幽默所谓幽默的心态就是一视同仁的好笑的心态。有这种心态的人虽不必是个艺术家，他还是能在行为上言之内，而把它们看成各种手法与情调。我们这样分析它们与其说是为从形式上分别得清楚，还不如说是为表明幽默——大概的说——有它特具的心态。

以上思想上表现出这个幽默态度。这种态度是人生里很可宝贵的，因为它表现着心怀宽大。一个会笑，而且能笑自己的人，决不会为件小事而急躁怀恨。往小了说，他决不会因为自己的孩子挨了邻儿一拳，而去打邻儿的爸爸。往大了说，他决不会因为战胜政敌而去请清

◎吉珂德先生：即唐·吉诃德，是西班牙作家塞万提斯的长篇小说《唐·吉诃德》中的人物。小说中的故事发生时，骑士早已绝迹一个多世纪，但主角阿隆索·吉哈诺（唐·吉诃德原名）却因为沉迷于骑士小说，时常幻想自己是个中世纪骑士，进而

笔记

自封为"唐·吉诃德·德·拉曼恰"（德·拉曼恰地区的守护者），拉着邻居桑丘·潘沙做自己的仆人，行侠仗义、游走天下，做出了种种令人匪夷所思的行径，四处碰壁。但最终从梦幻中苏醒过来。回到家乡后死去。

兵。褊狭，自是，是"四海兄弟"这个理想的大障碍；幽默专治此病。嬉皮笑脸并非幽默；和颜悦色，心宽气朗，才是幽默。一个幽默写家对于世事，如入异国观光，事事有趣。他指出世人的愚笨可怜，也指出那可爱的小古怪地点。世上最伟大的人，最有理想的人，也许正是最愚而可笑的人，吉珂德先生即一好例。幽默的写家会同情于一个满街追帽子的大胖子，也同情——因为他明白——那攻打风磨的愚人的真诚与伟大。

―――――― **阅读文献** ――――――

1. 胡絜青编《老舍论创作》，上海：上海文艺出版社，1980年。
2. 老舍《老舍集》，广州：花城出版社，2006年。
3. 老舍《老舍选集》，济南：山东文艺出版社，1997年。
4. 老舍《老舍作品集》，南京：译林出版社，2012年。

―――――― **思考题** ――――――

1. 举例说明"幽默"和"讽刺"、"幽默"和"滑稽"的区别。
2. 老舍对"幽默"的看法是什么？
3. 老舍的幽默和林语堂的幽默之间有什么区别？

（张晶晶　选编）

党政机关公文处理工作条例

◎公文：公文作为国家机关处理公务的文书，在各朝各代有着不同的称谓。我国古代公文大致分为三大类，帝王公文、臣属公文和官府间公文。帝王公文是皇帝、皇太后、皇后下达命令时专门使用的公文，括诏、制、敕、谕、册

------笔记------

导读

公文，又称公务文书或公务文件，是法定机关与组织在公务活动中，按照特定的体式、经过一定的处理程序形成和使用的书面材料。我国公文有统一性的特点，它的格式、种类、行文规则、办理等都是全国统一的，一般按照中共中央办公厅、国务院办公厅印发的《党政机关公文处理工作条例》执行，最新版《条例》于2012年7月1日正式生效。公文的特点有四个

方面：即内容和程序的合法性、形式和格式上的规范性、公文语体的简明性、公文效力的权威性。按照国务院办公厅的规定，通用公文包括以下 15 种：命令（令）、决定、公告、通告、通知、通报、议案、报告、请示、批复、意见、函、纪要、决议、公报。公文是使用十分广泛的应用文章，我们将来无论从事行政事务，还是从事专业工作，都要学会通过公文来传达政令政策、处理公务，以保证协调各种关系，使工作正确地、高效地进行。

（策）、玺书等，是国家最重要的下行公文，即俗称的"圣旨"。臣属公文是专指从中央到地方的各级政权机关向帝王上奏的公文，属官府使用的上行文，多是旧时给皇上的奏章、奏本，包括奏、章、表、疏、札子、封事、弹章、对策等。官府间公文是各级封建政权的官方文书，包括中央政权各部门与地方政权的往来公文、地方政权与地方政权的往来公文，其中有下行的符、帖、檄和上行的咨呈、禀、申状以及平行的咨、关、牒等。

课文

第一章 总则

第一条　为了适应中国共产党机关和国家行政机关（以下简称党政机关）工作需要，推进党政机关公文处理工作科学化、制度化、规范化，制定本条例。

第二条　本条例适用于各级党政机关公文处理工作。

第三条　党政机关公文是党政机关实施领导、履行职能、处理公务的具有特定效力和规范体式的文书，是传达贯彻党和国家的方针政策，公布法规和规章，指导、布置和商洽工作，请示和答复问题，报告和交流情况等的重要工具。

第四条　公文处理工作是指公文拟制、办理、管理等一系列相互关联、衔接有序的工作。

第五条　公文处理工作应当坚持实事求是、准确规范、精简高效、安全保密的原则。

第六条　各级党政机关应当高度重视公文处理工作，加强组织领导，强化队伍建设，设立文秘部门或者由专人负责公文处理工作。

第七条　各级党政机关办公厅（室）主管本机关的公文处理工作，对下级机关的公文处理工作进行业务指导和督促检查。

第二章 公文种类

第八条　公文种类主要有：

◎撰写公文：要着重了解领导意图，弄清所起草文件的性质、行文目的、任务和范围；要认真阅读与所起草的文件有关的文件，明确政策界限；要熟悉业务，调查研究，掌握实际情况。这样，把相关政策和实际情况很好地结合起来，就能写出具有鲜明的政治性、政策性和导向性且能解决实际问题的好公文。

（一）决议。适用于会议讨论通过的重大决策事项。

（二）决定。适用于对重要事项作出决策和部署、奖惩有关单位和人员、变更或者撤销下级机关不适当的决定事项。

（三）命令（令）。适用于公布行政法规和规章、宣布施行重大强制性措施、批准授予和晋升衔级、嘉奖有关单位和人员。

（四）公报。适用于公布重要决定或者重大事项。

（五）公告。适用于向国内外宣布重要事项或者法定事项。

（六）通告。适用于在一定范围内公布应当遵守或者周知的事项。

（七）意见。适用于对重要问题提出见解和处理办法。

（八）通知。适用于发布、传达要求下级机关执行和有关单位周知或者执行的事项，批转、转发公文。

（九）通报。适用于表彰先进、批评错误、传达重要精神和告知重要情况。

（十）报告。适用于向上级机关汇报工作，反映情况，回复上级机关的询问。

（十一）请示。适用于向上级机关请求指示、批准事项。

（十二）批复。适用于答复下级机关请示事项。

（十三）议案。适用于各级人民政府按照法律程序向同级人民代表大会或者人民代表大会常务委员会提请审议事项。

（十四）函。适用于不相隶属机关之间商洽工作、询问和答复问题、请求批准和答复审批事项。

（十五）纪要。适用于记载会议主要情况和议定事项。

第三章　公文格式

第九条　公文一般由份号、密级和保密期限、紧急

◎公文的"作者"：具有"法定性"的特点，是依法成立并能以自己的名义行使职权和担负义务的机关或组织，如国务院和各级人民政府等。撰写和制发公文不是个人行为，所代表的是机关或组织。因此，它的内容受法律、工作需要和领导人指示的制约，其法定作者制发公文的权利和名义受法律的保护。这一"法定作者"的特质在公文中主要是通过落款处的"印章"体现的，盖章是发文机关对公文生效负责的凭证。

程度、发文机关标志、发文字号、签发人、标题、主送机关、正文、附件说明、发文机关署名、成文日期、印章、附注、附件、抄送机关、印发机关和印发日期、页码等组成。

（一）份号。公文印制份数的顺序号。涉密公文应当标注份号。

（二）密级和保密期限。公文的秘密等级和保密的期限。涉密公文应当根据涉密程度分别标注"绝密""机密""秘密"和保密期限。

（三）紧急程度。公文送达和办理的时限要求。根据紧急程度，紧急公文应当分别标注"特急""加急"，电报应当分别标注"特提""特急""加急""平急"。

（四）发文机关标志。由发文机关全称或者规范化简称加"文件"二字组成，也可以使用发文机关全称或者规范化简称。联合行文时，发文机关标志可以并用联合发文机关名称，也可以单独用主办机关名称。

（五）发文字号。由发文机关代字、年份、发文顺序号组成。联合行文时，使用主办机关的发文字号。

（六）签发人。上行文应当标注签发人姓名。

（七）标题。由发文机关名称、事由和文种组成。

（八）主送机关。公文的主要受理机关，应当使用机关全称、规范化简称或者同类型机关统称。

（九）正文。公文的主体，用来表述公文的内容。

（十）附件说明。公文附件的顺序号和名称。

（十一）发文机关署名。署发文机关全称或者规范化简称。

（十二）成文日期。署会议通过或者发文机关负责人签发的日期。联合行文时，署最后签发机关负责人签发的日期。

（十三）印章。公文中有发文机关署名的，应当加盖发文机关印章，并与署名机关相符。有特定发文机关标志的普发性公文和电报可以不加盖印章。

（十四）附注。公文印发传达范围等需要说明的

◎公文语言：公文语言要庄重、准确、简明，为此要注意以下四点：（1）使用规范的现代汉语书面语言；（2）广泛使用公文专用语；（3）经常使用介词结构，使表述更为确切；（4）常用对偶、排比、对照、反复等修辞手法，增强行文气势，加强表达效果。

事项。

（十五）附件。公文正文的说明、补充或者参考资料。

（十六）抄送机关。除主送机关外需要执行或者知晓公文内容的其他机关，应当使用机关全称、规范化简称或者同类型机关统称。

（十七）印发机关和印发日期。公文的送印机关和送印日期。

（十八）页码。公文页数顺序号。

第十条　公文的版式按照《党政机关公文格式》国家标准执行。

第十一条　公文使用的汉字、数字、外文字符、计量单位和标点符号，按照有关国家标准和规定执行。民族自治地方的公文，可以并用汉字和当地通用的少数民族文字。

第十二条　公文用纸幅面采用国际标准A4型。特殊形式的公文用纸幅面，根据实际需要确定。

第四章　行文规则

第十三条　行文应当确有必要，讲求实效，注重针对性和可操作性。

第十四条　行文关系根据隶属关系和职权范围确定。一般不得越级行文，特殊情况需要越级行文的，应当同时抄送被越过的机关。

第十五条　向上级机关行文，应当遵循以下规则：

（一）原则上主送一个上级机关，根据需要同时抄送其他相关上级机关和同级机关，不抄送下级机关。

（二）党委、政府的部门向上级主管部门请示、报告重大事项，应当经本级党委、政府同意或者授权，属于部门职权范围内的事项应直接报送上级主管部门。

（三）下级机关的请示事项，如需以本机关名义向上级机关请示，应当提出倾向性意见后上报。不得原文转报上级机关。

（四）请示应当一文一事，不得在报告等非请示性公文中夹带请示事项。

（五）除上级机关负责人直接交办事项外，不得以本机关名义向上级机关负责人报送公文，也不得以本机关负责人名义向上级机关报送公文。

（六）受双重领导的机关向一个上级机关行文，必要时应当抄送另一个上级机关。

（七）不符合行文规则的上报公文，上级机关的文秘部门可退回下级呈报机关。

第十六条 向下级机关行文，应当遵循以下规则：

（一）主送受理机关，根据需要抄送相关机关。重要行文应当同时抄送发文机关的直接上级机关。

（二）党委、政府的办公厅（室）根据本级党委、政府授权，可以向下级党委、政府行文，其他部门和单位不得向下级党委、政府发布指令性公文或者在公文中向下级党委、政府提出指令性要求。需经政府审批的具体事项，经政府同意可由政府职能部门行文，文中需注明已经政府同意。

（三）党委、政府的部门在各自职权范围内可以向下级党委、政府的相关部门行文。

（四）涉及多个部门职权范围内的事务，部门之间未协商一致的，不得向下行文；擅自行文的，上级机关应当责令其纠正或者撤销。

（五）上级机关向受双重领导的下级机关行文，必要时抄送该下级机关的另一个上级机关。

第十七条 同级党政机关、党政机关与其他同级机关必要时可以联合行文。属于党委、政府各自职权范围内的工作，不得联合行文。党委、政府的部门依据职权可以相互行文。部门内设机构除办公厅（室）外不得对外正式行文。

第五章 公文拟制

第十八条 公文拟制包括公文的起草、审核、签发等程序。

第十九条　公文起草应当做到：

（一）符合国家的法律法规和党的路线方针政策，完整准确体现发文机关意图，并同现行有关公文相衔接。

（二）一切从实际出发，分析问题实事求是，所提政策措施和办法切实可行。

（三）内容简洁，主题突出，观点鲜明，结构严谨，表述准确，文字精练。

（四）文种正确，格式规范。

（五）公文涉及其他部门职权范围事项的，起草单位必须征求相关部门意见，力求达成一致。

（六）深入调查研究，充分进行论证，广泛听取意见。

（七）机关负责人应当主持、指导重要公文起草工作。

第二十条　公文文稿签发前，应当由发文机关办公厅（室）进行审核。审核的重点是：

（一）行文理由是否充分，行文依据是否准确。

（二）内容是否符合国家法律法规和党的路线方针政策；是否完整准确体现发文机关意图；是否同现行有关公文相衔接；所提政策措施和办法是否切实可行。

（三）涉及有关地区或者部门职权范围的事项是否经过充分协商并达成一致意见。

（四）文种是否正确，格式是否规范；人名、地名、时间、数字、段落顺序、引文等是否准确；文字、数字、计量单位和标点符号等用法是否符合规定。

（五）其他内容是否符合公文起草的有关要求。

需要发文机关审议的重要公文文稿，审议前由发文机关办公厅（室）进行初核。

第二十一条　经审核不宜发文的公文文稿，应当退回起草单位并说明理由；符合发文条件但内容需作进一步研究和修改的，由起草单位修改后重新报送。

第二十二条　公文应当经本机关负责人审批签发。

重要公文和上行文由机关主要负责人签发。党委、政府的办公厅（室）根据党委、政府授权制发的公文，由受权机关主要负责人签发或者按照有关规定签发。签发人签发公文，应当签署意见、姓名和完整日期；圈阅或者签名的，视为同意。联合行文由所有联署机关的负责人会签。

第六章　公文办理

第二十三条　公文办理包括收文办理、发文办理和整理归档。

第二十四条　收文办理主要程序是：

（一）签收。对收到的公文应当逐件清点，核对无误后签字或者盖章，并注明签收时间。

（二）登记。对公文的主要信息和办理情况应当详细记载。

（三）初审。对收到的公文应当进行初审。初审的重点是：是否应当由本机关办理，是否符合行文规则，文种、格式是否符合要求，涉及其他地区或者部门职权范围的事项是否已经协商、会签；是否符合公文起草的其他要求。经初审不符合规定的公文，应当及时退回来文单位并说明理由。

（四）承办。阅知性公文应当根据公文内容、要求和工作需要确定范围后分送。批办性公文应当提出拟办意见报本机关负责人批示或者转有关部门办理；需要两个以上部门办理的，应当明确主办部门。紧急公文应当明确办理时限。承办部门对交办的公文应当及时办理，有明确办理时限要求的应当在规定时限内办理完毕。

（五）传阅。根据领导批示和工作需要将公文及时送传阅对象阅知或者批示。办理公文传阅应当随时掌握公文去向，不得漏传、误传、延误。

（六）催办。及时了解掌握公文的办理进展情况，督促承办部门按期办结。紧急公文或者重要公文应当由专人负责催办。

（七）答复。公文的办理结果应当及时答复来文单位，并根据需要告知相关单位。

第二十五条　发文办理主要程序是：

（一）复核。已经发文机关负责人签批的公文，印发前应当对公文的审批手续、内容、文种、格式等进行复核；需作实质性修改的，应当报原签批人复审。

（二）登记。对复核后的公文，应当确定发文字号、分送范围和印制份数并详细记载。

（三）印制。公文印制必须确保质量和时效。涉密公文应当在符合保密要求的场所印制。

（四）核发。公文印制完毕，应当对公文的文字、格式和印刷质量进行检查后分发。

第二十六条　涉密公文应当通过机要交通、邮政机要通信、城市机要文件交换站或者收发件机关机要收发人员进行传递，通过密码电报或者符合国家保密规定的计算机信息系统进行传输。

第二十七条　需要归档的公文及有关材料，应当根据有关档案法律法规及机关档案管理规定，及时收集齐全、整理归档。两个以上机关联合办理的公文，原件由主办机关归档，相关机关保存复制件。机关负责人兼任其他机关职务的，在履行所兼职务过程中形成的公文，由其兼职机关归档。

第七章　公文管理

第二十八条　各级党政机关应当建立健全本机关公文管理制度，确保管理严格规范，充分发挥公文效用。

第二十九条　党政机关公文由文秘部门或者专人统一管理。设立党委（党组）的县级以上单位应建立机要保密室和机要阅文室，并按有关保密规定配备工作人员和必要的安全保密设施。

第三十条　公文确定密级前，应当按照拟定的密级先行采取保密措施。确定密级后，应当按照所定密级严格管理。绝密级公文应当由专人管理。公文的密级需要变更或者解除的，由原确定密级的机关或者其上级机关决定。

第三十一条　公文的印发传达范围应当按照发文机关的要求执行；需要变更的，应当经发文机关批准。涉密公文公开发布前应当履行解密程序。公开发布的时间、形式和渠道，由发文机关确定。经批准公开发布的公文，同发文机关正式制发的公文具有同等效力。

第三十二条　复制、汇编机密级、秘密级公文，应当符合有关规定并经本机关负责人批准。绝密级公文一般不得复制、汇编，确有工作需要的，应当经发文机关或者其上级机关批准。复制、汇编的公文视同原件管理。

复制件应当加盖复制机关戳记。翻印件应当注明翻印的机关名称、日期。汇编本的密级按照编入公文的最高密级标注。

第三十三条　公文的撤销和废止，由发文机关、上级机关或者权力机关根据职权范围和有关法律法规决定。公文被撤销的，视为自始无效；公文被废止的，视为自废止之日起失效。

第三十四条　涉密公文应当按照发文机关的要求和有关规定进行清退或者销毁。

第三十五条　不具备归档和保存价值的公文，经批准后可以销毁。销毁涉密公文必须严格按照有关规定履行审批登记手续，确保不丢失、不漏销。个人不得私自销毁、留存涉密公文。

第三十六条　机关合并时，全部公文应当随之合并管理；机关撤销时，需要归档的公文整理后按照有关规定移交档案管理部门。

工作人员调离岗位时，所在机关应当督促其将暂存、借用的公文按照有关规定移交、清退。

第三十七条　新设立的机关应当向党委、政府的办公厅（室）提出发文立户申请。经审查符合条件的，列为发文单位，机关合并或者撤销时，相应进行调整。

第八章 附则

第三十八条 党政机关公文含电子公文。电子公文处理工作的具体办法另行制定。

第三十九条 法规、规章方面的公文，依照有关规定处理。外事方面的公文，依照外事主管部门的有关规定处理。

第四十条 其他机关和单位的公文处理工作，可以参照本条例执行。

第四十一条 本条例由中共中央办公厅、国务院办公厅负责解释。

第四十二条 本条例自2012年7月1日起施行。1996年5月3日中共中央办公厅印发的《中国共产党机关公文处理条例》和2000年8月24日国务院发布的《国家行政机关公文处理办法》停止执行。

---------- 思考题 ----------

1. 应用写作与文学写作有何不同？
2. 下面是一则表扬性通报的例文，请谈谈下列公文写作的优劣。

广东省人民政府关于表彰袁汉辉同学和华南师大附中等单位的通报

各市、县、自治县人民政府，省府直属单位：

袁汉辉同学在第34届国际数学奥林匹克竞赛中获得金牌，为广东省争了光。为表彰袁汉辉同学及华南师大附中等单位的突出成绩，为促进我省的数学奥林匹克竞赛活动，培养青少年热爱科学、勇于进取的精神，省人民政府决定：

（一）给予袁汉辉同学颁发奖状和奖金一万元；

（二）给予华南师大附中和中山市教委颁发奖状和奖金各五千元；

（三）给予省数学学会和广东省数学奥林匹克业余学校颁发奖状和奖金各五千元。

希望袁汉辉同学和受表彰的单位，戒骄戒躁，再接再厉，争取更大成绩。

广东省人民政府
×年×月×日（印章）

（朱智秀　选编）

第六编 西昆群玉

中国文献、辞书及汉语汉字发展概述

一、中国文献、辞书发展概述

文献与辞书是相辅相成、并为属种的关系。文献为辞书的编纂提供依据,辞书反过来为人们阅读文献提供帮助;另一方面,辞书也属于文献的一种。不过文字刚产生时,当为文献先行,辞书跟进,所以我们先看文献发展概览。

(一) 文献发展概述

"文献"一词,始见于《论语·八佾》:"夏礼,吾能言之,杞不足征也。殷礼,吾能言之,宋不足征也。文献不足故也。足,则吾能征之也。"南宋朱熹这样解释"文献":"文,典籍也。献,贤也。"可见,"'文献'是我们认识历史、研究历史、验证历史的依据,它可以是书,也可以是人,统称则为'文献'。今天提'文献'这个词,一般侧重于'文',尤其偏重于古代的'文'。"[①] 以"文献"二字题作书名,起于宋末元初马端临的《文献通考》,他在自序中说明了书名的意义:"引古经史谓之文。参以唐宋以来诸臣之奏疏、诸儒之议论谓之献。故名曰《文献通考》。"稍后,"文献"一词似乎就专指"书籍资料"了,如元代杨维桢《送僧归日本》诗:"我欲东夷访文献,归来中土校全经。"今天所说的文献主要指"古籍",同时也包括除此之外的甲骨文、金文、简牍、碑拓、文书、档案、契约、手稿等各种形式的文献。下面我们从古典文献的产生及发展、

---

① 杜泽逊《文献学概要》(修订本),中华书局2008年,第4页。

古文献的类型两个角度来看文献的流变情况。

1. 古典文献的产生及其发展

中国历史悠久，文化发达，华夏典籍更是浩如烟海，而且以产生之早、内容之丰富闻名世界。相传早在三皇五帝时代就已经有了文献，如"三坟""五典""八索""九丘"，《左传·昭公十二年》有记载："是能读三坟、五典、八索、九丘。""三坟"指"三皇"时期的文献；"五典"指"五帝"时期的文献；"八索""九丘"，孔颖达引孔安国《尚书序》云："八卦之说，谓之八索"，"九州之志，谓之九丘"。

商代产生了文字，也就有了文献典籍。如《尚书·多士》载周公旦语："惟殷先人，有典有册。"商代典籍，属于殷王言论和行事的记录，《尚书·盘庚》中的三篇"商书"是盘庚迁都时号召臣民的讲话，可以说是我国最古老的文献。周王朝时代，专设史官，记录周天子言行，今天传世的《尚书》《诗经》《易经》三部古籍，据说是根据史官记录文件而编定的，因此，这三部古典文献是研究我国封建社会以前历史的重要资料。

春秋时代，由于社会对新型人才的需求，"学在官府"的旧教育体制已经不能适应新的时代要求。于是，以孔子、墨子为代表，聚徒讲学，创办私学，教学内容都是奴隶社会的"经典"与"技艺"；教学参考书为孔子从已有文献材料中整理编纂的"六经"，即《诗》《书》《礼》《易》《乐》《春秋》，由于《乐经》失传，所以通常称"五经"。这五经是研究中国古代历史、文学及哲学不可缺少的典籍，并为其后文献的发展和繁荣奠定了基础。

战国时代，由于社会政治经济发展变动剧烈，出现了很多新问题亟待人们回答，于是在思想文化领域里出现了"百家争鸣"的局面。一些政治家、思想家纷纷著书立说，随之形成了儒家、道家、名家、法家、兵家、农家、阴阳家和纵横家等学派，他们的著述极大地丰富了我国古典文献的宝藏。

汉代是中国封建社会大一统的政治经济体制全面确立、中华民族传统文化心理结构基本形成的时期，在学术思想史上更是承前启后、继往开来的重要阶段。昌盛的经学、成熟的史学、趋于综合和演化的诸子之学、繁盛的文学创作以及发达的科技，构成了两汉文化学术的丰富多彩和博大精深。

魏晋南北朝是我国封建国家分裂和民族融合时期，这一时期虽战乱频繁、社会动荡不安，但科技和文化却进一步发展，不仅文献的内容范围有所扩大，而且数量也有很大增长。体现在以下几点：（1）历史和地理著作大大超过前代。如晋陈寿的《三国志》、梁沈约的《宋书》、梁萧子显的《南齐书》、北齐魏收的《魏书》，以及各类"地记"等。（2）别集与总集大量产生。如最早的一部总集是晋挚虞的《文章流别集》。（3）文学批评著作开始出现。如西晋文学家陆机的《文赋》和南朝梁文学批评家钟嵘的《诗品》分别是文学批评理论专著和论诗巨著。（4）科学技术方面著作的涌现。如北魏贾思勰的农学论著《齐民要术》。（5）语言文字方面的著作增多。如魏李登《声类》和梁沈约《四声谱》是音韵学研究的重要成果。（6）哲学思想有了更大发展。如魏王弼《老子注》、晋郭象《庄子注》、梁范缜《神灭论》都是重要的哲学著作。（7）宗教书籍增多。佛教于东汉末传入中国，魏晋南北朝时期达到兴盛，基于此，佛家文献也大量涌现，如南朝梁释僧祐编撰了最早的总结性佛经目录《出三藏记集》和最早的佛家总传《高僧传》。

隋唐时期，我国社会、政治、经济高度发达，促进了图书文献事业的快速发展。这一时期的文献特点有：（1）门类多，领域广。在地理方面，隋代有《诸郡物产土俗记》《区宇图志》《诸州图经集》等；唐代有贾耽著的《关中陇右及山南九州等图》和李吉甫主编的《元和郡县图志》等。史学方面，继《汉书》《后汉书》《三国志》后，唐代新增了魏、齐、梁、陈、北齐、北周、宋、晋、隋等列朝史书，以及《南史》《北史》等重要著作。史学理论方面，有刘知几的《史通》；典章制度方面，有杜佑的《通典》。文学方面，更是达到空前水平，近体诗是唐代的主要代表性文体，出现了李白、杜甫等数以千百计的诗人，诗文集的数量远远超越前代。俗文学方面，唐代的"变文"为后世的南戏、诸宫调、元杂剧等的产生开辟了道路。科学技术方面，唐代出现了最有价值的三部历法——《戊寅历》《麟德历》《大衍历》，医学有孙思邈的《备急千金要方》和王焘的《外台秘要》。（2）类书和字书的增多。《初学记》《北堂书钞》《艺文类聚》《群书治要》等至今还是查检唐代以前文章资料的重要工具。

两宋时期，由于社会的现实需求和印刷术的普遍应用，图书在种类和数量上骤增，其发展体现在以下几个方面：（1）类书的编纂。北宋初，政府不仅编纂了《太平御览》《册府元龟》《文苑英华》三部达千卷的大类书，还编纂了500卷的《太平广记》。

(2）理学的产生。北宋的程颐、程颢，南宋的朱熹都是著名的理学家，阐释经学时注重义理。(3）史书的编著。司马光主持编写了著名的编年史《资治通鉴》，郑樵著有纪传体《通志》。(4）金石学的研究。欧阳修的《集古录》、吕大临的《考古图》、赵明诚的《金石录》等，至今仍有很高的参考价值。(5）目录学的产生。尤袤的《遂初堂书目》为记录各种不同版本的目录著作，官修的《崇文总目》和陈振孙的《直斋书录解题》都以其提要著名。

　　辽、金、元虽然都是我国少数民族建立的政权，但是非常重视汉文化。早在辽太祖时，皇太子耶律突欲就曾派人到幽州采购了汉文图书一万卷，他所建立的一座半公半私的藏书楼——望海堂，是当时我国北方藏书最丰富的藏书楼。金政权对汉文图书的重视更甚，不仅收集宋朝政府藏书，还下令收购民间之书，另设译书院等机构，翻译儒家经典，使得金朝廷的藏书大量增加。元朝统治者亦重视兴学立教，教育事业的发展促进了文献事业的进步。据清钱大昕《补元史艺文志》的统计，元代刻印、流通的图书，经部为804种，史部为477种，子部为763种，集部为1089种，凡3133种。辽、金、元时期文献的最大成就是金代的诸宫调和元代的杂剧。

　　明代是文献事业大发展的时期，刻书蔚然成风，而且在活字、套版及版画等印刷技术方面取得了极大进步。具体表现是文献种类繁多，涉及范围广泛，如有古典小说《三国演义》《水浒传》《西游记》《金瓶梅》等，话本小说"三言""二拍"，传奇剧目《四声猿》《南柯记》《紫钗记》和《牡丹亭》等，著名农书《农政全书》，医学专著《本草纲目》，科技文献《徐霞客游记》和《天工开物》等。

　　清代是我国封建社会的末世，但由于清政府对文献事业的重视，清人在图书的搜集、典藏、整理和编纂各方面均做出了巨大的贡献，成绩卓著。如搜访各地典籍编修《四库全书》，并建立文渊、文津、文源、文溯等"北四阁"和文宗、文汇、文澜等"南三阁"以典藏《四库全书》；为方便检阅《四库全书》，编有配套的《四库全书总目》和《四库全书简明目录》；图书编纂方面，撰有《古今图书集成》，是我国现存最大、最完整的一部类书。由于清人重藏书，相应地，考据校勘之学也极为兴盛，如著名的"说文四大家"、高邮王氏父子等均是著名的考据大家，梁启超在《清代学术概论》一书中说："夫无考据之学，则无清也。"是至言也。

始商终清，中国古典文献卷帙浩繁，记载了历朝历代的社会、政治、经济、文化等，为我们了解中国历史文化及研究古代典籍提供了依据和资料。

2. 古文献的类型

从有文字记载的历史开始就有了文献，经过历朝历代的增补、扩充和完善，一直积聚至今，数量之多，可谓叹为观止。面对如此浩繁的典籍，如果不加以分类整理，人们在阅读和查找过程中就会遇到很多困难。但在分类标准上，学界见仁见智，我们这里采用张三夕《中国古典文献学》的观点，分"总集、别集、单行文献、丛书、类书①"简单述之。

（1）总集

总集多指汇集两人以上作品的合集，可以包括一个朝代（断代）和多个朝代（通代）的作品，也可以包括一种或多种体裁的作品。一般来说，古代的总集多为诗、文的合集。按照编集的时段和体裁来划分，总集可分为以下几类：①通代地有选择地编集多种体裁作品的总集。如南朝梁萧统编的《文选》和清姚鼐编的《古文辞类纂》，前者收录了周代至六朝约800年间130位知名作者和少数佚名作者的作品700多篇，分为38类，大致为诗、赋、文三部分；后者选录了从战国至清初的作品700多篇，分为论辩、序跋、颂赞等13类。②断代地有选择地编集多种体裁作品的总集。如宋姚铉编集的《唐文粹》100卷，收录了有唐一朝的诗文作品约2000篇，分古赋、诗、颂、文、论等16类。③通代地不加选择地专门编集一种体裁全部作品的总集。如清严可均编辑的《全上古三代秦汉三国六朝文》741卷，网罗了先秦至隋所有现存的单篇文章，收录作者3497人，为人们阅读先秦至隋的单篇文章提供了最为全面的文献基础。④断代地不加选择地专门编集一种体裁全部作品的总集。如清彭定求等奉敕编集的《全唐诗》、董诰等奉敕编集的《全唐文》、近代唐圭璋编集的《全宋词》等。⑤通代地有选择地专门编集一种体裁作品的总集。如南朝梁徐陵编的《玉台新咏》10卷，选集了汉魏至梁代的诗歌共700多篇。⑥断代地有

---

① 张三夕将文献类型主要分为"总集、别集、单行文献、丛书和工具书"五种，其中"工具书"包括"字典、词典、类书"等，我们这里只介绍"工具书"中的"类书"，下文就"工具书"中的"字典、词典"等单独详细介绍。

选择地专门编集一种体裁作品的总集。如清吴之振、吕留良、吴自牧编集的《宋诗钞》106卷，搜集了宋人100家的诗作，其中仅有目录而未刻印的作品16家，实收84家。⑦按作者地域群体或宗派关系编集的作品总集。如北宋杨亿编集的《西昆酬唱集》2卷，搜集了北宋景德年间杨亿、刘筠、钱惟演等17人的唱和之作200多首，皆为律诗绝句。总集具有重要的文献价值，一如《四库全书总目·总集类叙》所云："一则网罗放佚，使零章残什，并有所归；一则删汰繁芜，使莠稗咸出，菁华毕出。是固文章之衡鉴，著作之渊薮矣。"

（2）别集

相对于总集而言，指搜集一个作家部分或全部作品的个人作品集。别集不论是作者自编，还是他人编集，都要按一定的体例编排。其体例主要有分类、分体、编年三种。"分类"即按作品的内容来分类编排。宋人喜欢类编别集，如《门类增广十注杜工部诗》25卷，今存宋刊残本6卷，类别有纪行、述怀、居室、邻里、题人等。"分体"即按作品的体裁或文体来编排，如清人王琦辑注《李太白文集》36卷，是按古赋、古诗、乐府、古近体诗、序文、记颂赞等体裁编排的。"编年"即按作品写作年代顺序来编排，如邓广铭的《稼轩词编年笺注》。别集的文献价值在于：一则数量多，二则包括了一个作家现存的部分或全部作品，是人们研究某一作家生平、背景、思想、成就的依据，能以此了解该作者所处时代的政治、经济、文化、社会等各方面的情况。

（3）单行文献

指单独印行的某一位或某几位作者的某一种作品或著作。与别集不同，别集只是一位作者的部分或全部作品，即一位作者的多种作品；而单行文献可能是一位作者，也可能是几位作者，但只能是一种作品或著作。内容上包括三类：一是单行的文学理论或文学批评著作，如《文心雕龙》《诗品》《沧浪诗话》等；二是诗歌、散文、小说、戏曲等文体的单行作品，诗歌作品如韦庄的《秦妇吟》，散文作品如《战国策》，小说作品如《红楼梦》，戏曲作品如《桃花扇》等。三是从一种或多种著作中选出一篇或多篇作品单独印行的书，如从《楚辞》中选印的《离骚》，从《文选》中选印的《古诗十九首》等。

（4）丛书

搜集两种以上的文献，按照一定的理念和体例编校，冠以一个总的书名，用统一的版式和装帧印行的文献类型。丛书的种类很多，如果按收书内容来划分，主要有综合性丛书和专科性丛书两大类。综合性丛书是指包罗各种各样著作的丛书，如清乾隆时编集的《四库全书》，收书3400多种，7900多卷。专科性丛书是指专收某一学科、某一文体或某一类别的丛书。就涉及古典文学某一文体和类别的丛书而言，收录诗、词、文、戏曲、小说等各种文体的丛书都有。如明无名氏所编《唐五十家诗集》，是最早的唐代诗集的大型丛书。清朱孝臧编集的《彊村丛书》收书179种，包括唐、五代、宋、金、元词总集5种，词别集174种。丛书的文献价值体现在把许多分散的单独的文献按一定的主题、类别和体例编辑在一起，在一定程度上满足了读者对特定文献的需求，免去读者到处查阅、搜求的麻烦，为读者阅读、分析、研究有关问题提供便利。

（5）类书

采辑古典文献中有关典故史实、名物制度、诗文词语等方面的各种资料，分门别类编排，每一门类下又分若干子目，以供读者读书或写作时查阅、征引。历代著名的类书有：唐代的《北堂书钞》《艺文类聚》《初学记》等；宋代的《太平广记》《太平御览》《册府元龟》等；明代的《永乐大典》（已散佚）、《经济类编》；清代的《古今图书集成》《渊鉴类函》等。类书中保留了大量的古典文学，比如《太平广记》，从约400种书籍中搜集了自汉代至宋初的各种小说作品，许多已失传的作品，仅在此书中有佚文。因此，类书在古典文献的辑佚和校勘方面具有不可或缺的价值。

既有文献，就有对文献的解读，一旦遇到生僻字词，就要查阅相关字典辞书；反过来，参透文献内容，重释字词，也有利于增补修订辞书。所以，文献和辞书是紧密联系在一起的。下面介绍辞书的发展概况。

（二）辞书发展概述

我国的辞书编纂已有两千多年的历史。春秋战国时期，文献著作已较繁富，如《周易》《尚书》《周礼》《仪礼》《礼记》《诗经》以及诸子百家散文等，而阅读、理解这些典籍，就需要学习掌握当时的文字、词汇，并对疑难字词进行注释。只是这个时期还没有专门的语文辞书，注释多出现在古籍正文中，如《孟子·滕文公上》："夏曰校，殷曰序，周曰庠，学则三代共之。"

到两汉就有了字典、词典，如《尔雅》《方言》《释名》《说文解字》，它们是我国最早的一批辞书，打开了辞书编纂的大门，为辞书史的发展奠定了基础。自此后，各种各样的辞书层出不穷，解读古代典籍，阐释精深文化。梳理辞书发展史，我们按照张志毅等《理论词典学》的观点，将辞书的发展分为五个阶段，即辉煌阶段、新兴阶段、辞书小国阶段、辞书大国阶段、走向辞书强国阶段。

1. 辉煌阶段：自先秦至清末

在这段漫长的历史中，国学的广袤沃土培育了近千种辞书。除去专书辞书，普通辞书也有 600 多种，形成了词书、字书和韵书三大族群。

（1）词书

主要包括《尔雅》及《广雅》等雅学系列书，《方言》及《续方言》等方言系列书，《释名》及《释名疏证》等词源系列书等。这些书，不仅对释义、解经、阅读典籍有帮助作用，而且对后世辞书的产生有着深远的影响。

《尔雅》为我国第一部词典式训诂著作，以其解读先秦古籍的功能，被奉为儒家经典，在传统小学中影响很大，以至于形成一门"雅学"，出现很多仿拟、补充《尔雅》而编排的雅学著作即"雅书"。如秦孔鲋《小尔雅》，为《尔雅》之续篇，广《尔雅》之未备；魏张揖《广雅》，为增广《尔雅》而作，篇名篇数与《尔雅》同，隋代因避炀帝讳改名《博雅》；宋陆佃《埤雅》，专释名物，寻求得名之由；宋罗愿《尔雅翼》，为《尔雅》的辅翼，主要释草、木、鸟、兽、虫、鱼，考证精博；明方以智《通雅》，为百科词典类训诂专著；明朱谋㙔《骈雅》，专释双音词语，包括一部分联绵词；清史梦兰《叠雅》，专释叠音词；清吴玉搢《别雅》，专释古书中假借通用字，等等。《尔雅》开创出雅学著作的新体例，从此历代雅学著作蔚为大观，至今绵延不绝，凡此种种，不一而足。

《方言》系西汉扬雄编纂的《輶轩使者绝代语释别国方言》一书的简称，是我国第一部方言词典。全书 13 卷，释词 675 条，体例仿《尔雅》，大体上以类相从，分类编排，将古今各地同义的词语排列在一起。释义方式一般是先列出一个词，然后注明该词在各地的不同称谓，大部分注明其通行范围。它采用以方言解释古语、以通语解释方言的方法，为后人研究汉代及汉以前的语音、词汇及其发展变化，提供了丰富的资料，是研究汉代方言分布的重要依据。历代研究《方言》者很多，如晋郭璞《方言注》、清戴震《方言疏证》、清卢文弨《重校方言》、清钱绎《方言笺疏》等都在一定程度上对《方言》作了订讹补漏、疏证和校勘。除此之外，其他《方言》系著作主要有清杭世骏的《续方言》，搜集唐宋以前的经史传注和字书中的古方言词语，以补充《方言》的不足，后又有程际盛的《续方言补正》、沈龄的《续方言疏证》、程先甲的《广续方言》、徐乃昌的《续方言又补》等为该书作了疏补。另外，清胡文英《吴下方言考》搜集江南一带的街谈巷谚、方言俗语，征引宋元以前的经史子集等文献，探求吴语词的渊源，亦属《方言》系著作。

《释名》为东汉刘熙撰，是我国第一部音训词典，全书共27篇，体例仿《尔雅》，释词用音训，即以音同、音近的字解释意义，推究事物所以命名的由来。《释名》对后代音训词典、双声叠韵词典的编纂，产生了重大的影响，它是后代学者探求语源、考求古音和古义的重要参考书。清代学者十分重视《释名》的研究，毕沅撰有《释名疏证》，王先谦撰有《释名疏证补》和《释名疏证补附》，都是研究《释名》的主要参考书。后世从声音入手来释词的辞书有清戴震的《转语》、清程瑶田的《果蠃转语记》等，前者是为弥补《尔雅》《方言》《释名》之阙而作的一部专门研讨词语通转的著作，其基本原则是"疑于义者，以声求之；疑于声者，以义证之"；后者以"果蠃"一词为例，分析了由"果蠃"演变而成的二百多个名称，借以阐发音义通转和事物命名的规律。

（2）字书

主要有《说文解字》和《康熙字典》等系列字书200多种。这些书，对单字、单音词、语素的定形、定义以及定音，对书面语的标准化，都有极其深远的规范作用。

《说文解字》系东汉许慎所撰，是我国第一部以六书理论分析汉字字形、解释字义的字典，是阐述"字形之本始，字音、字义之所以然"的专著，也是我们分析汉字的形体结构以考求本义的重要工具书，向来被视为研究训诂学的根底书。许慎首创部首排检法，分540部；全书收字9353个，另有重文1163个；原文以小篆书写，每字之下，先释义，再对字形结构进行分析。它在字的音形义方面所作的解说、注释，对研究文字学、音韵学、汉语发展史等都有重要意义。《说文》成书不足百年，就得到广泛流传，隋唐以后还以《说文》取士，并被多次校订,如唐大历中李阳冰刊定《说文》,颇有改易,不过对于《说文》的流传很有功绩;南唐徐锴校订《说文》,著《说文系传》,世称小徐本;宋时其兄徐铉校订《说文》,每篇分上下,共为30卷,世称大徐本。这些均为《说文》的传播流布作出了应有的贡献。由于《说文》在汉字学史上占有重要地位,其问世以来,研究《说文》便成为专学,清代尤盛,段玉裁的《说文解字注》、朱骏声的《说文通训定声》、桂馥的《说文解字义证》、王筠的《说文释例》《说文句读》尤备推崇,四人也获尊称为"说文四大家"。

研究《说文》者多,仿其体例而作者亦不少,如晋吕忱撰的《字林》从众多的典籍中搜求《说文》漏略之字,依照《说文》部目,分540部,收字12 824个;南朝梁顾野王的《玉篇》是中国第一部楷书字典,体例仿《说文》,部首稍有增删,共542部,收字16 917字;唐颜元孙《干禄字书》所收的字按平上去入四声分部,又按偏旁排列,每字一般分俗字、通字、正字三体,但该书没有逐字解释字义,偶有解释,亦很简单;明梅膺祚的《字汇》将《说文》部首简化为214部,按十二地支分为12卷,连同首卷及末卷的附录共14卷,部首和各部的字则按笔画多少为序排列,共收33 179字;官修辞书《康熙字典》系康熙四十九年(1710)康熙帝命张玉书、陈廷敬等13人编撰,全书共42卷,214个部首,收字47 035个,是古代收字最多的大型字典。

(3) 韵书

主要有《广韵》及《中原音韵》等韵书系列40多种。韵书是适应诗赋韵文产生与发展的需要而诞生的,它是中国传统辞书的一大类别,在中国辞书编纂史上占有重要的一席。这些书,既是韵文用韵的总结和指导,也是读书音和共同语标准音的规范。

《切韵》是我国现存最早的韵书,隋陆法言编纂,约成书于隋文帝仁寿元年(601),原本已散佚,仅存唐写本《切韵》残卷,共分193个韵部,即平声54韵,上声51韵、去声56韵、入声32韵,收字11 558个。其部目次序不及《广韵》系统,注释较简略。清代音韵学家陈澧著《切韵考》,是研究《切韵》音系的重要著作。

《广韵》全称《大宋重修广韵》,是宋陈彭年等人奉诏在《切韵》系统韵书的基础上进行调整、扩充修订而成,是现今保存最完整、最古老,也是最重要的一部韵书。全书按平上去入四声分为5卷，收字26 194个，注文191 692字，分206个韵部：平声57韵、上声55韵、去声60韵、入声34韵。《广韵》保存了魏晋唐宋之间语音系统的宝贵资料，对研究上古、中古和近古的声韵，特别是对研究中古音韵，具有重要参考价值。

《集韵》为宋丁度等人奉诏重修《广韵》而成，共10卷，其中平声4卷，上、去、入各2卷，共收字53 525个，比《广韵》多27 331个。韵部数目与《广韵》相同，但韵目名称与次序稍有变动，同用的韵有所改变，并参考当时读音改定反切。

《五音集韵》15卷，金韩道昭编纂。该书改并《广韵》韵部为160韵，各部中字依"三十六字母"排列。韩道昭是韵书与等韵学相结合的首创者，《五音集韵》在韵书编纂史上占有特殊的地位。

《中原音韵》，元周德清著，分两卷，前卷为韵书，后卷为附论，列有《正语作词起例》及作词诸法。它是一部可供当时的人创作或演唱北曲（包括北杂剧和散曲）作为用韵准绳的工具书。这部书根据元代北曲用韵，将106韵删并为19部，取消了入声韵部。每一韵部的字均按阴平、阳平、上、去四声排列，入声字分别归并入阳平、上、去三声，这就是所谓的"平分阴阳、入派三声"之说。

《洪武正韵》简称《正韵》，明洪武时乐韶凤、宋濂等11人奉诏编纂，成书于洪武八年（1375）。全书16卷，共分76韵部，其中平、上、去各22韵，入声10韵。由于它保留了入声，又有全浊声母，因此，它与当时的北方语音不完全相合，并没有做到"壹以中原雅音为正"，而是掺杂了南方流行的方音，因此，它是曲韵南派的创始之作。

先秦至清的辞书和小学有密切的关系，清代《四库全书总目提要》的经部小学类又把语言文字书分为训诂、字书、韵书三类。而这一阶段的辞书主要就是训诂（词书）、字书、韵书等，可见与小学关系的密切。当然，这一时期辞书编纂还不够完备，没有完整的辞书学理论作指导。如在注音方面，大多用直音、读若、反切等办法来标记，如果没有一定的语音知识，就很难认读。检索方面，很多辞书没有索引，词书按义类编排，检字相当困难；韵书按韵排字，不懂音韵就很难查字。不过，总的说来，先辈古人为我们编纂了如此浩繁的辞书，不仅为中华民族文化宝库增添了光辉异彩，也为后代辞书的编写积累了丰富经验。

2. 新兴阶段：1911年至1949年

这一阶段的辞书，国学余晖和西学晨曦交相辉映。一方面，《词诠》《辞通》《诗词曲语辞汇释》等显示着一缕缕的余晖，另一方面，《辞源》《辞海》《中华大字典》《国语词典》等射出一条条的晨曦，并且这晨曦预示着中国辞书事业从古老的辉煌转向现代的新兴。

《词诠》为杨树达编纂的一部虚词词典，共收录545个古汉语常用虚词（包括介词、连词、助词、叹词及一部分代词、不及物动词、副词），以注音字母为序排列，并附部首目录。每个虚词，先标明其词性，再说明其义训和用法，最后举例。对其意义用法，既列常见义，也列罕见义；不仅说明其作为虚词的意义和用法，也兼及作为实词的意义和用法。该书以其方法之先进，论述之精详，例证之充足，达到当时虚词研究的最高水平。

《辞通》为朱起凤编纂的双音词语释典，凡24卷，300余万字。汇集古籍中双音联绵词、复合词、词组及人名等，约4万条，依据因声求义训诂原则，将音同音近通假、义同通用、音转形讹的词语编为一组，以习见词为首条（释义在首条下），并据该词下字声韵，按诗韵106韵及四声分类；每条下征引例证，依经、史、子、集为次，概详篇目、便于查核。

《辞源》的编纂开始于1908年（光绪三十四年），编者为陆尔奎、方毅等。1915年以甲、乙、丙、丁、戊五种版式出版《辞源》正编；1931年出版《辞源》续编；1939年出版合订本；1949年又出版简编。旧版《辞源》收单字13 000多个，词条10万条。它以旧的字书、韵书、类书为基础，编进了现代百科的词目，熔铸古今为一编，释义简明，辅以图表。前后印数达400多万部，曾在知识界产生过广泛影响。

《辞海》旧版为舒新城、沈颐、徐元浩、张相等编。1915年开始编写，1935年成书，1936年由中华书局刊行，分上、下两册。它是在我国原有字书、韵书和类书的基础上，参照美国《韦氏第二版新国际英语词典》的特点编成的。全书共收进词目近86 000条，其中语词条目占51％，百科条目占49％。体例基本上和《辞源》相似，所收单字和词条也不相上下，但所引书证都经过核对，并且注明了篇目，这是它胜过《辞源》的地方。《辞海》按部首编排，以字带词，而词又以字数、笔画多少为序。这种把字典和百科性综合性辞书合为一体的编写体制独具特色。《辞海》

出版后，在当时文化教育界影响很大，被公认是一部有用的大型语文工具书。

3. 辞书小国阶段：1950 年至 1977 年

这一阶段，辞书出版不仅速度快，而且数量也非常之多。然而，其中缺乏耀眼的传世之作，只有《新华字典》作为中华人民共和国辞书的代表，能与英、美、法、德、俄、日等许多国家的巨型辞书相媲美。

《新华字典》是中华人民共和国的第一部现代汉语字典。是中华人民共和国成立初期，由新华辞书社编写的一部小型语文工具书，其主编是著名语言学家魏建功。此书1953年由人民教育出版社出版初稿，1954年出第2版。当初的设计是为普及教育服务，主要供中小学教师和学生使用，中等文化程度的读者也可以参考。该字典开始只收单字8500多个。它突破传统字书格局，在字头下收有包含这个字头的复音词语3000多条，用现代白话注释，并对多义词的义项作了初步清理，分别用"引""转""喻""泛指""特指""又指"等新的用语说明其间意义关系，这就使它兼具小型语言词典的用途。这种设计科学得体，使该字典一开始就具有小型语文辞书的简明性和实用性。

4. 辞书大国阶段：1979 年至 2000 年

这一阶段出版了不少优秀的辞书，如《现代汉语词典》、《辞海》（1979）、《辞源》（1979）、《汉语大字典》、《汉语大词典》、《英汉大词典》、《俄汉详解词典》等。从检索汉语字词的角度来看，最有名的两部辞书当属《汉语大字典》和《汉语大词典》。

《汉语大字典》全书约2000万字，共收单字56 000多个，凡古今文献、图书资料中出现的汉字，几乎都可以从中查出，是当今世界上规模最大、收集汉字单字最多、释义最全的一部汉语字典。该字典由四川、湖北两省300多名专家、学者和教师经过10年努力编纂而成，是以解释汉字的形、音、义为目的的大型汉语专用工具书。

《汉语大词典》编纂始于1975年，山东、江苏、安徽、浙江、福建、上海五省一市的1000多名专家学者参与编写。全书从古今数千种汉语典籍著作中广泛收词，积累资料卡片近1000万张；以"古今兼收，源流并重"为编纂原则，所收单字以带复词并有引文例证者为限。全书正文12卷，共收单字约22 700个，复词约375 000个，总共约5000万字。

5. 走向辞书强国阶段：2001 年至 2050 年前后

这一阶段在辞书编纂方面虽然也做了很多努力，有了良好的开端，但要成为辞书强国仍需做大量艰苦的工作。所以，"辞书强国梦"是辞书现代化的一个宏伟目标。若要实现这一梦想，张志毅等先生认为要做到以下几点："（1）人才必先强；（2）理论必超强；（3）树立辞书强国的主体标志——辞书文本。总之，从人才、理论、辞书文本以及产业规模四方面取出平均值，我们离辞书强国还有 50 年左右的距离。好在，我们国运正隆，盛世鼎新。盛世修典史不绝，辞书强国梦定圆。只有强国梦圆，才能适应'应用力'居世界第二的汉语和持续升温的汉语热。……汉语的广泛传播，必定从多方面反哺中国的辞书事业。"[①]这一梦想定能实现，我们拭目以待。

文献考证与辞书编纂关系密切。辞书编纂为阅读文献服务，随着文献的出土及考证的精审，也会进一步提高辞书收词的全面性及释义的准确性，促进辞书质量的提升。故，文献之业经久绵延，辞书之业亦蒸蒸日上。

二、汉语言文字概述

中华文化源远流长。汉语汉字作为中华文明的重要组成部分，也经历了一个漫长的流变过程。汉语的发展历程大致可以划分为四个阶段：一是上古汉语（先秦时期），二是中古汉语（东汉至隋），三是近代汉语（唐代至清代前期），四是现代汉语（五四运动以后）。汉字的演化则伴随其中，经历了形体、结构和功用等多层面上的古今兴替。

上古汉语可考证的最早形态是殷商时代的甲骨刻辞，所使用的文字即是汉字的最早形态——脱胎于早期图纹符号的甲骨文。甲骨文字符与汉语音节固定对应，标志着汉字的诞生。甲骨刻辞将口头语言转化成书面形式，开启了汉语汉字的"有史"纪元。由于受书写载体的影响，甲骨刻辞的语篇必须叙事简练，影响着汉语书面语在反复锤炼中渐趋完善。其后《诗经》《左传》等文献典籍的字句状况表明，上古汉语书面语已经成熟，语音、词汇、语法等要素体系齐备，如：讲究声律变化、声调平上去入四分，词汇以单音节为主、复音词初具规模，基本语序固定、常用

---

① 张志毅、张庆云著《理论词典学》，商务印书馆 2015 年，第 3—16 页。

句式丰富。商周时期汉语发展表现出两大趋势：一是伴随着先民活动范围的扩大及各诸侯国的对立，汉语出现了地域分化，方言差异逐渐显著起来，西汉扬雄的《方言》就是对各国词汇差异的收录；二是征战中的兼并与联合推动了方言融合，百家争鸣催生了早期的书面标准语——雅言（又名夏言）。《论语》中"子所雅言，诗书执礼皆雅言也"即是对早期通语使用情况的反映。而周代以方形大篆写就的《史籀篇》教文识字，算是确立文字规范的最早尝试。

秦始皇统一六国，推行"车同轨，书同文"；汉武帝巩固中央集权，"罢黜百家，独尊儒术"。诸种大一统的举措，为汉语汉字的发展创造了良好条件，推动着上古汉语向中古汉语过渡。李斯作小篆，"罢其不与秦文合者"，首次在全国范围内强力推行文字规范。小篆摆脱了甲骨文、金文图画式的象形风格，结构紧凑、字形稳定、线条匀称，方块汉字渐趋规范定型。在官方小篆推行的同时，下层徒隶之人简写小篆而成隶书，秦隶变笔画圆转为方折，汉隶改笔势敛束生波磔，"隶变"成为汉字古今阶段的分水岭。延至东汉末年，楷书发展成熟，草书、行书与之并行，至今沿用。汉魏时期的汉语发展，主要有以下体现：娘母从泥母中分离、舌上音知组开始分立，词汇复音化日益显著、基本词汇大量更迭、附加式构词数量增加；动补结构产生、系词"是"普遍使用、"肯、应、须"加入助动词系统、"被"字句替代"为……所"格式；口语书面语逐渐分离，洛阳读书音凭借政治优势遂成书面语规范。汉语汉字的演化使得古今差距拉大，文字学、训诂学研究兴起，《说文解字》《字林》《尔雅》《释名》等传统语文学论著应时而生。在这一阶段，汉末之后的佛学东渐和南北朝时期的民族融合，对中古汉语产生了极大影响。伴随着中外文化交流和佛学典籍的译介，一大批外来新词进入汉语，加速了汉语双音、多音化倾向，大量口语、俗语词开始进入书面语。梵文佛典翻译活动催生了汉语的反切注音法，自此汉语韵书多出，如魏李登作《声类》、晋吕静作《韵集》、南朝梁沈约作《四声谱》，汉语字音学习与运用进入精确化阶段。

隋亡唐继，华夏大地再度统一，以自然经济为基础的中央集权统治得以长期持续，汉语发展进入近代时期。这一时期汉语书面语仍以文言文为主，但接近口语的通俗古白话逐步产生并日渐兴盛；在敦煌变文、禅宗语录等通俗文献中，一系列新的语法现象酝酿产生,如处置式("将"字句和"把"字句),代词"你""他""这""那""是勿"(什么),助词"底"(的),语气词"无"(吗)。至明代则有《水浒传》《西游记》《金瓶梅》和"三言二拍"等白话巨著问世。宋代南北分治影响了汉语的发展走向。唐、宋的语音标准沿袭了中古汉语的书面语,以河洛方言为基底的《切韵》系统(宋人作《广韵》《集韵》)便是16世纪后"官话"的前身。唐宋文人在声律方面格外讲究,在切磋琢磨中写就了唐诗宋词的文学传奇。而在北方的辽阔地域中,南下各族同北迁汉人长期杂居、相互影响,在幽燕方言的基础上形成了北京官话的前身——燕京话。元朝改建大都,"燕京话"继续沿用。元人周德清作《中原音韵》,反映出近代后期的语音变化:全浊声母清化、次浊声母消失,轻唇音(f)、舌上音(zh组)分化产生,入声韵、-m尾韵消失,声调方面平分阴阳、全浊变去、入派三声。此外,由于汉族人口不断增加,且不时遭受北方各族侵扰,加上移民、战争、交通条件改进等历史条件的影响,汉人分布区域继续向南推移,经历代累积,汉语方言在华夏大地形成七分格局:北方话、吴语、湘语、赣语、客家话、粤语、闽语。

  清朝建立之后,在新的民族融合、语言接触背景下,汉语发展出现重大变化。成书于乾隆年间的《圆音正考》显示,细音前的精组、见组字合并而生 j、q、x,至此现代音系基本形成。明末萌芽的西学东渐在鸦片战争之后愈加兴盛,英、法、德、日等外系语种凭借其经济科技优势向汉语持续输入,汉语词汇中出现大量借词,汉语书面语语法在印欧语影响下出现欧化趋向,新兴语法成分和句法格式急剧增加,如:连词使用频次增加、语义关系表达形式化,以动词为中心语的定中结构更加常见,量词家族增加复合量词新类型,"被"字句适用语义范围扩大,动态助词出现连用格式。"五四"时代掀起的"白话文运动"彻底动摇了承自秦汉的书面文言的统治地位,贫乏单一的旧白话在融入了欧化而生的语法元素之后出现语体分化,丰富多样的新白话成为表达新时代生活内容的有力工具。以确立国家标准语为宗旨的"国语运动",自清末民初延续至中华人民共和国成立,终于迎来了全民共同语——普通话规范的确立。汉字在中华人民共和国成立后经历了生死攸关的命运转折,汉字拼音化改革半途乃止,现代汉语拼音和简体汉字作为改革的重要成果,已成为现代汉语书写体系的重要构成部分。

在当代历史条件下，全国政治、经济、文化等方方面面空前兴盛，社会语言生活异彩纷呈：汉语和各民族语中方言与通语并存共用，国民语言能力普遍提升；计算机和互联网催生出网络世界，虚拟空间新词新语频出；城市化水平持续提升，城乡语言分野不断调整；汉语言文化国际传播加快，大华语亟需域内外协调……语言资源、语言经济、语言权利、语言问题等种种内容，构成了当代中国的语言国情。其中，汉语汉字的规范化和信息化作为时代热点，方兴未艾，必将长久持续。

（张海媚　闫克　编撰）

第一讲 文海通鉴

与杨德祖书

曹植

名句

人人自谓握灵蛇之珠，家家自谓抱荆山之玉。

导读

本文选自《文选》卷四二，是曹植写给好友杨修的一封书信，也是魏晋时期比较有特色的一篇文论，集中阐述了他的文学思想。此信约作于建安二十一年（216），曹植此时为临淄侯。杨德祖即杨修，建安中为曹操主簿，与曹植关系密切，又恃才傲物，后被曹操杀死。信件意在嘱请杨修为自己的文章刊削润色，同时又纵论当代文人的优劣，即兴抒写，论文言志，洋洋洒洒，自许甚高，但又虚怀请益，情文并茂。信中从文坛的盛况谈起，评论当时著名文人"建安七子"的得失，并阐发观点：即著述不可能没有毛病，作者应当精益求精，善于改正。同时也指出，批评者必须具备很高的艺术才能与素养，才能对创作品头论足，而且，人各有好尚，批评者的评论不可以一己之偏好，强迫他人认同。最后，向杨修说明送上辞赋的意图，以及自己的人生目标实际乃是政治。虽然表面上曹植对辞赋创作不无贬抑之意，但实际上仍是将文章置于不能轻易放弃的"匹夫之思"之列，只不过政治上并不得意的他对政治权力更为渴求而已。

◎三曹：即汉魏时曹操及其子曹丕、曹植。他们都是建安时期的著名文人，且有显赫的政治地位和较高的文学成就，对当时的文坛影响很大，因此后人将他们合称为"三曹"。

作者简介

曹植（192—232），字子建，沛国谯（今安徽亳州）人，曹操第三子，曹丕同母弟。封陈王，谥曰思，世称陈思王。曹植年少时即有文学才华，善属文，颇得曹操宠爱，曾一度欲立为太子。但其为人恃才傲物，任性而行，在争立斗争中失势。曹操死后，曹植备受其豆相煎之苦，在兄长曹丕（魏文帝）、侄子曹叡（魏明帝）的猜忌中郁郁而终。其文学创作大致以曹操之死分前后两期。前期作品多写建功立业的抱负与贵族公子的奢逸生活，后期作品中虽仍有报国之心，但时时有悲愤不平之情。曹植是建安时期最杰出的诗人，对五言诗的发展起了很大的推动作用，钟嵘《诗品》赞其诗歌"骨气奇高，辞采华茂，情兼雅怨，体被文质"。其著作大多散佚，明代曹植集辑本较多。今人较好的注本有赵幼文《曹植集校注》。

课文

植白：数日不见，思子为劳，想同之也。

仆少小好为文章，迄至于今，二十有五年矣。然今世作者，可略而言也：昔仲宣独步于汉南，孔璋鹰扬于河朔，伟长擅名于青土，公干振藻于海隅，德琏发迹于此魏，足下高视于上京。当此之时，人人自谓握灵蛇之珠，家家自谓抱荆山之玉①。吾王于是设天网以该之，顿八纮以掩之，今悉集兹国矣。然此数子，犹复不能飞轩绝迹，一举千里也。以孔璋之才，不闲于辞赋，而多自谓能与司马长卿同风，譬画虎不成反为狗也。前书嘲之，反作论盛道仆赞其文。夫钟期不失听，于今称之，吾亦不能妄叹者，畏后世之嗤余也。

世人之著述，不能无病，仆常好人讥弹其文，有不善者，应时改定。昔丁敬礼常作小文，使仆润饰之，仆自以才不过若人，辞不为也。敬礼谓仆：卿何所疑难？文之佳恶，吾自得之，后世谁相知定吾文者耶！吾常叹此达言，以为美谈。昔尼父之文辞，与人通流，至于制《春秋》，游、夏之徒乃不能措一辞。过此而言不病者，吾未之见也。

盖有南威之容，乃可以论于淑媛；有龙泉之利，乃可以议于断割。刘季绪才不能逮于作者，而好诋诃文章，掎摭利病。昔田巴毁五帝，罪三王，訾五霸于稷下，一

◎才高八斗：南朝诗人谢灵运对汉魏诗人曹植的赞誉。五代李瀚《蒙求》中云："谢灵运尝云：'天下才共有一石，曹子建（曹植）独得八斗，我得一斗，自古及今共用一斗。'"后来形容人的文才极高。

◎建安七子：汉末建安（汉献帝年号）年间七个文学家孔融、陈琳、王粲、徐干、阮瑀、应玚、刘桢的并称。曹丕《典论·论文》中曾将七子并举，因此，后人称他们为"建安七子"。其中王粲的文学成就最高，被称为"七子之冠冕"。

◎建安风骨：汉末建安时期的"三曹""建安七子"等诗人的诗歌着力描写当时的社会动乱，抒发建功立业的抱负，形成了一种情辞慷慨悲凉、风格刚健遒劲的诗风，后世称这种特色为"建安风骨"。因建安时期处于汉、魏之交，故又称"汉魏风骨"。

旦而服千人，鲁连一说，使终身杜口②。刘生之辩，未若田氏，今之仲连，求之不难，无可叹息乎？人各有好尚，兰茞荪蕙之芳，众人之所好，而海畔有逐臭之夫③；咸池六茎之发，众人所同乐，而墨翟有非之之论，岂可同哉！

今往仆少小所著辞赋一通相与。夫街谈巷说，必有可采，击辕之歌，有应风雅，匹夫之思，未易轻弃也。辞赋小道，固未足以揄扬大义，彰示来世也。昔扬子云先朝执戟之臣耳，犹称壮夫不为也④。吾虽德薄，位为藩侯，犹庶几戮力上国，流惠下民，建永世之业，流金石之功，岂徒以翰墨为勋绩，辞赋为君子哉！若吾志未果，吾道不行，则将采庶官之实录，辩时俗之得失，定仁义之衷，成一家之言，虽未能藏之于名山，将以传之于同好，非要之皓首，岂今日之论乎？其言之不惭，恃惠子⑤之知我也。

明早相迎，书不尽怀，植白。

【注释】

①灵蛇之珠：即隋侯之珠。《淮南子·览冥训》云："隋侯见大蛇伤断，以药傅之。后蛇于江中衔大珠以报之，因曰隋侯之珠，盖明月珠也。"荆山之玉：即和氏璧。《韩非子·和氏》有楚人和氏呈献荆山美玉给楚王的故事。　②《文选》李善注引《鲁连子》曰："齐之辩者曰田巴，辩于狙丘，而议于稷下，毁五帝，罪三王，一日而服千人；有徐劫弟子曰鲁连，谓劫曰：臣愿当田子，使不敢复说。"　③《吕氏春秋·遇合》："人有大臭者，其亲戚、兄弟、妻妾、知识无能与居，自苦而居海上，有悦其臭者，昼夜随之而弗能去。"　④扬雄《法言·吾子》云："或问：'吾子少而好赋？'曰：'然，童子雕虫篆刻。'俄而曰：'壮夫不为也。'"　⑤惠子，即惠施，此处指杨修。惠施常与庄子辩论，他死后，庄子失去了争论的对手，感到悲哀（见《庄子·徐无鬼》）。

译文

曹植敬白：德祖兄，几日不见，非常想念您，估计您也一样吧。

我从小喜好写文章，到现在为止，有二十五年了。如今世上文章写得好的人，大致可以数得过来：从前王粲（字仲宣）在荆州无人可及，陈琳（字孔璋）在冀州才能超群，徐干（字伟长）在青州大享盛名，刘桢（字公干）在海边显露文采，应场（字德

◎魏晋风度：魏晋时期是一个放诞不羁、个性解放的时代，士人们蔑视礼法，笑傲王侯，追求感官刺激，皆以任放为达，或狂博滥饮，或坐隐清谈，或服药敷粉，这些狂羁怪诞的行为风尚，即所谓"魏晋风度"。

琏）在魏都许昌立扬功名，而您在京师洛阳超出流俗。在这个时候，他们都觉得自己掌握了隋侯之珠、和氏之璧，即文章的真谛。我们大王（指魏王曹操）也张开天网，网罗人才，如今都聚集到魏国了。然而这几个人却不能再高飞远举，超绝尘世，赢得千里外的声名。以陈琳的才能，不太擅长辞赋，却常常说自己能达到与司马相如（字长卿）同样的风格，就好像画虎不成，反而像狗了。我以前写文章嘲谑他，他却发议论大肆宣言说我称道他的文章。钟子期从来不会误会琴声中的寄意，到现在都还称赞他，我也不能妄加评论，害怕后人耻笑我。

世人的著述，不可能没有一点毛病。我也喜欢被人指点批评自己的文章，有不好之处，就及时改正。从前丁廙（字敬礼）经常写小文章，让我润色，但我自认为才能比不上他，就推辞了。丁廙对我说：你有什么疑虑的呢？文章的好坏，我自己承担，后世的人谁知道改定我的文章的人呢？我常常感叹这是通达之言，认为是美谈。从前孔子的文辞，人们可以与他交流，至于他编纂《春秋》的时候，连子游、子夏这样的人都不能改动一句话。除此之外，文章没有毛病的，我没有见过。

大概只有拥有像南威那样的美貌，才能谈论什么是淑媛；具备龙泉宝剑那样的锋利，才能谈论如何切割东西。刘季绪文才比不上文章的作者，却喜欢毁谤人家的文章，挑剔人家的毛病。从前田巴诋毁五帝，指责三王，在稷下学宫妄言春秋五霸的毛病，一天就能让一千人信服，但遭到鲁仲连的反驳后，便终身闭口。刘季绪的辩才，尚不如田氏，而如今像鲁仲连那样的善辩之人，并不难找到，能不停止吗？每个人都有自己的喜好，兰、茞、荪、蕙的芬芳，是大家都喜欢闻的，但是海边也有追逐臭味跑的人；《咸池》（黄帝时乐名）《六茎》（颛顼时乐名）的演奏，是大家喜欢听的，但墨翟有指摘的言论（指《非乐》篇），怎么能等同看待呢？

如今我把从小所写的辞赋送一份给你，就像那街谈巷语，一定有可以采纳的地方，民间小调，也一定有符合风雅之处，一般人的文思，不能轻易忽视。辞赋是小技艺，本来不足以阐发大道理，昭示后代。从前扬雄（字子云）是先朝的重臣，尚且说辞赋乃雕虫小技，大丈夫是不屑此道的。我虽然德行浅薄，位列王侯，也希望能为朝廷尽力，施恩于百姓，建立长久的基业，留下能够刻在钟鼎碑碣上的大功，难道只是把笔墨作为功绩，用辞赋来追求成为君子吗？如果我的志向不能成功，我的大道不能推行,那么我将采集百官的实录史料,辨析时俗的得失,评定仁义的中心意旨,成就一家之言,虽然不能藏在名山,也可以传送给同样志趣的人,如果不是与你有缔结白头到老的交情,怎么会说今天这些话呢?我大言不惭,是知道您会懂得我的。

来日相见,信上不一一叙述了。曹植书。

———————— 阅读文献 ————————

1. 赵幼文校注《曹植集校注》,北京:中华书局,2016年。
2. 刘跃进、王莉《三曹》,北京:中华书局,2010年。
3. 曹旭、叶当前《建安七子》,北京:中华书局,2010年。
4. 徐公持《魏晋文学史》,北京:人民文学出版社,1999年。
5. 王瑶《中古文学史论》,北京:商务印书馆,2011年。

———————— 思考题 ————————

1. 曹植在这封书信中表达了什么样的文学思想?
2. 作者是如何阐述自己的文学观点的?文章有什么样的特点?
3. 书信最后曹植表明自己的毕生追求乃是政治,对辞赋创作有所贬抑。与曹丕的"文章经国之大业,不朽之盛事"的文学观相去甚远,你如何理解这一问题?

(马铁浩　选编)

送孟东野序

韩愈

◎不平则鸣:韩愈提出的有关作家生平遭遇与文学创作之间关系的见解。语出《送孟东野序》。韩愈认为作家创作文学作品往往是因为心中郁结着不平,激起了真实强烈的思想感情,从而发为文辞,写出有真情实感的优秀作品。这一见解上承司马迁"发愤著书"说而来,又进一步作了阐发。其后欧阳修又提出"诗穷而后工",进一步发展了韩愈的"不平则鸣"说。

-------- 笔记 --------

名句

大凡物不得其平则鸣。

导读

《送孟东野序》是韩愈为孟郊去江南就任溧阳县尉而作的一篇赠序。孟郊(751—814),字东野,浙江人。中唐著名诗人,与韩愈并称"韩孟"。早年屡试不第,46岁中进士,50岁被授为溧阳县尉。在他上任之际，韩愈写此文对他加以赞扬和宽慰，流露出对朝廷用人不当的感慨和不满。

文章首段论述"物不得其平则鸣"的道理，第二段列举自然界的多种现象论证"不平则鸣"的观点，为下文阐述"人也亦然"打下论证的基础；第三段从自然界到人类社会，列举历代众多的历史人物事迹，论证"人不平则鸣"；第四段列举唐代善于用诗文抒发情怀的文人。最后点明题旨，对孟郊的怀才不遇表示愤慨。

全文以"鸣"字为中心，运用比兴手法，层层推进、步步深入，从"物不平则鸣"写到"人不平则鸣"。虽然全文涉及孟郊的笔墨不多，但又紧紧围绕孟郊其人其事，言在彼而意在此，布局谋篇非常独到。句法变化多端，抑扬顿挫，立论不凡，寓意深刻，是论说文中的佳作。

作者简介

韩愈（768—824），字退之，河阳（今河南孟州）人。自谓郡望昌黎（今属河北），后人因称"韩昌黎"。贞元八年（792）进士及第。元和元年（806）拜国子博士。元和十二年从裴度征淮西有功，升刑部侍郎。后因谏宪宗迎佛骨，贬潮州刺史。穆宗即位，拜国子祭酒。后任吏部侍郎、京兆尹等职。谥曰文，后人称"韩吏部""韩文公"。韩愈以儒家道统继承者自居，以排斥佛老为己任。在文学上，韩愈大力提倡古文，反对骈偶文风，影响极大。与柳宗元同为当时文坛主将，并称"韩柳"。其文章讲究"文从字顺""词必己出"，苏轼称其"文起八代之衰，道济天下之溺"（《潮州韩文公庙碑》）。诗歌好发议论，以古文章法句式为诗，风格奇崛雄伟，时有怪诞之弊。清代叶燮《原诗》内篇云："韩愈为唐诗之一大变，其力大，其思雄，崛起特为鼻祖。宋之苏、梅、欧、苏、王、黄，皆愈为之发端，可谓极盛。"

课文

大凡物不得其平则鸣。草木之无声，风挠之鸣。水之无声，风荡之鸣。其跃也，或激之；其趋也，或梗之；其沸也，或炙之。金石之无声，或击之鸣。人之于言也亦然。有不得已者而后言，其歌也有思，其哭也有怀。凡出乎口而为声者，其皆有弗平者乎！

◎诗穷而后工：北宋文学家欧阳修关于文学创作的著名观点，语见《梅圣俞诗集序》。欧阳修认为，作者仕途失意，生活坎坷，在心中激发出感愤不平之情，因而寄情山水，借景抒情，将内心的郁结熔铸在诗中，从而使作品内容充实。这一观点继承了司马迁"发愤著书"和韩愈"不平则鸣"的学说并加以发展，申明"非诗之能穷人，殆穷者而后工"的道理，丰富了中国古代的文学创作理论。

◎韩柳古文："韩柳"指韩愈、柳宗元。"古文"，指和魏晋以来流传已久的"骈文"相对立的、先秦两汉的传统散文，特点是奇句单行，不拘格式，自由地表达思想感情，不像骈文讲究排偶、辞藻、音韵等。在中唐复兴儒学的思潮中，韩、柳主张"文以载道"，文章应有感而发，形式上提倡长短不拘的散体文，语言追求文从字顺，陈言务去。他们对古文的提倡，使散体文的创作感情充沛，气象为之一变。

乐也者，郁于中而泄于外者也，择其善鸣者而假之鸣。金、石、丝、竹、匏、土、革、木八者，物之善鸣者也。维天之于时也亦然，择其善鸣者而假之鸣。是故，以鸟鸣春，以雷鸣夏，以虫鸣秋，以风鸣冬。四时之相推夺，其必有不得其平者乎！

其于人也亦然。人声之精者为言，文辞之于言，又其精也，尤择其善鸣者而假之鸣。其在唐、虞，咎陶①、禹，其善鸣者也，而假以鸣。夔弗能以文辞鸣，又自假于《韶》以鸣。夏之时，五子②以其歌鸣。伊尹鸣殷，周公鸣周。凡载于《诗》《书》六艺③，皆鸣之善者也。周之衰，孔子之徒鸣之，其声大而远。传曰："天将以夫子为木铎。"④其弗信矣乎？其末也，庄周以其荒唐之辞鸣。楚，大国也，其亡也，以屈原鸣。臧孙辰、孟轲、荀卿，以道鸣者也。杨朱、墨翟、管夷吾、晏婴、老聃、申不害、韩非、慎到、田骈、邹衍、尸佼、孙武、张仪、苏秦之属，皆以其术鸣。秦之兴，李斯鸣之。汉之时，司马迁、相如、扬雄，最其善鸣者也。其下魏、晋氏，鸣者不及于古，然亦未尝绝也。就其善者，其声清以浮，其节数以急，其辞淫以哀，其志弛以肆。其为言也，乱杂而无章。将天丑其德莫之顾邪？何为乎不鸣其善鸣者也？

唐之有天下，陈子昂、苏源明、元结、李白、杜甫、李观，皆以其所能鸣。其存而在下者，孟郊东野始以其诗鸣。其高出魏、晋，不懈而及于古，其他浸淫乎汉氏矣。从吾游者，李翱、张籍其尤也。三子者之鸣信善矣。抑不知天将和其声，而使鸣国家之盛邪？抑将穷饿其身，思愁其心肠，而使自鸣其不幸邪？三子者之命，则悬乎天矣。其在上也，奚以喜？其在下也，奚以悲？

东野之役于江南也⑤，有若不释然者，故吾道其命于天者以解之。

【注释】

① 咎（gāo）陶（yáo）：咎，一作"皋"；陶，一作"繇"，唐虞时法官。《尚书》有《皋陶谟》篇。　② 五子：《尚书》有《五子之歌》。五子，

◎ 韩孟诗派：中唐的一个诗歌流派。其代表人物是韩愈、孟郊，此外还包括贾岛、卢仝等人。在内容上他们通过抒写个人的不幸遭遇，揭示社会弊病，苦吟以抒愤；艺术上有意打破传统的表现手法，追求奇险，标新立异，力求矫正大历诗风的平弱纤巧。

◎ 郊寒岛瘦：中唐诗人孟郊、贾岛皆以苦吟著称，诗风瘦硬，故而宋代苏轼《祭柳子玉文》评云："元轻白俗，郊寒岛瘦。"后人以为至论，遂沿用。

一说是帝启的儿子兄弟五人,一说指帝启少子武观。 ③六艺:有二说,一为礼、乐、射、御、书、数,一为易、诗、书、礼、乐、春秋。本文指后说。 ④天将以夫子为木铎:语出《论语·八佾》,为仪封人称赞孔子的话。古代发布政令召集人时摇木铎,此处把孔子学说传之久远比作木铎,如同帝王发布政令一样。 ⑤指孟郊就任江南道的溧阳县尉。役,用作动词,即服役,此处作"供职"讲。

译文

　　一般来说各种事物处于不平静的状态就会发出声音。草木本来没有声音,风吹动它,它就发出声响。水本来没有声音,风使水震荡,它就发出声响。水的波涛是由于流水遇到阻碍涌起的,水流疾速遇到障碍发出响声;水经火炙烤而翻滚发出响声。金石本来没有声音,有人敲击它,它就会发出声响。人的语言也是这样,常常是到了不得不说的时候才发言,他们的歌声充满了情思,他们的痛哭充满了怀恋。凡是从口中发出而成为声音的,大都有它们不平的原因吧。

　　音乐,是由人们内心的喜怒哀乐而抒发出来的心声,并借助最适合发音的东西来演奏。金、石、丝、竹、匏、土、革、木八种乐器,是各类器物中发音最好的。上天对于时令的变化也是这样,选择最善于发声的事物借以发出声音。所以,春天让百鸟啁啾,夏天让雷声轰鸣,秋天让虫声唧唧,冬天让寒风呼啸。一年四季推移变化,其中也一定有不能平静的原因吧。

　　对于人而言也是如此。人的声音的精华是语言,文辞对于语言来说,又是它的精华,尤其要选择善于表达的人借以表达意见。在唐尧、虞舜的时代,咎陶和禹是最善于表达的,因此借助他们来发出时代的声音。夔不能用文辞来表达,就借助《韶》乐来表达。夏朝的时候,太康的五个儿子用他们的歌声来表达。伊尹为殷商发出了声音,周公为周朝发出了声音。凡是记载在《诗经》《尚书》等六经上的文辞,都是表达得很好的。周朝衰落时,孔子和他的门徒表达了看法,他们的声音洪大而传播久远。《论语》云:"上天要让孔子成为宣扬教化的人。"这难道不是真的吗?周朝末年,庄周用他广大无边的文辞来表达。楚国是大国,它灭亡的时候,屈原以楚辞来表达。臧孙辰、孟轲、荀卿,用他们的儒家学说来表达。杨朱、墨翟、管夷吾、晏婴、老聃、申不害、韩非、慎到、田骈、邹衍、尸佼、孙武、张仪、苏秦这些人,都是通过他们的主张来表达。秦朝的兴起,李斯是其表达者。在汉朝，司马迁、司马相如、扬雄，是其中最善表达的人。以下到了魏晋之时，能表达的人比不上古代，但是也没有绝迹。从其中好的来说，他们用文辞发出的声音清丽而虚浮，节奏短促而急迫，辞藻艳丽而哀婉，志趣颓废而放荡。他们的文辞，杂乱而没有章法。这是上天憎恶这个时代的丑德而不愿看顾他们吧？为什么不让那些善于表达的人来表达呢？

  唐朝建立以后，陈子昂、苏源明、元结、李白、杜甫、李观，都是以其才华表达心声。其后还活着的人当中，孟郊开始用他的诗歌来发出声音。他的作品超过了魏晋，其中精妙者已达到了上古诗作的水平，其他作品也都接近了汉朝的水准。同我交往的人中间，除了孟郊，李翱、张籍是最突出的。这三个人的文辞表达确实是很好的。然而不知道上天是要随和他们的声音，让他们为国家的兴盛发出声音呢，还是要使他们穷困饥饿，心情愁苦郁结，让他们的作品表达他们自身的不幸呢？他们三个的命运，就决定于上天了。身居高位，有什么高兴的？沉居下僚，又有什么悲哀呢？

  东野这次去江南就任县尉，心里好像有不愉快的样子，所以我用命由天定的话来宽慰他心头的抑郁。

―――――――― **阅读文献** ――――――――

1. 马其昶《韩昌黎文集校注》，上海：上海古籍出版社，1998年。
2. 钱仲联《韩昌黎诗系年集释》，上海：上海古籍出版社，2007年。
3. 郭绍虞主编《中国历代文论选》，上海：上海古籍出版社，2001年。

―――――――― **思考题** ――――――――

1. 韩愈是如何来论证其"不平则鸣"的观点的？
2. 韩愈在文中曾言"三子者之命则悬乎天矣""故吾道其命于天者以解之"，这是作者真实的天命观吗？请谈谈你的理解。
3. 请试析这篇赠序的艺术特色。

（杜慧月　选编）

第二讲 探微烛幽

说文解字·叙

许慎

名句

盖文字者，经艺之本，王政之始，前人所以垂后，后人所以识古。

导读

清人认为，读书必先"识字"，"识字"必从《说文》始。《说文解字》可谓是中国第一部按照六书理论析形解义的文字学专著，而《说文解字·叙》是该书作者许慎所写的一篇经典论文。这篇《叙》不仅阐述了著书的目的、取材和编排体例等，更重要的是他吸取前人成果，在理论和史实两方面论述了汉字的起源与发展、"六书"理论、文字的功用、文字的变易和规范等，并批判了当时割裂文字发展史、胡乱解字说义的恶劣习气，不但救当时之弊，且大有功于后世，可以说是中国语言文字学领域的一块丰碑。

作者简介

许慎（约58—约147），字叔重，东汉著名经学家和文字学家。汝南召陵（今河南省漯河市召陵区）人，宋人范晔于《后汉书》中称其"性淳笃，少博学经籍，马融常推敬之，时人为之语曰：'五经无双许叔重。'"从贾逵受古文经学，任过洨（县名）长、太尉南阁祭酒等职，曾奉诏校书于东观。所著《说文解字》为我国第一部说解文字形体结构并考究字源的文

◎《说文》之创作目的正如许慎之子许冲在《上说文解字表》中所说："臣父故太尉南阁祭酒慎本从逵受古学。盖圣人不空作，皆有依据。今五经之道昭炳光明，而文字者，其本所由生。自《周礼》《汉律》皆当学六书，贯通其意。恐巧说邪辞使学者疑，慎博问通人，考之于逵，作《说文解字》，六艺群书之诂皆训其意，而天地、鬼神、山川、草木、鸟兽、昆虫、杂物、奇怪、王制、礼仪、世间人事，莫不毕载。"当然，亦有不同的见解，陆宗达《说文解字通论·引言》云："从古文经学派的观点出发来发扬'五经之道'，为当时的政治服务，这才是许慎的真正根本目的所在。"

字学专著，亦为我国字典部首之首创者，在文字学史上有极为重要的地位。另有《淮南鸿烈解诂》《五经异义》等，已佚，现仅存清人的辑本。

课文

古者庖牺氏之王（wàng）天下也，仰则观象于天，俯则观法于地，观鸟兽之文与地之宜，近取诸身，远取诸物，于是始作《易》八卦，以垂宪象。及神农氏结绳为治而统其事，庶业其繁，饰伪萌生。黄帝之史仓颉，见鸟兽蹄迒（háng）之迹，知分理可相别异也，初造书契①。百工以乂（yì），万品以察，盖取诸夬（guài）；夬，扬于王庭。言文者，宣教明化于王者朝庭，君子所以施禄及下，居德则忌也。

仓颉之初作书，盖依类象形，故谓之文；其后形声相益，即谓之字。文者，物象之本；字者，言孳乳而寖多也。著于竹帛谓之书。书者，如也。以迄五帝三王之世，改易殊体，封于泰山者七十有（yòu）二代，靡有同焉。周礼：八岁入小学，保氏教国子，先以六书。一曰指事。指事者，视而可识，察而见意，"上""下"是也。二曰象形。象形者，画成其物，随体诘诎，"日""月"是也。三曰形声。形声者，以事为名，取譬相成，"江""河"是也。四曰会意。会意，比类合谊，以见指㧑（huī），"武""信"是也。五曰转注。转注者，建类一首，同意相受，"考""老"是也。六曰假借。假借者，本无其事，依声托事，"令""长"是也。

及宣王太史籀（zhòu）著大篆十五篇，与古文或异。至孔子书"六经"，左丘明述《春秋传》，皆以古文，厥②意可得而说。其后诸侯力政，不统于王。恶礼乐之害己，而皆去其典籍。分为七国，田畴异亩，车涂异轨，律令异法，衣冠异制，言语异声，文字异形。秦始皇帝初兼天下，丞相李斯乃奏同之，罢其不与秦文合者。斯作《仓颉篇》，中车府令赵高作《爰历篇》，大史令胡毋敬作《博学篇》，皆取史籀大篆，或颇③省改，所谓小

◎易八卦：易，古代指阴阳变化消长的现象。又指古书名，为卜筮之书。相传有《连山》《归藏》《周易》三种，合称三《易》，今仅存《周易》，简称《易》。八卦，《周易》中的八种具有象征意义的基本图形，每个图形用三个分别代表阳的"—"（阳爻）和代表阴的"- -"（阴爻）组成。许慎把八卦看作是汉字产生前期的原始状态，这当然是出于附会，但是反映了汉人对文字产生的一种看法，即文字之作不是一时一人的事。

◎五帝三王：五帝，一般指黄帝、颛顼、帝喾、帝尧、帝舜；三王，指夏禹、商汤、周文王。

◎六书：有三家说，一为文中许慎论及的"指事、象形、形声、会意、转注、假借"；一为班固《汉书·艺文志》中阐述的"象形、象事、象意、象声、转注、假借"；一为郑众《周礼·地官·保氏》的注释"象形、会意、转注、处事、假借、谐声"。现在一般取许慎定的名称和班固说的次第，即象形、指事、会意、形声、转注、假借。

篆也。是时秦烧灭书籍，涤除旧典。大发吏卒，兴戍役。官狱职务繁，初有隶书，以趣约易，而古文由此而绝矣。

自尔秦书有八体：一曰大篆，二曰小篆，三曰刻符，四曰虫书，五曰摹印，六曰署书，七曰殳书，八曰隶书。汉兴，有草书。尉律：学僮十七以上始试。讽籀书九千字，乃得为吏。又以八体试之。郡移太史并课，最者以为尚书史。书或不正，辄举劾之。今虽有尉律，不课，小学，不修，莫达其说久矣。孝宣时，召通仓颉读者，张敞从受之。凉州刺史杜业，沛人爰礼，讲学大夫秦近，亦能言之。孝平皇帝时，征礼等百余人，令说文字未央廷中，以礼为小学元士。黄门侍郎扬雄采以作《训纂篇》。凡仓颉以下十四篇，凡五千三百四十字，群书所载，略存之矣。

及亡新居摄，使大司空甄丰等校文书之部。自以为应制作，颇改定古文。时有六书：一曰古文，孔子壁中书也；二曰奇字，即古文而异者也；三曰篆书，即小篆，秦始皇帝使下杜人程邈所作也；四曰左书，即秦隶书；五曰缪篆④，所以摹印也；六曰鸟虫书，所以书幡信也。壁中书者，鲁恭王坏孔子宅，而得《礼记》《尚书》《春秋》《论语》《孝经》。又北平侯张苍献《春秋左氏传》。郡国亦往往于山川得鼎彝，其铭即前代之古文，皆自相似。虽叵复见远流，其详可得略说也。而世人大共非訾，以为好奇者也，故诡更正文，向壁虚造不可知之书，变乱常行，以耀于世。诸生竞说字解经谊，称秦之隶书为仓颉时书，云父子相传，何得改易。乃猥（wěi）曰："马头人为长""人持十为斗""虫者，屈中也"。廷尉说律，至以字断法，"苛人受钱"，"苛"之字"止句"也。若此者甚众，皆不合孔氏古文，谬于史籀。俗儒啚（bǐ）夫翫（wán）其所习，蔽所希闻。不见通学，未尝睹字例之条。怪旧埶（yì）而善野言，以其所知为祕妙，究洞圣人之微恉。又见《仓颉篇》中"幼子承诏"，因号古帝之所作也，其辞有神仙之术焉。其迷误不谕，岂不悖哉！

◎《仓颉篇》《爰历篇》《博学篇》：均以开始二字作篇名，以四字为句。汉代合三篇为一篇，总称《仓颉篇》，以六十字为一章，共五十五章，凡三千三百字。

◎亡新居摄：指王莽摄政时。"新"是王莽代汉以后的国号，被刘秀所灭，所以许慎以亡新称王莽。

◎壁中书：汉武帝时，鲁恭王为扩大其宫室而拆孔子宅，于拆毁的壁中发现的古文经籍，其字体头粗尾细，因用漆笔所致，又叫"科斗文""孔壁古文"。

笔记

《书》曰："予欲观古人之象。"言必遵修旧文而不穿凿。孔子曰："吾犹及史之阙文，今亡也夫。"盖非其不知而不问。人用己私，是非无正，巧说衺辞，使天下学者疑。盖文字者，经艺之本，王政之始，前人所以垂后，后人所以识古。故曰本立而道生，知天下之至赜而不可乱也⑤。

今叙篆文，合以古籀。博采通人，至于小大，信而有证，稽谭其说。将以理群类，解谬误，晓学者，达神恉。分别部居，不相杂厕。万物咸睹，靡不兼载。厥谊不昭，爰明以谕。其称《易》孟氏，《书》孔氏，《诗》毛氏，《礼》，《周官》，《春秋》左氏，《论语》，《孝经》，皆古文也。其于所不知，盖阙如也。

◎通人：学识渊博通达的人。据清代学者研究，《说文》所引"通人"之说除孔子外，尚有楚庄王、韩非、司马相如、淮南王、董仲舒、京房、刘歆、扬雄、爰礼、尹彤、逯安、王育、张林、庄都、欧阳乔、黄颢、谭长、周成、官溥、张彻、宁严、杜林、卫宏、徐巡、班固、傅毅、贾逵等二十八人。

【注释】

①书契：指文字。契本指契刻，一种用简单刻画以帮助记事的符号和工具。　②厥：其，他的。　③颇：稍微，间或。　④缪（móu）篆：缪，绸缪，缠绕。因缪篆形体屈曲缠绕，故名。　⑤知天下之至赜而不可乱也：这句话概括了《易·系辞》的两句话："言天下至赜而不可恶也，言天下至动而不可乱也。"赜（zé），深远。至赜：最深奥的道理。

译文

远古的时候，庖牺氏治理天下，仰观天象，俯察地理，观察鸟兽的形象和大地的脉理，近的取法自身，远的取于他物，在这个基础上，才创作了《易》和八卦，用以表示事物变化的基本模式。到了神农氏的时代，使用结绳记事的办法治理社会，管理当时的事务，社会上的行业和杂事日益繁多，掩饰作伪的事情也就发生了。到了黄帝的时代，黄帝的史官仓颉看到鸟兽的足迹，悟出纹理有别而鸟兽可辨，因而开始创造文字。文字用于社会之后，百业有定，万类分明。仓颉造字的本意，大概取意于夬卦。夬卦说，臣子应当辅佐君王，使王政畅行。这就是说，文字是为了君王用以宣扬教令、倡导风范，百官用以向下施予恩泽，增德修行，明白禁忌的。

仓颉在开始创造文字的时候，大抵是依照事物的形象画出它们的图形，所以叫作"文"。后来形旁、声旁相互结合，就叫作"字"。"文"是表示事物的本然现象，"字"就是由文孳生出来而逐渐增多的。写在竹帛上的叫作"书"，"书"就是"如"的意思。到了五帝三王的时代，文字逐渐改变成不同形体。在泰山祭天地的有很多朝代，使用的文字竟然没有相同的。周朝的制度是儿童八岁入小学，保氏先用"六书"来教育王室的子弟。第一种叫作指事。所谓指事，就是一见就可以认识，细致观察就可以了解它的意义，"上、下"二字就是这样。第二种叫作象形。所谓象形，就是画成那个东西，随着它的形体而曲折，"日、月"二字就是这样。第三种叫作形声。所谓形声，就是根据事物造字，再取一个近似的声符配合而成，"江、河"二字就是这样。第四种叫作会意。所谓会意，就是组合两个以上的字，表示一个新的意义，"武、信"二字就是这样。第五种叫作转注。所谓转注，就是说造这种文字要统一部首，用一个同义的字辗转注释，"老、考"的关系就是这样。第六种叫作假借。所谓假借就是本来没有这个字，借用一个同音字来表示这个概念，"令、长"二字就是这样。

到周宣王的时候，名叫籀的太史官作大篆十五篇，跟古文稍有不同。直到孔子编写"六经"，左丘明写《春秋传》，都用古文，字的意义还能够说明。此后，各国诸侯互相征伐，不服从周天子，他们讨厌礼乐妨害自己，于是都废弃旧时的典章书籍。当时天下分为七国，各国田亩划分的制度不同，车路轨道的宽窄不同，法律制度不同，衣冠形式不同，语言的声音不同，文字的形体也不同。秦始皇统一天下以后，丞相李斯就上书建议把这些混乱现象统一起来，废除那些跟秦朝文字不同的书写形式。李斯作《仓颉篇》，中车府令赵高作《爰历篇》，太史令胡毋敬作《博学篇》，都是取史籀大篆，或者稍微进行一些改变或简化，这就是所说的小篆。这个时候，秦王朝烧毁了经书，废除了过去的典籍，大量发动隶卒，兴起役戍，行政事务、监狱案件一天天繁杂起来，隶书开始产生，以求简便，于是古文便从此不用了。

自此以后秦国文字有八种体式：一叫大篆，二叫小篆，三叫刻符，四叫虫书，五叫摹印，六叫署书，七叫殳书，八叫隶书。汉朝初年，出现了草书。廷尉的法律规定：学童十七岁以上才得应考，能背诵理解九千字的文章才能充当史官；同时也要考秦代八体的写法。地方送到朝廷去会试，成绩最好的录取为尚书史。书写有不正确的就检举处分他。现在虽然还有廷尉的法令，可是不考试了，不习文字之学，一般人早就不懂得文字的道理了。宣帝的时候，征召到一位精通《仓颉篇》的人，派张敞跟他学习；此外，凉州刺史杜业、沛人爰礼、讲学大夫秦近也能够讲授文字的知识。平帝的时候，征聘爰礼等一百多人，在未央宫中讲述文字，封爰礼为小学元士。黄门侍郎扬雄采集他们所讲的内容编成《训纂篇》。《训纂篇》总括了《仓颉篇》以来的十四部字书，合计五千三百四十字，各书所记载的文字大致都保存着。

到王莽摄政的时候，派大司空甄丰等人校正文字。甄丰自以为奉命而作，对古文有些改定。当时有六书：第一种叫作古文，就是从孔壁中得到的文字；第二种叫作奇字，就是古文的异体；第三种叫作篆书，就是小篆，秦始皇命令下杜人程邈所作的；第四种叫作左书，就是秦时的隶书；第五种叫作缪篆，是用来摹刻印章的字体；第六种叫作鸟虫书，是用来写在旗帜或符节上的。壁中书，就是指武帝时鲁恭王拆孔子住宅而得到的《礼记》《尚书》《春秋》《论语》《孝经》。又有北平侯张苍所献的《春秋左氏传》，各地又往往在地里挖掘出钟鼎彝器，上面的铭文就是前代的古文，它们的字体都相类似。虽然不能从这些材料看出文字的流变，但是造字详情还是可以大致说明的。然而当时的一些人对于这些古文，大加非议，认为这是好奇立异，故意变更正规文字，凭空虚构一些难以认识的东西，淆乱通行的文字来炫耀自己。太学的学生都争着解说文字，阐明经义，妄称秦朝的隶书就是仓颉时代的文字。他们说，文字是世代相传的，怎么会改变呢？竟歪曲地说："马头人"是"长"字，"人持十"是"斗"字，"虫"字是弯曲"中"字而成的。掌管法律的人说明法律，甚至根据隶书的字形判决案件，把"苛人受钱"的"苛"字说成"止句"，类似这种情况还很多。这些都同孔子壁中的古文不合，也不合于大篆。可是庸夫俗子玩弄他们的所学，不明了他们所少见的东西，没有看到宏通的学者，也没有明白文字的条例，把旧艺当作怪异，把野言当成宝贝，认为自己所知道的是非常奥妙的东西，认为自己透彻地领会了圣人的深意。他们又看到《仓颉篇》中有"幼子承诏"这句话，就说《仓颉篇》是古代帝王所作的，这里面还记载着神仙的法术哩！这样迷误不明，难道不是悖乱吗？

《尚书》说："我想观看古人之象。"这就是说，必须遵守古代的记载，不应穿凿附会。孔子说："我还看到过古史上的阙文，现在没有了啊！"这就是批评不懂不问，各逞己见，是非无定，巧言邪说，使天下学者疑惑的那些人。文字是经艺的基础，也是政治的基础，前人用它，将文化传给后人，后人用它认识古代文化。所以说："基本建立了，其他事物才能产生。"知道天下的深奥道理就不可错乱。

我现在编次小篆和古文籀文，广泛地采取诸家之说，至于各种解释，都是可信而有证据的。稽考诠释那些解说，目的在于拿它解释文字，剖析错误，告诉读者通达文字构造的深意。分别部类排列，不使杂乱。在这里，万事万物都可以看到，没有什么遗漏。那些意义不明的就清楚地加以说明。书中所引《周易》是孟氏本；《尚书》是孔氏本；《诗经》是毛氏本；《礼经》《周官》《左氏春秋》《论语》《孝经》都是古文经。至于那些还不清楚的，只好阙而不解了。①

阅读文献

1. 段玉裁《说文解字注》，上海：上海古籍出版社，2008 年。
2. 丁福保《说文解字诂林》，北京：中华书局，1988 年。
3. 陆宗达《说文解字通论》，北京：中华书局，2015 年。
4. 郦承铨著，王云五主编《说文解字叙讲疏》，北京：商务印书馆，1935 年。
5. 洪诚《中国历代语言文字学文选》，南京：江苏人民出版社，1982 年。

思考题

1. 汉字的起源说有哪些？谈谈你的看法。
2. "六书"理论对分析现行简化字有哪些积极作用和局限性？
3. 文字有什么样的功用，你认同许慎的观点吗？谈谈你的看法。

（张海媚　选编）

尔雅注序

郭璞

名句

若乃可以博物不惑，多识于鸟兽草木之名者，莫近于《尔雅》。

◎尔雅：《尔雅》是我国第一部按义类编排的综合性辞书，是阅读儒家经典和其他先秦古籍的钥匙，魏张揖《上广雅表》赞其"七经之检度，学问之阶路，儒林之楷素"。据《汉书·艺文志》记载，《尔雅》原为二十篇，今本

导读

《尔雅》是中国现存最早的词语分类训释词典。陆德明《经

---

① 译文引自周秉钧《古代汉语纲要》，长沙：湖南教育出版社1981 年，第71—82 页，有改动。

典释文·序录》云:"《尔雅》者,……尔,近也;雅,正也。言可近而取正也。"以"尔雅"为书名,旨在表明对词义的解释以切近、规范的共同语为准则,即以当代的标准语释方言俗语,释古语;以常用词语释生僻难词。《尔雅》的作者已不可考,大约成书于战国末年,后经汉人增补而成。《尔雅》以其解释经典的权威性,一直被奉为小学的圭臬,在古代语言学史上占有非常重要的地位。在郭璞之前,已有不少学者注释过《尔雅》,但疏漏颇多。郭璞继承了前人的成果,在方法体例方面又努力创新,取得了空前的成就,给后世"雅学"留下了深远的影响。这篇序文虽然很短,仅二百三十五字,但内容极为丰富,介绍了《尔雅》的性质和特点、功用和意义、注释此书的缘由经过等,一直被视为研究《尔雅》的重要史料和依据。

作者简介

郭璞(276—324),东晋著名学者、辞赋家、训诂学家。字景纯,河东闻喜(今山西闻喜)人。父郭瑗,晋初曾任尚书都令史、建平太守等职,行事以公允刚正著称。璞生在官宦之家,从小即受到很好的教育,好经学,博学有高才,讷于言论,好古文奇字,通占筮、地理之术,时人咸重之。一生著述宏富,据《晋书·郭璞传》记载"注释《尔雅》,别为《音义》《图谱》。又注《三苍》《方言》《穆天子传》《山海经》及《楚辞》《子虚》《上林赋》数十万言,皆传于世。所作诗、赋、诔,颂亦数万言",注释范围遍及经、赋、子、辞书等各方面,在学术史上具有极大的价值与深远的影响。

课文

夫《尔雅》者,所以通诂训之指归,叙诗人之兴咏,惣绝代之离词①,辩同实而殊号者也。诚九流之津涉,六艺之钤键②,学览者之潭奥,摛翰者之华苑也。若乃可以博物不惑,多识于鸟兽草木之名者,莫近于《尔雅》。

《尔雅》者,盖兴于中古,隆于汉氏。豹鼠既辨,其业亦显。英儒赡闻之士,洪笔丽藻之客,靡不钦玩耽味,为之义训。璞不揆梼(táo)昧,少而习焉。沈研钻极,二九载矣。虽注者十余,然犹未详备,并多纷谬,有所漏略。是以复缀集异闻,荟粹旧说;考方国之语,采谣

《尔雅》只有十九篇,即释诂、释言、释训、释亲、释宫、释器、释乐、释天、释地、释丘、释山、释水、释草、释木、释虫、释鱼、释鸟、释兽、释畜。其中前三篇解释的是普通语词,如《释诂》后十六篇解释的是专业语词;解释词义通常采用同训、互训、递训、反训等方式。《尔雅》被认为是中国训诂学的开山之作,对训诂学、音韵学、词源学、方言学等都有重要影响,后世为其作注者很多,常见的注本有郭璞的《尔雅注》、宋邢昺的《尔雅注疏》、邵晋涵的《尔雅正义》、郝懿行的《尔雅义疏》等。

◎诂训:亦作"故训、训故、训古"等,今通作"训诂"。近人黄侃曰:"诂者,故也,即本来之谓;训者,顺也,即引申之谓。训诂者,用语言解释语言之谓。""训诂"也就是解释、疏通古代的语言,使之明白可晓。

◎九流:据《汉书·艺文志》,指儒、道、阴阳、法、名、墨、纵横、杂、农等九家。此处泛指学术领域里的各家流派。《尔雅》一书,有半数以上的内容是解释诸子著作的。

俗之志；错综樊孙，博关群言。刡其瑕砾，搴其萧稂③。事有隐滞，援据征之④；其所易了，阙而不论。别为音图，用祛未寤。辄复拥彗清道，企望尘躅者⑤，以将来君子为亦有涉乎此也。

【注释】

①摠：同"总"，汇集。绝代：不同朝代，时代。离词：异词，指古今方国的不同词语。　②六艺：指汉时六经：《诗》《书》《易》《礼》《乐》《春秋》。钤（qián）键：锁钥。意指此书为通晓六经的开门钥匙。　③刡（duō）：削，除去。瑕：玉上斑点。砾：沙砾。搴（qiān）：拔除。萧：蒿艾，杂草。稂（láng）：似禾杂草。两句是比喻自己作注去粗存精，去恶取善。　④隐滞：隐奥滞塞难通者。援：引。征：证。阙：通"缺"。　⑤拥：持。彗：扫帚。企望：举踵盼望。尘躅（zhú）：来者在路上扬起的尘土、留下的足迹。

◎ 中古：秦汉之际人们以五帝时期为上古，商周为中古，春秋末为下古。汉魏时传说《尔雅》为周公所作，仲尼与弟子增益，所以说"盖兴于中古"。

◎ 豹鼠既辨：《艺文类聚》引"窦氏家传"曰："窦攸治《尔雅》，举孝廉为郎。世祖（指东汉光武帝刘秀）与百жа大会灵台，得鼠，身如豹纹，莹有光泽。世祖异之，问群臣莫知，唯攸对曰：'名鼮鼠。'诏问何以知之？攸曰：'见《尔雅》。'诏案视书，如攸言，赐帛百匹。诏诸侯子弟，从攸受《尔雅》。"

译文

《尔雅》一书，是通解经籍训释大旨的工具，为《诗经》作者提供表达、歌咏的言语词汇，汇集不同朝代古今方国的不同表述，辨别同实异称的情况。《尔雅》实为通涉诸家学术的津要，通晓六经的一把钥匙，广学博览者探究深奥玄妙之所在，铺陈辞藻者撰文著书之范本。有了它，就能博览群书而不迷惑，能够解释鸟兽草木名称的，没有比《尔雅》更近乎此的。

《尔雅》一书大概起于商周，兴盛于汉代。豹鼠据此得以辨别，《尔雅》之学因此显赫。博闻强识之人，挥毫泼墨、词藻华丽之客，没有不研习揣摩它的，并为之作注解。我（郭璞）不考虑自己才疏学浅，小的时候就开始学习，沉醉其中，潜心钻研，已有十八年了。虽然在这之前注疏者不少，然而都不尽完备，并多有谬误和疏漏缺略。因此我重新收集各种见闻，汇集先前注家成说；考察全国方言，采集民谣俗谚所记；整理综合樊光、孙炎旧注，广泛贯通群经子史杂说之言，以为注说。去除其中的瑕疵，舍弃其中的糟粕。对于隐奥滞塞难通者，必征引群籍，进行考证。那些容易理解的，就省略不讨论了。另有《音义》一卷，《图谱》二卷，皆用以消除读者不明白之处。我注释《尔雅》，扫清障碍，是希望有越来越多的学者都来研究这门学问。

阅读文献

1. 郭璞注、邢昺疏、王世伟整理《尔雅注疏》，上海：上海古籍出版社，2010年。

2. 管锡华《尔雅研究》，合肥：安徽大学出版社，1996年。
3. 顾廷龙、王世伟《国学经典导读 尔雅》，北京：中国国际广播出版社，2011年。
4. 赵振铎主编《骈文精华》，成都：巴蜀书社，1999年。
5. 郭成韬编著《中国古代语言学名著选读》，北京：中国人民大学出版社，1998年。

---------- 思考题 ----------

1. 你认为《尔雅》的价值和影响体现在哪些方面？
2. 《尔雅》并非成于一时一地，关于其作者，有诸多不同的说法，请综述前人说解并谈谈你的看法。
3. 郭璞在《尔雅注》中提出"反训"这一概念。简单来说，"反训"就是一词有正反两义，但有的学者认为"如果对立的概念用同一个词来表示，就容易产生歧义，影响交际"，故"反训"不可信。你怎么看待这一现象？

（张海媚　选编）

第三讲 雅俗共赏

诗词曲语辞汇释·叙言（节选）

张相

名句

其字面生涩而义晦，及字面普通而义别者，则皆在探讨之列。

导读

近代汉语阶段产生大量的方俗语词，而从语言学角度对这些俗语词进行系统研究的，首推张相的《诗词曲语辞汇释》和蒋礼鸿的《敦煌变文字义通释》。《诗词曲语辞汇释》全面搜集和解释了唐至明代诗词曲中的特殊词语，或采用自汇的方法，以诗证诗，词证词，曲证曲；或采用互汇的方法，诗词曲彼此互证，旁征博引，解释切当，且以史为序排比罗列诗词曲的例证，使诗、词、曲之间一脉相承的关系昭然若揭，对研究古典文学、语言学及辞书学都有极大的参考价值。所以，日本著名汉学家入矢义高先生誉之为"划时代的杰作"[①]。这篇叙言交代了研究对象、例证的取材范围、引例说明及探求词义的方法等，是全书的一个精当概要，对读者了解该书大有裨益。

作者简介

张相（1877—1945），近代语言学家。原名廷相，字献之，浙江杭州人。早年历任杭州安定学堂、府中学堂、宗文学堂古文

◎语辞：学界普遍认为古代汉语有两个系统：一个是以先秦口语为基础而形成的上古汉语书面语言以及后来历代作家仿古的作品中的语言，也就是通常所谓的文言；一个是唐宋以来以北方话为基础而形成的古白话。这里的"语辞"为唐宋金元明时期白话文献中的新词新义，多通行于全民之口，亦有一些可能只流行于士大夫之口，所释词有虚有实，亦有少数词组。释"语辞"的工作前人虽有所及，如清人刘淇的《助字辨略》也较多地采集诗词里的语辞加以阐释，但规模和深度远不能跟张相的书相比。故张永言先生说："如果说在古典诗歌语辞研究的领域里《助字辨略》还只是筚路蓝缕以启山林，那么《汇释》就已经是开疆拓土蔚为大国了。"

---

① 入矢义高《评张相〈诗词曲语辞汇释〉》，京都大学《中国文学报》1954年第一号，译文载《俗语言研究》1997年第4期，蔡毅译。

◎雅诂旧义：这是传统训诂学所考释的内容，主要考释先秦两汉时期的古字古词。但先秦两汉时期的古字古词并不是训诂学唯一的研究对象，而对汉魏六朝以来方俗语词的研究也是训诂学的研究对象之一，张相的《诗词曲语辞汇释》做的就是这个工作。

◎八家派古文：指韩愈、柳宗元倡导的古文。汉魏六朝以来，骈文风气大盛，几乎无文不骈，无语不偶，内容空虚，无病呻吟，走上了形式主义的道路。基于此，韩愈、柳宗元提倡学习先秦、两汉"言之有物""言贵创新"的散体文言文，并身体力行，创作了大量优秀的散文，在他们的倡导下，很多士人学子纷纷仿效，形成了所谓"唐宋古文"的传统。明代茅坤把其中创作唐宋古文的八位优秀学者韩愈、柳宗元、欧阳修、曾巩、王安石和三苏称为"唐宋古文八大家"，他们的文章由于一味地仿古求雅，被称为"八家派古文"。

◎《全唐诗》《宋诗钞》：《全唐诗》，清代官修的唐五代诗歌总集，于康熙年间在曹寅的主持下，由彭定求等10人编纂成书。全书共900余卷，收录2200多人的诗歌作品48900余首。《宋诗钞》为宋代诗歌总集，由《宋诗钞初集》和《宋诗钞补》两部组成。其中《宋诗钞初集》106卷，由清代吴之振、吕留良、吴自牧编选，目录中列诗人100家，实收84家；《宋诗钞补》由清代管庭芬、蒋光煦编选，选补作家85人，除原缺16家外，其他作家名作也多有增补。

及历史教师。1914年任中华书局编辑，主编文、史、地三科教本；1936年与舒新城、沈颐等人主编《辞海》，曾在文化教育界产生深远影响。晚年专门从事诗、词、曲语辞研究，著《诗词曲语辞汇释》六卷，汇集唐宋以来诗、词、曲中语词600余条，详引例证，解释其辞义和用法，兼求其流变与演化，成绩超卓，贡献尤著。

课文

诗词曲语辞者，即约当唐宋金元明间，流行于诗词曲之特殊语辞，自单字以至短语，其性质泰半通俗，非雅诂旧义所能赅，亦非八家派古文所习见也。自来解释，未有专书。然词为诗余，曲为词余，诗词曲三者各为分流，仍属同源，窃意汇而释之，事或较便。汇之之法凡二：因其分流，则诗证诗，词证词，曲证曲，是为自汇；因其同源，则三者或二者互证，是为互汇。综合各证，得其解释，则假定为一义。一义不足概括，则别求解释，复假定为他义。凡属于普通义者，除有联带关系时，不复阑入①；其字面生涩而义晦，及字面普通而义别者，则皆在探讨之列。意在囊括众义，取材因而从宽，诗词并及题序，剧曲并及白文。采掇②所及，往往有列证至十余或更以上者。西江之水，元难尽吸，只以所述意义，多为假定，故于适当范围，罗列诸文，冀以得其左验。又有进者，假定之义，自知不惬，譬之草案，殊非定论。深冀天下学人，引绳落斧③，或就所有之证，转益多闻，重定确义，则今此之罗列诸文，虽未详尽，亦足以供给资源也。

每条排列之次序，大体由诗而词而曲，依次为组，无则阙其一或阙其二。每组之证，亦略依撰人之时代以为次。惟因叙述之便，取其比事属文，意义益得醒豁④，则偶尔凌次，亦所不避。诗以唐人为中心，宋诗次之；词以宋人为中心，金元词次之；曲以金元人为中心，元以后次之。所采唐宋人时，除大家专集外，多取之《全唐诗》与《宋诗钞》，二书流传颇广，熟而易详，故不标举书名。《宋百家诗存》及《南宋六十家小集》，流传较少，故冠书名以著所自出。词家专集，出于汲古阁、侯亦园（粟香室本所自出）、四印斋、彊村、双照楼、涉园、江氏《宋元名家词》等丛刻者，亦不标举，惟标举其采自总集者，以便复检。曲之总集，大率为杨朝英二选、《乐府群玉》、《乐府新声》、《雍熙乐府》、《词林摘艳》诸书，或非人人案头所备，辄亦著所自出。其采自各曲谱及《永乐大典戏文三种》者准此。取材所资，巨编秘籍，深戴前贤刊布之功。而近时名贤，于词曲俗文，搜辑校订，致力尤勤，如吴梅氏、王季烈氏、任讷氏、卢前氏之于曲，赵万里氏、唐圭璋氏之于词，钱南扬氏之于南戏，郑振铎氏之于敦煌文学，艺林伐山，巨灵足亚⑤。不佞所取未精，所用实宏，饮水思源，敬识所自。

【注释】

①阑入：掺杂进去。　②采掇：搜集。　③引绳落斧：引绳，特指木工拉墨线。落斧，以斧砍削使之合乎标准。引绳落斧，比喻请人删改文章的敬辞。　④醒豁：清楚。　⑤巨灵足亚：巨灵足，神话传说中劈开华山的河神留下的足迹。亚：匹敌，相当。比喻近时名贤于搜辑校订词曲俗文所做的工作和开山的巨人所建立的功劳差不多。

译文

所谓诗、词、曲中的语辞，是唐宋金元明时期流行于诗词曲之中的特殊词语，从单音节词到短语都包括在内，性质大多鄙俚通俗，不是传统训诂学所解释的先秦两汉的雅诂旧义，也不是唐宋八大家散文中所习见的词语，向来没有专书来解释。然而词为诗余，曲为词余，诗、词、曲虽然分为不同的流派，实际属于同一个源头，我认为可以汇集在一起来进行解义，或许事情就好办多了。汇释的方法一般有二：因为三者属于不同的流派，则用诗证诗，用词证词，用曲证曲，这是自汇。因为三者属于同一源头，则诗词曲三者或其中二者互相印证，这是互汇。综合各种考证，得出一义，就假定为该词的一个义项。如果一义不能概括，则求另外的解释，再次假定为它的一个新义。凡是属于普通义项者，除有互相联带关系的，不再掺杂进去；字面生涩意思隐晦者和字面普通但意思特殊者均在探讨之列。目的在于囊括众义，因此在取材上采取从宽的原则，诗词包括题序，剧曲包括宾白。搜集的材料十分丰富，每条之下列十余至十余以上不等的例证。长

◎《宋百家诗存》《南宋六十家小集》：《宋百家诗存》，清代曹庭栋编，20卷，因《宋诗钞》缺略甚多，编者因搜采遗佚，续为是编。共100家，体例与《宋诗钞》同。《南宋六十家小集》，诗总集，宋陈起辑，收录南宋戴复古、刘过等60家诗集，144卷，保存了南宋诗和诗人的丰富资料。该集系明毛晋汲古阁影抄宋本，其版本价值亦弥足珍贵。

◎汲古阁、侯亦园（粟香室本所自出）、四印斋、彊村、双照楼、涉园、江氏《宋元名家词》：汲古阁，明朝毛晋创办的私人藏书楼和印书工场，这里指毛氏汲古阁刊刻的词集，如《宋六十名家词》等；侯亦园，侯文灿辑刻本《十名家词集》，侯文灿号亦园，故习称"亦园刻本"；粟香室本，近代刻书家金武祥，号粟香，校刊有《粟香室丛书》等，故名；四印斋，晚清王鹏运辑刻的词集，他于清光绪十四年和十九年辑刻成《四印斋所刻词》和《四印斋汇刻宋元三十一家词》，习称"四印斋刻本"；彊村，晚清朱孝臧辑刻的词集《彊村丛书》，收录唐宋金元词集173种，其中宋词别集112种，朱孝臧号彊村，故云；双照楼，清吴昌绶藏书处，他曾影刻《双照楼宋金元明词》17种等，故名；涉园，近代陶湘辑刻的词集，如《景刊宋金元明本词》等，因其号涉园，故称；《宋元名家词》，清人江标辑录的词集，共收宋词10家，元词5家，凡17卷。

江之水，本难全部吸收，只是所论及的意义，大多为假定义，所以在适当的范围，罗列诸文，希望得到印证。更进一步，假定的意义，自知不是全部正确，就像草案一样，并非定论。非常希望天下的学者，给予删削更正，或者根据所提供的例证，冀望学识更加广博之人，重定确切的意思，今天所罗列的众多例证，虽然并不详尽，也足以提供参考的资源了。

每条释义下例证的排列次序，大致上由诗到词到曲，依次为组，没有的话，就缺其中一种或两种。每组例证，再按撰者的时代先后为序。有时为叙述便利，按照性质相同连缀成文时，意义会更加清楚，不过偶尔打破这个次序，也在所难免。诗以唐诗为主，宋诗次之；词以宋词为主，金元词次之；曲以元曲为主，元以后曲次之。引用唐宋人诗时，除了一些大家专集外，多取自《全唐诗》和《宋诗钞》，二书流传广泛，人们比较熟悉，所以不再标注书名。《宋百家诗存》和《南宋六十家小集》，流传较少，所以标举书名以明其出处。词家专集，出于汲古阁、侯亦园（粟香室本出自亦园本）、四印斋、彊村、双照楼、涉园、江氏《宋元名家词》等丛刻的，也不标举书名，只标举那些采自总集的，以方便复检。曲的总集，大多为杨朝英二选、《乐府群玉》、《乐府新声》、《雍熙乐府》、《词林摘艳》等书，或许并非人人案头都备有这些书，故也注出出处。那些采自各种曲谱及《永乐大典戏文三种》者亦以此为准。取材多依据大部头珍贵罕见的书籍，特别感谢前贤的刊布之功。而年代较近的著名贤人，在词曲俗文的搜集校订方面，做了大量的工作，如吴梅、王季烈、任讷、卢前在戏曲方面，赵万里、唐圭璋在词方面，钱南扬在南戏方面、郑振铎在敦煌文学方面，他们在各种文学艺术资料之中收集生僻典故，就和开山的巨人所建立的功劳差不多。自己不才，所作不够精当，但所用的材料宏伟壮观，饮水思源，因此我敬重地记下所引材料的来源。

◎杨朝英二选、《乐府群玉》、《乐府新声》、《雍熙乐府》、《词林摘艳》：杨朝英二选，指元代散曲作家杨朝英辑录元人散曲两种《乐府新编阳春白雪》和《朝野新声太平乐府》；《乐府群玉》，全称《类聚名贤乐府群玉》，散曲总集，或云元胡存善编，5卷；《乐府新声》，全称《梨园按试乐府新声》，散曲总集，元无名氏选辑；《雍熙乐府》，戏曲、散曲选集，凡20卷，明郭勋选辑；《词林摘艳》，戏曲、散曲选集，明张禄编。

◎《永乐大典戏文三种》：南戏总集。明成祖时所编大型类书《永乐大典》自卷13 965至13 991，凡27卷，收戏文33本，于清末在帝国主义列强侵华战争中散失，仅存《小孙屠》《张协状元》《宦门子弟错立身》3本，亦已流至国外。叶恭绰1920年游欧时从伦敦一小古玩肆中购回。

----------- 笔记 -----------

阅读文献

1. 张相《诗词曲语辞汇释》，北京：中华书局，1953年。
2. 蒋绍愚《近代汉语研究概要》（修订本），北京：北京大学出版社，2017年。
3. 张永言《语文学论集》，上海：复旦大学出版社，2015年。
4. 徐时仪《近代汉语词汇学》，广州：暨南大学出版社，2013年。
5. 严修编《二十世纪的古汉语研究》，上海：书海出版社，2001年。

―――― 思考题 ――――

1. 通读完整叙言，请找出张相探求词义的方法有哪些？这些方法和传统训诂学考释雅诂旧义的方法有什么样的联系和区别？

2. 《诗词曲语辞汇释》作为"划时代的杰作"，有没有不足之处？你认为体现在哪些方面？

3. 请找出《诗词曲语辞汇释》中"字面普通而义别"的一个例子。除了张相在解释该词所引例证外，你还能补充一些例证吗？这些例证能不能用该义来解释？

（张海媚　选编）

枕中记

沈既济

名句

卢生欠伸而寤，见方偃于邸中，顾吕翁在傍，主人蒸黄粱尚未熟，触类如故。

导读

本文选自《太平广记》卷八二，原题《吕翁》。其构思源于《搜神记》杨林玉枕等故事，但写的完全是唐代的现实生活，其中亦有作者政治生涯的投射。故事叙玄宗开元间道士吕翁在邯郸道上旅行，于客舍中见少年卢生因功名不遂而失意长叹，就给他一个瓷枕。此时，客舍主人正在蒸黄粱做饭。卢生就枕，恍惚中进入枕内，遂与大族崔氏成婚，并进士及第。此后历任显官，建功立业，位崇望重，贵宠无比。其间因遭人忌害，也曾两度贬往岭南。后年逾八十，因病去世。于是卢生欠伸而寤，见主人蒸饭未熟，方知五十余年的荣悴悲欢，不过是一梦而已。文章通过卢生这个热衷躁进的人物，宣扬人生虚幻的思想，体现了对功名利禄的某种否定，蕴含着作者对宦海浮沉的深刻感触，颇有警世之意。唐人李肇《国史补》云"沈既济撰《枕中记》，庄生寓言之

◎《太平广记》：宋代四大书（《太平御览》《太平广记》《文苑英华》《册府元龟》）之一，专门收集自汉代至宋初的野史小说。因为成书于宋太宗太平兴国年间，与《太平御览》同时编纂，故名《太平广记》。

◎唐传奇：唐传奇是指唐代流行的文言小说，作者大多以记、传名篇，以史家笔法，传奇闻异事。"传奇"之名，似起于晚唐裴铏小说集《传奇》。现存大部分唐传奇作品都收在宋初编的《太平广记》一书中。

笔记

类",称赞其有"良史才",可见时人并未视之为小说。这个故事后人称之为"黄粱梦",对后世文学影响深远,元人马致远有《邯郸道省悟黄粱梦》杂剧,明人汤显祖有《邯郸记》传奇。

作者简介

沈既济(约750—约800),苏州吴人。唐代史学家、小说家。曾举进士,为翰林学士。大历十四年(779)试太常寺协律郎。唐德宗即位(780),用杨炎为宰相,炎荐"既济有良史才,召拜左拾遗、史馆修撰"(《新唐书》卷一三二《沈既济传》)。建中二年(781),杨炎遭贬谪赐死,既济坐贬处州司户参军。后又入朝,终官礼部员外郎。其卒年当在贞元末。既济博通群籍,工于史笔,撰《建中实录》十卷、《选举志》十卷,皆佚。传奇文今存《任氏传》《吕翁》二篇,皆见于《太平广记》。

课文

开元十九年,道者吕翁,经邯郸道上邸舍中,设榻施席,解囊而坐。

俄有邑中少年卢生,衣短裘,乘青驹,将适于田,亦止邸中。与翁接席,言笑殊畅。久之,卢生顾其衣装弊褻,乃叹曰:"大丈夫生世不谐,而困如是乎?"翁曰:"观子肤极腴,体胖无恙,谈谐方适,而叹其困者,何也?"生曰:"吾此苟生耳,何适之为?"翁曰:"此而不适,而何为适?"生曰:"当建功树名,出将入相,列鼎而食,选声而听,使族益茂而家用肥,然后可以言其适。吾志于学而游于艺,自惟当年,朱紫可拾①,今已过壮室,犹勤田亩,非困而何?"言讫,目昏思寐。是时主人蒸黄粱为馔,翁乃探囊中枕以授之曰:"子枕此,当令子荣适如志。"

其枕瓷而窍其两端,生俯首就之。寐中,见其窍大而明朗可处,举身而入,遂至其家。娶清河崔氏女,女容甚丽而产甚殷。由是衣裘服御,日已华侈。明年,举进士,登甲科,解褐授校书郎。应制举,授渭南县尉。迁监察御史起居舍人,为制诰。三年即真,出典同州。

◎唐代科举:唐代科举常设明经、进士两科。明经科主要考帖经与墨义,进士科主要考诗赋杂文。唐人最重进士科,有"三十老明经,五十少进士"之说。进士及第的盛况是当时长安人生活中的一大文化景观,孟郊诗云:"昔日龌龊何足嗟,今朝旷荡恩无涯。春风得意马蹄疾,一日看尽长安花。"

◎南柯一梦:这一成语源自唐代李公佐的传奇文《南柯太守传》,写淳于棼醉后梦入大槐安国,官任南柯太守,二十年享尽荣华富贵,醒后发觉南柯郡只是槐树南枝的一穴,一切皆为梦幻。与《枕中记》相似,二者都是以人生如梦来警戒追求荣华富贵者,把世俗的禄位看作幻境。

寻转陕州。生好土功，自陕西开河八十里以济不通，邦人赖之，立碑颂德。迁汴州岭南道采访使。入京为京兆尹。是时神武皇帝方事夷狄，吐蕃新诺罗、龙莽布攻陷瓜沙，节度使王君㚟与之战于河隍，败绩，帝思将帅之任，遂除生御史中丞河西陇右节度使。大破戎虏七千级，开地九百里，筑三大城以防要害，北边赖之，以石纪功焉。归朝策勋，恩礼极崇，转御史大夫吏部侍郎。物望清重，群情翕习②，大为当时宰相所忌，以飞语中之，贬端州刺史。三年征还，除户部尚书。未几，拜中书侍郎同中书门下平章事，与萧令嵩、裴侍中光庭同掌大政。十年，嘉谋密命，一日三接，献替启沃③，号为贤相。同列者害之，遂诬与边将交结，所图不轨，下狱。府吏引徒至其门，追之甚急，生惶骇不测，泣其妻子曰："吾家本山东，良田数顷，足以御寒馁，何苦求禄！而今及此，思复衣短裘，乘青驹，行邯郸道中，不可得也。"引刀欲自裁，其妻救之得免。共罪者皆死，生独有中人保护，得减死论，出授骧牧。数岁，帝知其冤，复起为中书令，封赵国公，恩旨殊渥，备极一时。生有五子，俭、倜、俭、位、倚。俭为考功员外，俭为侍御史，位为太常丞。季子倚最贤，年二十四，为右补阙。其姻媾皆天下族望，有孙十余人。凡两窜岭表，再登台铉，出入中外，回翔台阁，三十余年间，崇盛赫奕，一时无比。末节颇奢荡，好逸乐，后庭声色皆第一。前后赐良田甲第，佳人名马，不可胜数。后年渐老，屡乞骸骨④，不许。及病，中人候望，接踵于路，名医上药毕至焉。将终，上疏曰："臣本山东书生，以田圃为娱，偶逢圣运，得列官序。过蒙荣奖，特受鸿私，出拥旌钺，入升鼎辅，周旋中外，绵历岁年，有忝恩造，无裨圣化。负乘致寇⑤，履薄战兢，日极一日，不知老之将至。今年逾八十，位历三公，钟漏并歇，筋骸俱弊，弥留沉困，殆将溘尽。顾无诚效，上答休明，空负深恩，永辞圣代，无任感恋之至。谨奉表称谢以闻。"诏曰："卿以俊德，作余元辅，出雄藩垣，入赞

◎临川四梦：明万历二十六年（1598），戏剧家汤显祖辞官，归隐于临川玉茗堂，数年内创作了《牡丹亭》《南柯记》《邯郸记》，连同之前所写的《紫钗记》，合称"临川四梦"，或"玉茗堂四梦"。《牡丹亭》是明代戏剧最杰出的作品。其他三部皆取材于唐人传奇，《紫钗记》本《霍小玉传》，《南柯记》本《南柯太守传》，《邯郸记》本《枕中记》。

缉熙，升平二纪，实卿是赖。比因疾累，日谓痊除，岂遽沉顿，良深悯默。今遣骠骑大将军高力士就第候省，其勉加针灸，为余自爱，燕冀无妄，期丁有喜。"其夕卒。

卢生欠伸而寤，见方偃于邸中，顾吕翁在傍，主人蒸黄粱尚未熟，触类如故。蹶然而兴，曰："岂其梦寐耶？"翁笑谓曰："人世之事，亦犹是矣。"生默然。良久谢曰："夫宠辱之数，得丧之理，生死之情，尽知之矣。此先生所以窒吾欲也，敢不受教。"再拜而去。

【注释】

①朱紫可拾：指轻易做到大官。朱紫，唐代规定五品以上官服朱紫色，此处代指官位。可拾，言取官之轻易。 ②群情翕习：群众的向往之情很盛。翕习，咸盛貌。 ③献替启沃：献替，"献可替否"的省称，语出《左传·昭公二十年》，指进献可行者、废去不可行者。启沃，语出《尚书·说命上》，指竭诚开导和辅佐君王。 ④乞骸骨：指请求赐还骸骨得以归葬故里，后遂用为官吏自请退休的婉辞。 ⑤负乘致寇：《周易·解》："六三，负且乘，致寇至，贞吝。"意思是卑贱者背着别人的财物，又坐上大马车显耀，就会招致强盗来抢。比喻居非其位，才不称职，就会招惹祸患。

译文

唐玄宗开元十九年，道士吕翁经过邯郸道上的一个客栈，安顿好床榻枕席，解开行囊坐下休息。

一会儿来了个县邑里的少年卢生，身穿短袄，骑一匹青色马驹，要到乡下田庄去，也是路过客栈住宿休息的。他的铺位与吕翁相邻，彼此言笑甚欢。谈笑一阵之后，卢生看了看自己的衣着打扮，觉得有些破旧寒酸，叹道："大丈夫人生在世，坎坷不顺，竟困顿潦倒到如此地步！"吕翁说："看你肌肤丰腴滋润，体魄肥壮强健，言谈诙谐，舒适自如，却慨叹自己困顿，这是何故？"卢生说："我这不过是苟且偷生罢了，有什么舒适可言呢？"吕翁说："像你这样都不算舒适，怎样才算舒适呢？"卢生说："应当立功扬名，出为将帅入为宰相，排列着大鼎而食，选择音乐而欣赏，使家族更加兴旺发达而家用丰盛富裕，然后才可称之为舒适。我曾立志攻读而遍习六艺，自认为年富力强时就可得到高官厚禄，没想到如今已经过了壮年，却仍然奔波于田亩之间。这不是困顿又是什么？"说完，两眼朦胧，昏昏欲睡，这个时候店主人已蒸上黄米要做饭，吕翁伸手从自己包裹里拿出一个枕头递给他，说："你枕上这个，它可以让你如愿以偿地得到荣华舒适。"

那个枕头是瓷质的，两端有孔，卢生拿过来到头便睡。睡梦中，他看见枕头两端的孔洞越来越大，并且明朗可以进人，便抬身走了进去，很快回到了自己的家。后来他娶了清河崔氏的女儿为妻，妻子姿容十分美丽，而家产也越来越多。从此以后，他身着皮裘、乘着车驾，日益奢华。第二年，进士及第，荣登甲科，脱去粗布衣服，到秘书省当校书郎。后来应制举又授渭南县尉，迁任监察御史、起居舍人，兼制诰衔。三年后就任实职。出任同州刺史，又转陕州刺史。卢生喜欢大兴土木，于是自陕西开通黄河，引水八十里用来接济水利不通的地方，当地居民因此获益不浅，为他立碑歌颂功德。之后迁任汴州岭南道采访使，后又入京城做了京兆尹。这时唐玄宗正对夷狄用兵，吐蕃的新诺罗与龙莽布发兵攻陷了瓜沙，节度使王君㚟与他们在河湟交战，兵败，皇帝想要任命新的将帅，便封卢生为御史中丞、河西陇右节度使。他统兵大破戎虏七千人，开拓疆土九百里，建起三座大城楼来防御要害之处，北部边境的居民因此可以休养生息，便为他刻石记录他的功劳。回到朝廷后论功行赏，皇帝对他恩礼有加，任命他为御史大夫、吏部侍郎。在朝廷中他位显权重名望高，大臣们都乐于追随附顺他，由此而被当朝宰相所忌恨，以流言蜚语中伤他，结果被贬为端州刺史。三年后又被召回朝廷，任为户部尚书。没过多久，又拜中书侍郎、同中书门下平章事，与中书令萧嵩、侍中裴光庭共同执掌国家大政。十年间，他参与了大政方针以及机密命令的策划制定，一日三接旨，对君王规谏过失、忠告布诚，号称贤相。同僚中有人要陷害他，于是诬告他与边镇守将互相勾结，图谋不轨，结果他被关进监狱。衙役领着人来到他的门前，急着要带走他，他害怕有什么不测，哭着对妻子说："我家本是山东的，有良田数顷，不愁温饱，何苦偏要追求高官厚禄！如今到了这个地步，再想过那种穿着短袄，骑着青马，走在邯郸道上的自在日子，不可能了。"说完，抽刀要自杀，幸好妻子救下了他。与他同罪的人都被处死了，唯独卢生有人保护，得以免除死刑，被流放驩州。数年之后，皇帝知道他是被冤枉的，又起任他为中书令，封为赵国公，恩礼极重，为一时之最。他有五个儿子：俭、倜、俭、位、倚，俭为考功员外郎，俭为侍御史，位为太常丞。小儿子倚最为贤能，年二十四，任右补阙。他们的姻亲都是天下有名的望族。卢生有孙子十余人。卢生两次远放岭南，又重登宰相的职位，出入于朝廷内外，回翔于台阁之间，三十多年以来，恩崇显赫，一时无比。他的生活末节十分奢侈放荡，喜欢玩乐，家里的歌伎女色都是第一流的。前后由皇帝赐给他的良田甲第、美人名马，不计其数。后来年纪渐渐大了，他屡次请求告老还乡，均未得到应允。有病的时候，皇帝身边有权势的人前来看望问候，站满了门前的道路，名医和名贵药品都用了。临终之前，卢生给皇帝上书说："臣本是山东一介书生，以耕种田园为乐业，偶逢圣朝时运，才能到朝廷来做官。过蒙圣上的荣宠奖掖，特别予以提拔，出为将帅得拥重兵，入登相位荣升首辅，周旋于朝廷内外，连绵经历了许多年，深感有愧于皇恩而无益于圣化。唯恐因过失而招致罪祸，终日如履薄冰战战兢兢，一日比一日强烈，不知不觉已经老了。如今已年过八十，官位历任三公，就像钟漏快要停歇了，精疲力尽，只剩下一口气，也快要没了。回顾一生自己没有像样的功业，来报答圣上的宠爱，白白辜负了圣上的恩德。我将要同这盛世永别了，此时有无限的感激和留恋。在此谨奉表表达我对圣上的谢意。"皇帝传下诏书说："卿以俊才贤德，成为我的重要辅佐，出师称雄于藩国，入朝辅佐光明盛世，我朝二世升平，确实有赖爱卿。在你生病之后，天天听说即将痊愈，不料突然沉重，我深感同情怜悯。今特派遣大将军高力士前往府上慰问，你要努力治病，为我而爱惜你的身体，但愿我的希望不会落空，盼望你的喜讯！"那天晚上卢生就死了。

　　卢生翻了翻身就醒了，发现自己正躺在旅店里，又看到吕翁也在身边，店主人蒸着的黄粱米饭还没有做熟，用手摸摸周围的东西也都依然如故。他这时才顿然醒悟，说："这难道是一场梦吗？"吕翁笑着说："人世间的事，其实跟这是一样的。"卢生低头不语。很久之后，他向吕翁致谢说："人生在世，宠辱的际遇，得失的道理，生死的感情，我全都知道了。这就是先生不让我欲望太多的原因，晚生岂敢不接受您的教诲！"说完，拜了两拜离去了。

————— **阅读文献** —————

1. 李昉等编《太平广记》，北京：中华书局，1961年。
2. 李时人编校《全唐五代小说》，北京：中华书局，2014年。
3. 鲁迅《中国小说史略》，上海：上海古籍出版社，1998年。
4. 程毅中《唐代小说史》，北京：人民文学出版社，2003年。
5. 人民文学出版社编辑部编《唐传奇鉴赏集》，北京：人民文学出版社，1983年。

————— **思考题** —————

1. 阅读比较沈既济《枕中记》与李公佐《南柯太守传》，谈谈其中蕴含的人生寓意。
2. 唐代李肇在《国史补》中称赞《枕中记》"真良史才"，如何理解这篇小说中的史笔？
3. 谈谈对《枕中记》中卢生这一人物形象的认识。

（马铁浩　选编）

后 记

作为《大学语文》的执教者，让大学语文课出彩，一直以来都是我们不懈的追求。为此，我们进行过多种努力，而在教材建设方面的探索则尤为突出。因为在我们看来，教材是连接教师和学生这对教学主体的桥梁，它既是教师执教的媒介，又是学生学习的依据，极大地影响着课堂教学的效果。正如中华书局创始人陆费逵倡导"教科书革命"时所言："国立根本，在乎教育，教育根本，实在教科书。"

河南理工大学的大学语文教学团队，自 2006 年起便开始了编写《大学语文》教科书的探索，先后于 2008 年、2009 年、2010 年和 2013 年推出了四版《大学语文》，它们排列在一起恰是《大学语文》成长的身影；不过即便如此，它还远未成熟。

2017 年春，商务印书馆编辑与我校联络，将河南理工大学《大学语文》列入选题计划。在这一喜讯的振奋下，冒建华教授带领中文系的众位老师，再次组织力量对《大学语文》进行修编，《大学语文》的成长迎来了黄金时代，同时也为我们提供了自我完善、自我提高的难得机遇。

本书由河南理工大学冒建华教授任主编，闫克博士任副主编；我校蔡晶副教授、刘延福副教授、孙拥军副教授、肖伟韬副教授、张海媚副教授、朱智秀副教授、马铁浩副教授、杜慧月副教授、曹中秋副教授、刘坡博士、史玉丰博士、张清河博士、赵霞博士、孙小光博士、袁玲玲博士、梁平老师、许文立老师、张晶晶老师、周新凤老师、王钱林馆员、魏现军博士、冯舒冉博士、葛锴桢博士、吴鋆萍博士，以及河南师范大学的王欣教授、西南大学的徐欢颜副教授等，参与了本书的编写、校对工作；蔡晶副教授最后统稿。

编者
2018 年 11 月